조선국수신사김도원관계집·
동유초·동유속초·조선응접기사

수신사기록 번역총서 5

# 조선국수신사김도원관계집
# 동유초 · 동유속초
# 조선응접기사

朝鮮國修信使金道園關係集 · 東游艸 · 東游續艸 · 朝鮮應接紀事

김홍집 · 강위 · 소가 소하치로 지음

최이호 · 조영심 옮김

보고사
BOGOSA

# 서문

시(詩)는 외교적인 수단으로써 가장 중요하면서도 가장 일상적인 도구였다. 그래서 외교 사절을 보낼 때는 문관(文官)을 위주로, 특히 글을 잘하는 사람을 전면에 내세워 서로 교류하는 데 이바지하게 하였다. 공자가 『시경』삼백 편을 외는 것을 사신의 기본적인 자질로 여긴 것을 보면, 시가 양국 간의 우호를 다지는 데 있어 중요한 역할을 했다는 것을 알 수 있다. 사신이 지녀야 할 덕목으로 외교적인 수완 못지않게 시로 응수할 수 있는 자질을 높이 여긴 것이다.

여기에 묶인 네 편의 글 중 『조선국수신사김도원관계집』은 1880년 2차 수신 정사로 갔던 김홍집(金弘集)의 시와 산문을 엮은 것이고, 『동유초·동유속초』는 강위(姜瑋)가 1880년 2차 수신사를 따라가서 지은 시와 1882년에 차관(借款)을 교섭하기 위해 가는 일행에 동행하면서 지은 시를 모은 것이다. 이 두 편은 모두 한시를 위주로 엮은 것이다. 마지막으로 『조선응접기사』는 소가 소하치로(蘇我總八郞)가 운요호 사건과 강화도 조약, 그리고 1876년 1차 수신사를 포함한 조선 사절의 방일(訪日) 기록을 순서대로 정리한 것이다. 순서상으로는 『조선응접기사』가 가장 앞에 와야 하지만 외교적 역할의 중요도에 따라 편의상 이렇게 편차하였다.

당시는 국제 정세가 급변하는 시기였으므로 정치적인 현안이 가장 시급한 문제였지만 수신 정사로 갔던 김홍집에게 시를 요구한 사람이 정치인뿐만 아니라 일반인도 다수 포함되어 있었던 것을 보면, 일반적으로 외교 문제와 별도로 시문을 서로 주고받는 것이 사절단의 전통이었다는 것을 알 수 있다. 또한 서기로 따라갔던 강위는 외교 문제보다는 일본인들의 요구에 응해 지은 일상적인 시와 자신이 보면서 느낀 것을 담담하게 서술한 시가 많은데, 이는 수신사에서 지위가 낮고 역할이 크지 않았기 때문일 것이다.

이상의 글들을 보면 당시 긴박했던 정치적인 상황을, 때로는 담당자의 입장에서 핍진하게 그려내기도 하였고, 때로는 방관자의 입장에서 무심하게 서술하기도 하였으며, 때로는 상대의 시선을 통해 역사적 사실을 객관적으로 묘사하기도 하였다. 이 네 편의 글이 각기 다르지만 같은 상황을 두고 각자가 어떻게 묘사하였는지 꼼꼼하게 따지면서 보면 글을 읽는 재미가 배가 될 것으로 생각한다.

무더운 여름 도서관에서
최이호 씀

# 차례

## ◇ 영인자료 [우철]

## 일러두기

1. 『조선국수신사김도원관계집』은 서울대학교 규장각, 『동유초/동유속초』는 서울대학교 중앙도서관 소장본을 저본으로 하여 번역하였고, 『조선응접기사』는 일본 국회도서관 소장 활자본을 저본으로 하여 번역하였다.

2. 번역문, 원문, 영인본 순서로 수록하였다.

3. 가능하면 일본의 인명이나 지명을 일본어 발음으로 표기하였다. 단, 시문에 사용된 단어나 한국식 표현, 발음을 고증할 수 없는 고유명사는 한국 한자음으로 표기하였다.

4. 원주는 번역문에 【  】로 표기하고 본문보다 작은 글자로 편집하였다. 원문에서도 동일한 방식으로 편집하였다. 각주는 모두 역자 주이다.

5. 인물 및 사건 정보는 주로 한국학진흥사업성과포털에서 제공하는 《조선시대 대일외교 용어사전》을 참고하여 작성하였다.

# 朝鮮國修信使
# 金道園關係集

## 조선국수신사
## 김도원관계집

# 조선국수신사김도원관계집

## **1** 기본 서지

1책. 필사본.

이 책은 서울대학교 규장각에 소장되어 있는 유일본으로, 어디에서 편찬하였고 누가 필사하였는지 미상이다. 또한 저자가 일본에 갔다 와서 지은 『수신사일기』에도 실려 있지 않은 매우 드문 귀중본이다.

## **2** 저자

김홍집은 본관은 경주(慶州), 초명(初名)은 굉집(宏集), 자는 경능(敬能), 호는 도원(道園) 또는 이정학재(以政學齋)이다. 1868년(고종 5)에 문과에 급제한 뒤 관직에 나아갔다. 1880년 예조참의로 수신 정사가 되어 윤웅렬(尹雄烈)·이용숙(李容肅)·지석영(池錫永) 등과 함께 일본에 다녀왔다. 김홍집은 귀국할 때 황쭌셴(黃遵獻)에게서 국제정세를 논한 『조선책략(朝鮮策略)』을 받아 왔고, 이를 포함하여 수신사행 후 글을 정리하여 『수신사일기(修信使日記)』를 남겼다. 수신사행 이후 김홍집은 그 공로를 인정받아 예조 참의에서 예조 참판으로 승진되었으며, 그 후 수년간 개화기의 외교실무를 맡아 보았다.

## ③ 구성

이 책은 1880년(고종 17)에, 김홍집(金弘集, 1842~1896)이 제2차 수신 정사로 일본에 가서 그곳의 여러 사람과 만나 창수한 시와 편지 등을 모은 책으로, 크게 두 부분으로 나뉜다. 전반부는 운문으로서 시이고, 후반부는 산문으로서 일종의 발문과 편지글이다.

시는 김홍집이 일본에서 만난 사람들과 주고받은 창수시가 주를 이루지만, 김홍집 혼자서 풍경이나 감상을 읊은 시도 몇 수 있고, 김홍집의 화답시가 없이 오로지 일본인이 보낸 시도 몇 수 실려 있다. 시는 총 27제(題) 33수(首)인데, 이 중에서 김홍집의 시는 13제 16수로 전체 시 가운데 절반을 차지한다.

이 책은 책에 대한 서문과 발문이 없고, '7월 6일 이른 아침에 요코하마에 정박하고서 입으로 읊조리다[七月六日早泊橫濱口號]'라는 제목의 시로 시작한다. 2차 수신사에 향서기로 따라 간 박상식(朴祥植)의 『동도일사(東渡日史)』에는, 6월 27일 부산진을 출발하여 아카마가세키(赤間關), 고베를 거쳐 7월 6일에 요코하마에 도착하였다고 하였다. 시의 제목과 박상식의 기록이 정확하게 일치한다. 하지만 의문점은 6월 27일부터 약 10일 동안 시가 한 편도 보이지 않는다는 점이다. 지은 시가 있었는데 누락되어 실리지 않았는지, 아니면 중요한 임무를 수행하려는 목적 때문에 다른 여흥을 즐길 겨를이 없었는지는 확실히 알 수 없으나, 서기로 함께 간 강위(姜瑋)가 일본 문사들과 교류하는 것을 김홍집이 허락하지 않았다고 기록한 것으로 보아 후자가 더 타당하리라 생각한다.

그 다음 시는 '고라쿠엔(後樂園)에서 입으로 읊조리다[後樂園口占]'라는 제목의 시로, 고라쿠엔은 도쿄에 있는 정원이다. 7월 6일 요코하마에 도착하였다가 바로 그날 출발하여 도쿄에 도착하였다. 이렇게 볼 때 이 시는 7월 6일 이후에 쓰인 시로 추정할 수 있다. 이후로 약 한 달간 도쿄에 머물면서 여러 사람과 만나 창수시를 주고받았다. 이후 8월 4일에 다시 요코하마에 도착하였다가 그날 떠나는데, 이때 김홍집은 '요코하마에서 조선 수신사 및 동료 여러 분이 귀국하는 것을 송별하며 앞 시에 차운하고 교정해주기를 바라다[橫濱送別朝鮮修信使及其僚屬諸氏歸國次前韻乞敎正]'라는 제목의 시를 일본인에게서 받았다. 그렇다면 이 시는 8월 4일에 쓰인 것임을 알 수 있다. 이 시 뒤에 몇 편의 시가 실려 있고, 마지막에 곤도 마스키(近藤眞鋤)와 주고받은 시가 실려 있다. 곤도 마스키는 당시 부산 영사였다. 수신사가 8월 11일에 부산에 도착하였으니, 이 시는 이때에 쓰인 것이라 볼 수 있다. 전반부의 시에 대한 기록은 요코하마에서 시작하여 부산에서 끝마쳤으니, 수신사의 여정에 따라 시가 편집된 것을 알 수 있다.

후반부의 산문은 총 6편으로, 일종의 발문 2편과 편지글 4편이다. 일종의 발문 2편은 김홍집의 글이고, 나머지 4편은 외무경(外務卿), 흥아회회장(興亞會會長), 협동상회장(協同商會長), 부산 영사가 각각 김홍집에게 보낸 편지로, 김홍집 개인에게 보낸 형식을 취하였지만 작게는 수신사, 크게는 조선에 보내는 일종의 외교문서로 볼 수 있다.

## 4 내용

전반부의 시를 주고받은 대상에 따라 분류해 보면 크게 세 부류이다. 첫째 메이지 정부의 관료들로, 한의(漢醫)인 아사다 고레쓰네(淺田惟

常), 외무성 관리인 이시바타 사다(石幡貞), 관사관 편수(官史館編修)인 가와다 다케시(川田剛肅), 변리 공사(辨理公使)인 하나부사 요시모토(花房義質), 외무대승인 미야모토 고이치(宮本小一), 오스트리아 대리공사인 와타나베 히로모토(渡邊洪基), 태정관(太政官)인 난마 쓰나노리(南摩綱紀), 부산 영사인 곤도 마스키(近藤眞鋤)이다. 이들은 먼저 김홍집에게 시를 보내어 화답시를 요구하였는데, 김홍집은 거의 다 화답시를 남겼다. 주된 내용은 예전의 싸우던 일은 잊고 서로 우호 있게 지내며, 조선·일본·중국이 서로 한 마음으로 뭉쳐 침입하는 서양 세력을 막자는 것이다.

둘째 신정부에 속하지 않는 과거 막부 사족층으로, 한학자인 가메타니 세이켄(龜谷省軒), 교육자인 사사키 시인(佐佐木支陰)·사카타니 시로시(阪谷素)·미시마 다키시(三島毅)·오카마쓰 오고쿠(岡松辰)이다. 정부 관료들과 마찬가지로 이들이 먼저 김홍집에게 시를 보내어 화답시를 요구하였으나 김홍집이 이들에게 화답한 시는 거의 실려 있지 않다. 주된 내용은 보잘것없는 자신이 김홍집같이 훌륭한 사람을 만나 매우 기쁘고 더 어울렸으면 한다는 것으로, 메이지 정부의 관료들에 비하면 정치적인 현안은 거의 이야기하지 않았다.

셋째 그 외의 인물들로, 여학교 교장인 아또미 카케이(跡見花蹊), 나니와 여사(浪華女史), 외무대승 미야모토 오카즈(宮本小一)의 아들이다. 앞의 두 부류에 비하면 시가 몇 편 되지 않지만 각자에게 모두 시를 써 주었다는 점이 앞의 두 부류와 다르다. 이들에게 준 시는 각 사람의 모습이나 특징에 맞게 시를 써서 생동감을 더하였다.

후반부의 산문은 일종의 발문인 '하나부사 요시모토(花房義質)가 소장한 권국헌(權菊軒)의 필담집 뒤에 쓰다'라는 제목의 글로 시작한다.

권국헌은 권칙(權伏, 1599~?)으로 1636년에 제술관으로 일본에 다녀왔는데 이때 일본인과 남긴 필담집을 하나부사가 아직까지 소장한 것에 대해 깊은 감동을 표시하였다.

그 이외에 각각의 일본 사람이 김홍집에게 보낸 글은 모두 편지글이다. 외무경 이노우에 가오루(井上馨)는 서양 제국이 조선과 통상을 요구하는 것은 이득을 보려는 것이 아니라 러시아의 남하 세력을 막는 데 있으니, 그들의 요구를 수용하는 것이 좋겠다고 하였다. 흥아회 회장 다테 무네나리(伊達宗城)는 흥아회를 설립한 목적을 설명하고 중국인도 이 모임에 참여하였으니 조선인도 참여하여 아시아연대를 이루어 서양세력을 물리치자고 하였다. 협동상회장 다카스키 겐조(高須兼三)는 조선이 부강하기 위해서는 도로를 개통하고, 가옥을 높이고, 선박을 수리하고, 병제(兵制)를 고치는 것에 있다고 하였다.

## 5 가치

김홍집이 수신사행을 다녀오고 나서 정리한 글인『수신사일기』에는 방대한 양임에도 불구하고 시가 한 편도 실려 있지 않다. 하지만 이 책은 김홍집의 시가 수십 수 실려 있기 때문에, 통신사라면 기본적으로 갖추어야 할 소양인 문사(文士)적인 자질을 볼 수 있다는 점에서 귀중한 자료라고 할 수 있다. 또한 개인 대 개인으로 편지를 보냈지만, 실은 국가와 국가, 또는 단체와 국가 간의 관계 속에서 보낸 것이기 때문에 당시의 일본과 조선의 외교관계를 파악하는 데 중요한 자료라고 할 수 있겠다.

# 조선국수신사김도원관계집

## (朝鮮國修信使金道園關係集)

### 7월 6일 이른 아침에 요코하마에 정박하고서 입으로 읊조리다
### 七月六日早泊橫濱口號

| | |
|---|---|
| 깊은 바다를 강나루 건너듯 쉽게 와서 | 層溟視若涉江津 |
| 부상[1]에 사절 멈추니 갠 빛이 새롭네 | 弭節扶桑霽色新 |
| 임금 은덕에 힘입어 하늘이 복 내리니 | 憑仗王靈天賜福 |
| 일행들 술을 따르며 생일 축하해 주네 | 一行酌酒賀生辰 |

---

1  부상(扶桑) : 해가 뜨는 곳에 있다는 나무 이름으로, 흔히 해가 뜨는 곳에 있는 우리나
라나 일본을 가리키는 말로 쓰인다. 여기서는 일본을 가리키는 말로 쓰였다.

## 고라쿠엔(後樂園)² 에서 입으로 읊조리다
### 後樂園口占

【고라쿠엔은 포병국(砲兵局) 서쪽에 있는데, 명나라 유로(遺老)인 주순수(朱舜水)가 만든 정원이다. 연못과 화초가 완연히 강남의 풍경과 같아 나도 모르게 '아' 하고 감탄하였다.】

| | |
|---|---|
| 그림 펼친 듯 등나무 푸르고 연꽃 향기로워 | 藤綠荷香展畫圖 |
| 이내 몸 황홀하게 서호³에 이른 듯하구나 | 此身恍若到西湖 |
| 중화 흠모는 똑같이 천추토록 느낀 감정인데 | 慕華同是千秋感 |
| 기쁘게 조선 사람 대하고서 주씨라 말하네 | 好對韓人說姓朱 |

## 소씨의 저택⁴ 석상에서 조선 사신 김군에게 삼가 드리다
### 宗氏邸席上恭呈朝鮮星使金君

아사다 고레쓰네(淺田惟常)【호는 율원(栗園)이다.】

| | |
|---|---|
| 순채 익고 농어 살찌는⁵ 완연한 이 가을 | 蓴熟鱸肥政報秋 |

---

2　고라쿠엔(後樂園) : 도쿄(東京)에 있는 정원으로, 일본의 특성에 중국식 시설을 첨가하여 조성한 명원(名園)이다.

3　서호(西湖) : 절강성(浙江省) 항주(杭州)의 서쪽에 있는 호수를 말한다. 유명한 명승지로서 북송 시대 처사 임포(林逋)가 여기에 은거했었고, 소식(蘇軾) 또한 지항주(知杭州), 지혜주(知惠州) 등 외직을 역임하는 동안에 서호의 풍경을 완상하면서 많은 시를 남겼다.

4　소씨(宗氏)의 저택 : 자신의 집을 말하는 것으로, 아사다 소하쿠(淺田宗伯)라고도 하기 때문에 이렇게 말한 것이다.

5　순채⋯⋯살찌는 : 가을을 형용하는 말이다. 진(晉)나라 장한(張翰)이 가을바람이 불어

| 멀리서 온 사신 이곳에 잠시 머무르네 | 遙來星使此淹留 |
| 이제야 비로소 진번의 의자를 내리니[6] | 如今始下陳蕃榻 |
| 곳곳이 유량이 오른 누대[7]보다 나으리라 | 到處勝登庾亮樓 |
| 계림에서 배 떠날 제 하늘 그림자 어둡더니 | 船去鷄林鵬影暗 |
| 꿈같이 봉도[8] 맴돌 제 거친 파도 걷히구나 | 夢遶蓬島鯤波收 |
| 아름다운 경치 시인의 마음 격동시키리니 | 壯觀應鼓騷人思 |
| 교옥[9]이 반짝반짝 멀고 먼 유람에 빛나리라 | 鮫玉珊珊輝遠遊 |

## 아사다에게 화답하다
## 和淺田

| 하늘 높은 맑은 가을날 사신 깃발이 | 絳霄旅節接淸秋 |
| 넓은 바다에서 참으로 보름을 머물렀네 | 汗漫眞成半月留 |

---

오자 고향의 순챗국과 농어회 맛이 생각나서 벼슬을 그만두고 고향으로 내려갔다는 고사
가 있다. ≪晉書 卷92 文苑列傳 張翰≫

6  진번(陳蕃)의……내리니 : 현사(賢士)를 대접한다는 뜻이다. 후한(後漢) 진번이 태수
로 있으면서 다른 빈객은 일체 사절하고 서치(徐穉)가 올 때에만 특별히 의자를 내려놓았
다가 그가 가면 다시 올려놓은 고사가 있다. ≪後漢書 徐穉傳≫

7  유량(庾亮)이 오른 누대 : 진(晉)나라의 유량이 가을밤에 무창(武昌)의 남루(南樓)에
올라 시를 읊으며 담론하였다고 한다.

8  봉도(蓬島) : 신선이 산다는 동해의 삼신산(三神山)의 하나로 봉래산(蓬萊山)을 말한
다. 여기에서는 일본을 가리킨다.

9  교옥(鮫玉) : 교인(鮫人)의 구슬로, 뛰어난 글을 말한다. 『박물지(博物志)』 권9에 "남
해 밖에 교인이 물고기처럼 물속에서 살면서 항상 길쌈을 하여 물에서 나와 여러 날 인가
에 머물며 비단을 팔았다. 교인이 떠나기 전에 주인에게 그릇 하나를 달라고 하여 눈물을
흘리자 눈물이 구슬이 되어 그릇에 가득 차자 주고 떠났다."라고 하였다.

선경엔 약초 캐는 사람 많다고 들었는데 　　靈境曾聞多採藥

누대 사는 것 좋아하는 선풍을 이제야 보았네 　　仙風始見好居樓

흉중이 호해처럼 넓어 가슴이 탁 트였고 　　胸中湖海幽襟豁

붓 끝에 구름 연기[10]를 신비한 책에 거두누나 　　筆下雲煙秘笈收

명궁[11]으로 서둘러 돌아간다 의아해 마소 　　休訝明宮歸駕促

날 밝으면 군옥[12]에서 즐겁게 노세나 　　詰朝群玉訂奇遊


## 애의산방에서 청나라와 조선 삼국의 명사들과 만나 이 시를 지어 수신사 김공 문단께 삼가 드리다
### 曖依山房會淸國朝鮮三國名士賦此奉呈信使金公文壇

이시바타 사다(石幡貞)【호는 동악(東岳)이다.】

바람이 나부끼듯 세상의 일 변해가니 　　變遷世故似風飄

마주앉아 술잔 적시는 것만 못하다오 　　不若對之杯酒澆

우뚝 솟은 삼각의 진산(鎭山) 없지만 　　奇崛雖無三角鎭

---

10 붓……연기 : 글 솜씨가 훌륭하다는 말이다. 두보(杜甫)의 〈음중팔선가(飮中八仙歌)〉에 "장욱은 석 잔 술에 초성으로 전해지는데, 왕공의 앞에서도 모자 벗어 이마를 드러내고, 붓 휘둘러 종이에 떨어뜨리면 구름 연기 같았네.[張旭三杯草聖傳 脫帽露頂王公前 揮毫落紙如雲煙]"라고 하였다.

11 명궁(明宮) : 당 태종(唐太宗)이 처음 세운 궁전(宮殿) 이름으로, 전하여 대궐(大闕)을 가리킨다. 여기에서는 사신의 숙소를 가리킨다.

12 군옥(群玉) : 선녀(仙女)인 서왕모(西王母)의 거소(居所)가 있는 산에 옥석(玉石)이 많아서 이 산을 군옥산(群玉山)이라 이름했다는 데서 온 말인데, 여기서는 일반적인 산을 미화하여 한 말이다.

| 기름진 땅 근기의 풍요 볼 수 있다네 | 沃壤足見近畿饒 |
| 문자 같으니 영주의 선발[13] 기쁘고 | 同文歡樂瀛洲選 |
| 종족 다르니 천지 요망한 기운 쫓네 | 異族叫囂天地妖 |
| 솥 안의 음식 달고 신지 알 것 있나 | 知否甘酸全鼎味 |
| 삼국이 한 뜻으로 잘 어우러져 있는데 | 三邦一意在和調 |

## 이시바타에게 화답하다
### 和石幡

| 시 이루니 표표히 구름 위로 날아오르는 듯[14] | 賦就凌雲氣欲飄 |
| 뱃속 가득히 우뚝한 기상 한 말술에 적셨구나 | 滿腔魂磊斗醪遶 |
| 풍진 세상 속에 늙어가며 훌륭한 계책 펼치고 | 風塵老去奇籌展 |
| 해악에서 돌아와서는[15] 호방한 흥취 넘치구나 | 海岳歸來逸興饒 |
| 그대 이미 영서 있어 괴물들 비췄겠지만 | 已有靈犀應燭異 |
| 나는 요망한 무리 베는 신검 없어 한스럽구나[16] | 恨無神劍可斬妖 |

---

**13** 영주(瀛洲)의 선발 : 지극히 명예로운 지위를 차지하였다는 뜻으로, 김홍집이 수신사 정사에 뽑힌 것을 두고 한 말이다. 당 태종(唐太宗)이 문학관(文學館)을 열어 방현령(房玄齡), 두여회(杜如晦) 등 열여덟 명을 뽑아 특별히 우대하고 번(番)을 셋으로 나누어 교대로 숙직하며 경전을 토론하게 하였는데, 이를 세상 사람들이 등영주(登瀛洲)라 하여 전설상 신선이 산다는 산인 영주(瀛洲)에 오르는 것에다 비겨 영광으로 여겼다. ≪資治通鑑 唐高祖 武德 4年≫

**14** 시……날아오르는 듯 : 상대의 글이 훌륭함을 칭찬하는 말이다. 사마상여(司馬相如)가 〈대인부(大人賦)〉를 지어 올리자, 한 무제(漢武帝)가 표표(飄飄)히 신선이 되어 구름 위에 날아오르는 듯한 기운이 있음을 느꼈다 한다. ≪史記 卷117 司馬相如列傳≫

**15** 해악에서 돌아와서는 : 부산에서 돌아온 것을 말하는 듯하다. 이시바타는 1876년 11월에 외무성 관리로 부산에 부임하였었다.

| | |
|---|---|
| 참으로 훌륭한 음악은 소리가 없는 법이니 | 希音知在無聲地 |
| 거문고 현들이 조화 못 이뤘다고 탄식 말게[17] | 莫把琴絃嘆不調 |

## 수신사 도원 김공께 삼가 드리고 교정해주기를 청하다
### 奉贈信使道園金公請正

가와다 다케시(川田剛肅)【관사관 편수(官史館編修)】

| | |
|---|---|
| 바람이 사신 깃발을 불어 | 天風吹節旄 |
| 사신 배 바닷가에 들어왔네 | 星使入海雲 |
| 부상 나무에 닻 매어 두고 | 維纜扶桑樹 |
| 비단 가지고 빙례 행한다오 | 聘禮執玄纁 |
| 옥처럼 온유하신 이 분은 | 其人溫如玉 |
| 고인의 얼굴에 긴 띠 둘렀다오 | 古顔拖長紳 |
| 전대[18]에 재주와 학식 풍부하고 | 專對富才學 |

---

**16** 그대……한스럽구나 : 상대는 지혜가 있어 바다를 무사히 건널 수 있었지만 자신은 그러한 지혜가 없어서 아쉽다는 말이다. 영서(靈犀)는 영묘(靈妙)한 서각(犀角)으로, 이를 태우면 밝은 빛을 낸다고 한다. 진(晉)나라 온교(溫嶠)가 여행을 하다가 무창(武昌)의 우저기(牛渚磯)에 당도하였는데, 물이 깊어 측량할 수 없었다. 이에 온교가 무소의 뿔에 불을 붙여서 물속을 비추고 건넜다. ≪晉書 卷67 溫嶠列傳≫

**17** 거문고……말게 : 『통감절요(通鑑節要)』권3에 "금슬의 소리가 전혀 조화를 이루지 못하면 반드시 그 줄을 풀어서 고쳐 매야만 연주할 수 있고, 정치를 하는데 잘 행해지지 않으면 반드시 변화시켜서 고쳐야만 나라를 다스릴 수 있다.[琴瑟不調甚者 必解而更張之 乃可鼓也 爲政而不行甚者 必變而更化之 乃可理也]"라는 말이 있다.

**18** 전대(專對) : 타국에 사신 가서 단독으로 응대하여 사명을 완수하는 것을 말한다. 공자(孔子)가 이르기를 "『시경(詩經)』삼백 편을 외고도, 정사를 맡겨주면 해내지 못하고 사방

| | |
|---|---|
| 필설로 아름다운 향기 토해낸다오 | 筆舌吐奇芬 |
| 옛날 조선이 처음 열리던 날 | 憶昔開闢日 |
| 단군이라는 신이 있었다오 | 有神曰檀君 |
| 기자 성인이 공업을 이어받아서 | 箕聖承餘業 |
| 가르침 베풀어 백성들 위무했지 | 設教撫斯民 |
| 팔조[19]에는 옛 법도 남아 있으니 | 八條存古道 |
| 진나라 분서에도 타지 않았다오 | 秦火亦不焚 |
| 중원의 나라 난리를 당하여 | 中原遭喪亂 |
| 유랑하는 백성 떼 지어 왔지 | 流徙人成群 |
| 우리와 처음 우호 다질 때는 | 我始修盟好 |
| 삼국이 솥발처럼 나뉘었었지 | 三國鼎足分 |
| 호공은 신라의 대보가 되었고[20] | 瓠公爲大輔 |
| 왕인은 일본에 전적을 전했지 | 王仁傳典墳 |
| 안팎 구별 없이 인재 등용하여 | 用才無內外 |
| 양국이 일가친척 같았다오 | 有似一家親 |
| 그런데 어이하여 후손들은 | 如何後嗣者 |
| 원수처럼 보고 군사 일으켰나[21] | 讐視動三軍 |

---

에 사신 가서도 전대를 해내지 못한다면 아무리 많이 왼들 무엇 하겠는가.” 한 데서 온
말이다. ≪論語 子路≫

**19** 팔조(八條) : 기자(箕子)가 조선(朝鮮)에 와서 베풀었다고 하는 여덟 가지 금법(禁法)
이다. 사람을 고의로 죽인 자는 사형에 처하고, 사람을 상해(傷害)한 자와 절도(竊盜)한
자는 각기 죄의 경중(輕重)에 따라 처벌한다는 등의 조항만 남아 있다.

**20** 호공(瓠公)은……되었고 : 호공은 종족(種族)과 성(姓)이 자세하지 않다. 본래 왜인(倭
人)이었는데, 신라에 온 뒤로 석탈해(昔脫解)가 즉위하여 호공을 대보(大輔)로 삼았다.

**21** 원수처럼……일으켰나 : 임진왜란(壬辰倭亂)을 말하는 듯하다.

| | |
|---|---|
| 목릉은 참으로 훌륭한 군주라 | 穆陵眞英主 |
| 원한 풀고 은근한 정 통했다네[22] | 釋怨通慇勤 |
| 이로부터 수백 년 동안 | 爾來數百歲 |
| 분분하게 맹약 어기지 않았다오 | 違言絶紛紜 |
| 멀고 먼 구라파와 미국이 | 逖矣歐與米 |
| 만리 길 와서 이웃을 맺었네 | 萬理來結隣 |
| 대화가 중역[23] 거치는 지라 | 談話由重譯 |
| 정의가 동문[24]과는 다르다오 | 情意異同文 |
| 그대여 서로 가까이 지내며 | 請君依輔車 |
| 잦은 왕래 싫어하지 말게나 | 莫厭來往頻 |
| 부산포와는 좁은 바다 사이이니 | 釜浦一衣帶 |
| 닭과 개 짖는 소리도 들린다오 | 鷄犬聲相聞 |

---

**22** 목릉(穆陵)은⋯⋯통했다네 : 목릉은 선조의 능호이다. 선조 40년(1607)에 임진왜란으로 조선과 일본 사이에 국교가 단절되었던 것을, 도쿠가와 이에야스(德川家康)가 대마도주에게 명령하여 통신사를 오게 주선하여, 임진왜란 이후 처음으로 회답 겸 쇄환사(回答兼刷還使)로 여우길(呂祐吉) 등이 일본으로 갔다.

**23** 중역(重譯) : 지역이 너무 멀어 언어(言語)가 같지 않으므로 이중(二重)의 통역으로 말을 통한다는 말이다.

**24** 동문(同文) : 문자가 같다는 말로, 한자문화권인 조선과 일본, 그리고 중국을 두고 말한 것이다.

# 가와다에게 화답시를 부치다
## 寄和川田

| | |
|---|---|
| 삼국의 명사들 모두 한 자리에 모이니 | 三國名流共一筵 |
| 특별한 인연으로 마음 맞는 벗 만났네 | 苔岑訂契湊奇緣 |
| 예로부터 이런 즐거움 언제 있었던가 | 古來此樂何曾有 |
| 에도에서 이 모습 그림으로 전해지리라 | 江戶應將繪事傳 |

| | |
|---|---|
| 이웃나라와 교류한 것은 천 년 전이니 | 隣邦玉帛遡千年 |
| 아주 친밀한 우정 참으로 자연스럽네 | 脣齒交情合自然 |
| 그대 시로 역사를 전하는 법 감동스러우니 | 感子詩中傳史法 |
| 일찍부터 난대[25]에서 글 솜씨 뛰어났겠지 | 蘭臺早有筆如椽 |

| | |
|---|---|
| 팔월 하늘 유유히 돌아가는 사신 뗏목 | 泛泛歸槎八月天 |
| 봉도 돌아보니 구름과 안개 아득하구나 | 回頭蓬島渺雲烟 |
| 신선과 잠깐의 이별도 참으로 슬퍼서 | 神仙少別猶多悵 |
| 지는 달에 그리워[26] 꿈속에도 이끌리네 | 落月相思夢暗牽 |

---

25 난대(蘭臺) : 한(漢)나라 궁중(宮中)의 장서각(藏書閣) 이름으로, 보통 춘추관(春秋館)
을 말한다.

26 지는 달에 그리워 : 만날 수 없는 친구를 생각하며 추억에 잠길 때 쓰는 표현이다.
두보가 이백을 그리워하며 쓴 시 〈몽이백(夢李白)〉에서 "들보 위에 가득히 지는 달이 그대
의 얼굴을 비춰주는 것만 같네.[落月滿屋梁 猶疑照顔色]"라고 노래한 구절에서 유래한
것이다. ≪杜少陵詩集 卷7≫

# 도원 김선생 대인께 삼가 드리고 교정해주기를 청하다
## 奉贈道園金先生大人請正

가메타니 고우(龜谷行)【호는 성헌(省軒)이다.】

| 오래 전에 천일창이라는 분이 | 久矣天日槍 |
|---|---|
| 도검 같은 날카로운 병기 전했네[27] | 刀劍傳利兵 |
| 아직기는 대도에 통달하였고 | 阿直岐通大道 |
| 왕인은 유교 경전을 가져 왔지 | 王仁齎聖經 |
| 현도[28]에는 예부터 선비들 많다 하더니 | 玄菟從來稱多士 |
| 봉영[29]에 이른 사신 다시 보게 되었구려 | 復見皇華到蓬瀛 |
| 오늘 거문고와 술로 함께 즐기니 | 今日琴尊共歡娛 |
| 당시 휼방처럼 싸웠던 게[30] 우습구나 | 當年鷸蚌笑輸嬴 |

---

**27** 오래……전했네 : 천일창(天日槍)은 신라의 왕자이다. 수인 3년(기원전 27, 혁거세 31)에 천일창이 처음으로 일본에 가서 조공하였는데, 우태옥(羽太玉) 1개, 족고옥(足高玉) 1개, 제록옥(鵜鹿玉) 1개, 적석(赤石) 1개, 출석소도(出石小刀) 1자루, 출석이모(出石利桙) 1자루, 일진경(日眞鏡) 1개, 웅신리(熊神籬) 1벌 등 모두 일곱 가지였다. 이를 단마국(但馬國)에 보관해 두고 항상 신물(神物)로 여겼다.

**28** 현도(玄菟) : 이른바 한사군(漢四郡)의 하나로, 여기서는 조선을 지칭한 말이다.

**29** 봉영(蓬瀛) : 봉래(蓬萊)와 영주(瀛洲)의 약칭이다. 방장(方丈)과 함께 바다 가운데 있다고 전하는 삼신산(三神山)으로, 여기에서는 일본을 가리킨다.

**30** 당시……게 : 임진왜란 때 조선과 일본의 전쟁을 이렇게 표현한 것이다. 휼방(鷸蚌)은 황새와 조개를 말한다. 『전국책』 연책(燕策)에 다음과 같은 일화가 있다. 역수(易水) 가에 조개가 나와 있을 때 마침 황새가 조개의 속살을 쪼자, 조개가 껍데기를 오므려서 황새의 부리를 꼭 끼워 버렸다. 황새가 말하기를, "오늘도 비가 오지 않고 내일도 비가 오지 않으면 죽은 조개가 있게 될 것이다." 하자, 조개가 말하기를, "오늘도 못 나가고 내일도 못 나가면 죽은 황새가 있게 될 것이다."고 하면서 서로 놓아주지 않았다. 끝내는 어부가 와서 둘을 다 잡아가게 되었다. 전하여 둘이 서로 다투다가 함께 패하여 제삼자에게 이득을 취하게 하는 것을 비유한다.

| | |
|---|---|
| 잠깐 만나서 문득 진번의 의자 내리고 | 傾蓋忽下陳蕃榻 |
| 오래전부터 목 빼고 계찰[31] 흠모했다오 | 引領久欽季札名 |
| 흑두에 공이 된[32] 그대 현명함 감탄스럽지만 | 黑頭爲公歎君賢 |
| 시절 걱정에 백발이 된 나는 부끄럽기만 하구나 | 憂時慚余白髮生 |
| 아! 천하에 더 이상 우환이 없을 날 없으리니 | 嗚呼天下非復無虞日 |
| 문무겸전한 그대 같은 영걸에게 맡기겠지 | 修文振武屬俊英 |

## 가메타니에게 화답하다
### 和龜谷

| | |
|---|---|
| 유자의 문장 공부가 군대 조련과 같아 | 儒者治文如治兵 |
| 기정이 악기경에서 벗어나지 않았구나[33] | 奇正不出握機經 |
| 단에 올라 한 번 외치자 군사들 호응하고 | 登壇一呼萬夫應 |
| 웅대한 식견과 책략으로 동영을 덮었네[34] | 雄視大略橫東瀛 |

---

**31** 계찰(季札) : 춘추(春秋) 때 오(吳)의 왕자 계찰이 어진 이름이 있어 여러 나라를 역방했으며, 노(魯)를 방문하여 주(周)의 예악(禮樂)을 보고 열국(列國)의 치란(治亂) 흥쇠(興衰)를 알았다.

**32** 흑두(黑頭)에……된 : 젊은 나이에 재상 같은 높은 자리에 오른 것을 말한다. 진(晉)나라 왕순(王詢)이 일찍이 환온(桓溫)의 속관(屬官)으로 있을 적에 환온이 그를 매우 공경하고 중히 여겨 말하기를, "왕순은 의당 흑두 상공(黑頭相公)이 될 터이니, 쉽게 얻을 수 있는 인재가 아니다."라고 했던 데서 온 말이다.

**33** 기정(奇正)……않았구나 : 군대를 조련할 때는 모범이 될 만한 병서(兵書)를 따르듯이, 문장을 짓는 데에도 훌륭한 경전을 잘 따랐다는 말이다. 기정은 병법(兵法)의 용어로서, 정면으로 접전을 벌이는 것을 '정(正)'이라 하고 매복(埋伏)이나 기습(奇襲) 등의 방법을 쓰는 것을 '기(奇)'라고 한다. 『악기경(握機經)』은 황제(黃帝) 때의 상신(相臣) 풍후(風后)가 지은 일종의 병서로, 후세에 담병(談兵)하는 자가 다 조(祖)로 삼았다.

| 이국 사람에게 항복의 깃발 꽂게 하니 | 坐令異類竪降幡 |
| 한잔 술로 기꺼이 승부 내려 하겠는가 | 肯與一杯較輸贏 |
| 내가 와서는 성벽 위에서 보는 것뿐이라 | 我來只合壁上觀 |
| 바람과 구름 따르며 형과 명을 분별하랴[35] | 馳逐風雲辨形名 |
| 그대 지기에 감동하여 내 위로하노니 | 感君志氣相勞苦 |
| 백발의 늙은 서생임을 한탄하지 마시게 | 莫嗟白粉老書生 |
| 요망한 기운 깨끗하게 없앨 날 있으리니 | 廓淸氛祲知有日 |
| 세상 구제 하려면 끝내 영걸 기다려야하리 | 濟世終須待俊英 |

## 조선 김선생 대인정께
## 朝鮮金先生大人正

사사키 시인(佐佐木支陰)

| 뗏목 타고 천리 길 와 이웃 되었으니 | 乘槎千里是隣比 |
| 예리한 기물로 가는 곳마다 분란 해소하네[36] | 利器解紛隨處宜 |

---

**34** 동영(東瀛)을 덮었네 : 동영은 동해(東海)의 별칭으로, 여기에서는 동해에 있는 일본을 가리킨다. 즉, 일본에서 식견과 지략이 뛰어났다는 말이다.

**35** 내가……분별하랴 : 자신을 칭찬해 준 것에 대해 식견이 좁고 재주가 없다고 하는 겸사이다. 성벽 위에서 본다는 말은 『사기(史記)』 권7 〈항우본기(項羽本紀)〉에 "제후가 군대를 이끌고 거록을 구하기 위해 내려온 자들이 십여 보루(堡壘)나 있었지만 감히 군대를 풀어 출전하지 못하다가, 급기야 초나라 군대가 진나라를 공격하자 제장이 모두 성벽 위에서 구경하였다.[諸侯軍救鉅鹿下者十餘壁 莫敢縱兵 及楚擊秦 諸將皆從壁上觀]"라는 말에서 나온 것이고, 형과 명은 군사 훈련을 할 때 쓰이는 깃발과 북을 말한다.

**36** 예리한……해소하네 : 훌륭한 지혜로 분쟁을 해소한다는 말이다. 전국 시대에 제(齊)나

| 영욕은 감히 당시의 훼예로 말할 수 있으랴 | 榮辱敢論時毁譽 |
|---|---|
| 출처(出處)는 나라의 안위 책임지고 있다오 | 行藏只任國安危 |
| 인상여처럼 옥벽 온전하게 지키는 의리 보겠고[37] | 相如完璧義當見 |
| 모수처럼 쟁반 받드는 영웅의 기개에 미치겠지[38] | 毛遂捧盤英可追 |
| 화합하는 뜻[39]을 도운 공이 위대하니 | 贊畫協和功偉矣 |
| 마침내 그 명성 만년토록 이어지리라 | 聲名竟合萬年垂 |

---

라의 고사(高士) 노중련(魯仲連)이 진(秦)의 군대를 50리 밖으로 퇴각시킨 공으로 조나라에서 노중련에게 관작을 봉해 주려고 하자, 노중련이 말하기를 "천하의 선비된 자에게 귀중한 것은 남을 위해 환난을 제거해 주고 분란을 풀어 주고도 취하는 바가 없는 것이다.[所貴於天下士者 爲人排患釋難解紛亂 而無所取也]"라고 한 데서 유래한 말이다. ≪戰國策 趙策≫

**37** 인상여(藺相如)처럼……보겠고 : 사신의 임무를 무사히 수행함을 뜻한다. 전국 시대 조(趙)나라 혜문왕(惠文王)이 화씨벽(和氏璧)을 얻었다는 소문을 듣고 진나라 소왕(昭王)이 그 구슬을 열다섯 성과 바꾸자고 제의하여 빼앗으려 하자, 인상여가 사신으로 가서 기지를 부려 구슬을 무사히 가지고[完璧] 본국으로 돌아온 고사에서 유래하였다. ≪史記 卷81 藺相如列傳≫

**38** 모수(毛遂)처럼……미치겠지 : 쟁반을 받든다는 말은 희생을 가지고 맹약을 성사시켰다는 말이다. 전국 시대에 진(秦)나라가 일찍이 조(趙)나라를 쳤을 때, 조나라 평원군(平原君)의 문객 모수가 평원군에게 자천(自薦)하여, 초(楚)나라로 구원(救援)을 청하러 가는 평원군 행차의 일행 20인 중 가장 말제로 참여하여 가서, 일행 19인이 아무도 나서지 못하는 가운데 그가 홀로 당당하게 칼자루를 어루만지며 초왕(楚王)을 위협하여 종약(從約)을 맺게 하고는, 계구마(鷄狗馬)의 피를 가져오게 하여 구리 쟁반을 받들어[捧銅盤] 초왕과 평원군을 차례로 마시게 하고 다음으로 모수 자신이 마시고, 맹약을 성사시키고 돌아왔다.

**39** 화합하는 뜻 : 임금이 모든 백성을 화합하게 한다는 뜻으로, 『서경』〈요전(堯典)〉에 "만방을 화합하여 융화하게 하시니 백성들이 아! 변하여 이에 화목해졌다.[協和萬邦 黎民於變時雍]"라고 한 데서 온 말이다.

# 석상에서 조선국 수신대사 예조참의 김도원에게 시를 지어 드리고 겸하여 자리에 있는 제군들에게 시를 청하다

## 席上賦呈朝鮮國修信大使道園金禮曹 兼請在坐諸君政

오카마쓰 오고쿠(岡松辰)【호는 옹곡(甕谷)이다.】

| | |
|---|---|
| 멀리 흰 파도 헤치고 배가 만리 건너오니 | 遠駕雲濤萬里船 |
| 사신이 바다 동쪽 하늘에 밝게 빛나구나 | 皇華炤耀海東天 |
| 젊은 나이에 규장[40]을 받들고 온 사신 | 夙齡方奉圭璋使 |
| 높은 절개 조정의 현자로 추천되었네 | 高節知推廊廟賢 |
| 맑고 맑은 술기운은 푸른 잔에 떠있고 | 酒氣英英浮碧盞 |
| 곱디고운 필적은 붉은 종이에 가득하네 | 筆花豔豔滿紅箋 |
| 부끄럽구나 쇠하고 약한 갈대 자질로 | 慚將衰邁蒹葭質 |
| 공연히 화려한 자리 옥수 앞에 있는 것이[41] | 漫近瓊筵玉樹前 |

---

**40** 규장(圭璋) : 사자(使者)가 타국에 가서 예식(禮式) 때에 사용하는 아주 귀한 옥(玉)을 가리킨다.

**41** 부끄럽구나……것이 : 자신과 어울리지 않을 정도로 훌륭한 사람과 자리를 함께했다는 의미이다. 『세설신어(世說新語)』〈용지(容止)〉에 "위 명제(魏明帝)가 황후의 아우 모증(毛曾)으로 하여금 하후현(夏侯玄)과 같이 앉도록 하였는데, 그때 사람들이 '갈대가 옥수에 의지하고 있다.[蒹葭倚玉樹]'라고 하였다." 하였다.

## 애의촌장 석상에서 김사군에게 시를 지어 드리다. 애의촌장이 삼면으로 후지산·쓰쿠바산·닛코산를 띠처럼 두르고 있어서, 전구에서 이를 언급하였다
曖依村莊席上賦呈金使君 村莊三面帶富士筑波日光轉句及此

와타나베 히로모토(渡邊洪基)

| | |
|---|---|
| 애의촌장에 모인 두 나라 손님들 | 村莊雅會二邦賓 |
| 붓과 입으로 진정을 담아 얘기하니 | 筆語口談情見眞 |
| 흡사 세 산에 비가 맑게 갠 뒤에 | 恰是三山雨晴後 |
| 청풍이 잔뜩 낀 먼지 다 쓸어버린 듯 | 清風拂盡滿眸塵 |

## 조선국 정사 김선생을 처음 뵙고 시를 지어 드리다
初謁朝鮮國正使金先生賦呈

아토미 가케이(跡見氏瀧)【화계여사(花蹊女史)】

| | |
|---|---|
| 무성한 세 가지 다섯 잎의 인삼[42] | 鬱鬱三椏五葉蔘 |
| 원기 조화하는 데 효과 매우 좋다네 | 調和元氣效尤深 |
| 어찌 신령스런 풀만 영지에서 나랴 | 豈唯靈草生靈地 |
| 김씨 성을 가진 영준한 사람 있는데 | 英俊有人其姓金 |

---

42 무성한……인삼 : 줄기가 세 대로 갈라지고, 다섯 개의 작은 잎이 손바닥 모양으로 겹쳐 있기 때문에 붙여진 이름이다. ≪本草綱目 卷12≫

## 화계에게 화답하다
### 酬花蹊

| | |
|---|---|
| 고맙게도 천손이 내 옷을 지어주니 | 多謝天孫織我裳 |
| 난새 봉황 표박하듯 무늬 찬란하네 | 鸞漂鳳泊爛成章 |
| 돌아가는 사신은 지기석 물을 것 없나니 | 歸槎休問支機石 |
| 신선 인연이 끝내 박망후보다 낫다네[43] | 仙分終須勝博望 |

## 나니와 여사가 시를 요구하기에 붓을 휘둘러 응하다
### 浪華女史乞詩走筆應之

| | |
|---|---|
| 연지와 분으로 아름답게 꾸미니 | 好將脂粉寫雲烟 |
| 옅고 짙은 화장이 모두 어울린다오 | 淡抹濃粧摠自然 |
| 궁궐에서 동사(彤史)[44] 편찬한다면 | 紫府若編彤管史 |
| 화가가 먼저 나니와 선녀 찬하리 | 畫家首贊浪華仙 |

---

**43** 돌아가는……낫다네 : 신선 같은 화계여사를 만났으니 박망후(博望侯)의 유람보다 훨씬 낫다는 말이다. 지기석은 곧 베틀을 괴는 돌을 말하고, 박망후는 한(漢)나라 장건(張騫)의 봉호이다. 장건이 사명(使命)을 받들고 서역(西域)에 나갔던 길에 떼를 타고 황하(黃河)의 근원을 한없이 거슬러 올라가다가 한 성시(城市)에 이르러 보니, 한 여인은 방 안에서 베를 짜고, 한 남자는 소를 끌고 은하의 물을 먹이고 있으므로, 그들에게 묻기를 "여기가 어디인가?"라고 하자, 그 여인이 지기석(支機石) 하나를 장건에게 주면서 말하기를 "성도(成都)의 엄군평(嚴君平)에게 가서 물어보라."라고 하므로, 과연 그가 돌아와서 엄군평을 찾아가 지기석을 보이자, 엄군평이 말하기를 "이것은 곧 직녀(織女)의 지기석이다. 아무 연월일에 객성(客星)이 견우와 직녀를 범했는데, 지금 헤아려 보니, 그때가 바로 이 사람이 은하에 당도한 때였도다."라고 했다는 전설에서 온 말이다.
**44** 동사(彤史) : 궁중(宮中)의 일과 후비(后妃)들의 일상(日常)을 기록하는 여관(女官)의 명칭인데, 여기서는 여인들의 선행을 기록한 역사책의 뜻으로 쓰였다.

# 수신사 김도원 선생의 왕림에 기뻐서 시를 지어 드리다. 서둘러 돌아간다는 말을 듣고 이를 언급하였다
## 嘉修信使金道園先生枉駕賦呈 聞其促歸槎言及之

미야모토 고이치(宮本小一)【호는 압북(鴨北)이다.】

| | |
|---|---|
| 또 다시 이웃 나라의 사신 수레가 | 復辱隣邦信使車 |
| 초가을 북쪽 마을 언덕에 이르렀네 | 新秋延到北邨墟 |
| 아직 중추절 달이 뜨지 않았는데 | 未邀月桂廣寒節 |
| 초가을에 먼저 떠나게 되었다오 | 先向風梧涼雨初 |
| 오래 머물며 자주 만나면 더욱 좋으련만 | 久駐屢逢應更好 |
| 가는 발길 만류하기 어려우니 천천히 가게 | 難留將去且須徐 |
| 벽에 쓰여 있는 창산이란 글자를 알아보시게 | 壁間請認蒼山字 |
| 예전에 노닐며 이 시 걸었던 일 생각난다오[45] | 追感前遊揭此書 |

| | |
|---|---|
| 선계 가는 길 골짝 구름에 막혔더니 | 一路仙源鎖洞雲 |
| 어부가 배 돌리고서야 세상에 알려졌네[46] | 漁郎回棹世初聞 |

---

**45** 벽에⋯⋯생각난다오 : 창산(蒼山)은 김기수(金綺秀, 1832~?)의 호로, 1875년(고종 12) 별시 문과에 병과로 급제하여 1876년(고종 13) 강화도조약 체결 후 예조 참의로서 수신사 (修信使)가 되어 일본에 다녀왔다. 이때 미야모토를 만나 〈종중정석상정창산선생(宗重正 席上呈倉山先生)〉이라는 시를 그에게서 받았다.

**46** 선계⋯⋯알려졌네 : 기자가 온 뒤에야 조선이 세상에 알려졌다는 말을 도잠(陶潛)의 〈도화원기(桃花源記)〉의 고사에 빗댄 것이다. 〈도화원기〉에, 동진 태원(太元) 연간에 무릉(武陵)의 한 어부가 한번은 시내를 따라 한없이 올라가다가 갑자기 도화림(桃花林)이 찬란한 선경을 만나, 일찍이 선대(先代)에 진(秦)나라 때의 난리를 피해 처자를 거느리고 그곳에 들어와 대대로 살고 있다는 사람들로부터 극진한 대접을 받고, 수일 후에 그곳을 떠나서 배를 얻어 타고 되돌아왔는데, 그 후로는 다시 그 도화림을 찾을 수가 없었다고

| | |
|---|---|
| 기자의 봉지 조선팔도는 예의지국이요 | 箕封八道衣冠國 |
| 공자의 교화로 천년동안 예악이 빛났네 | 孔敎千年禮樂文 |
| 책과 희생으로 제패와 회맹 피하지 말고[47] | 莫避書牲齊覇會 |
| 호인(胡人)의 말과 조왕의 군대 비웃지 말게[48] | 休嗤胡馬趙王軍 |
| 혁장어모[49]는 형제간에 힘써야 할 일이라 | 鬩墻禦侮同根務 |
| 막중한 임무 띠고 동쪽으로 사신 왔구려 | 任重東來星使君 |

---

한 데서 온 말이다. ≪陶淵明集 卷6≫

**47** 책과……말고 : 부강한 나라와의 통상과 교류를 피하지 말라는 뜻으로, 홍선대원군의 쇄국정책을 염두해 두고 한 말인 듯하다. 책과 희생은 회맹할 때 쓰이는 물건이고 제패(齊覇)는 오패의 하나인 제나라를 말한다. 『맹자』〈고자(告子) 하〉에, "오패(五霸) 중에 환공(桓公)이 가장 성(盛)하였는데, 규구(葵丘)의 회맹(會盟)에 제후(諸侯)들이 희생(犧牲)을 묶어놓은 다음 그 위에 책을 올려놓았다.[五霸桓公爲盛 葵丘之會 諸侯束牲載書]"라고 하였다.

**48** 호인(胡人)의……말라 : 서양 각국을 오랑캐 나라라고 얕잡아 보지 말라는 의미이다. 호인은 안녹산(安祿山)을 가리키고, 조왕(趙王)은 석륵(石勒)을 가리킨다. 당나라 때에 현종이 양귀비를 총애하여 양귀비의 사촌인 양국충(楊國忠)을 정승으로 등용하였는데, 양국충은 원래가 똑똑하지도 못한 자였으므로 안녹산이 항상 업신여겼다. 그러자 양국충은 현종에게 "안녹산이 반역을 일으킬 것이니 빨리 처치하는 것이 좋을 것입니다." 하였으나, 현종은 도리어 "그까짓 안녹산이 무슨 힘으로 반역을 하며, 또 내가 그를 몹시 신임하는데 어찌 딴마음을 먹겠는가."라고 하면서 듣지 않았다가 후일에 큰 변란을 당하였다. 또, 진(晉)나라 때 오호(五胡) 종족들이 중국에 들어와 큰 난리를 꾸몄는데, 그 전에 왕연(王衍)이란 사람이 사람을 알아보는 눈이 있어서 낙양(洛陽)에서 장사를 하고 있던 석륵을 보고는 "석륵에게는 반역(反逆)의 상(相)이 있으니, 미리 처치하지 아니하면 후일에 크게 문제가 될 것이다."라고 하였으나, 아무도 그 말을 믿지 않았다. 그런데 그 뒤에 과연 석륵은 반란군에 참여하여 크게 출세하여 중국 북방을 모두 점령하고 조왕(趙王)이라고 자칭하였으며, 끝내는 유요(劉曜)를 죽이고 후조(後趙)를 건국하였다. ≪晉書 卷104 石勒載記≫

**49** 혁장어모(鬩墻禦侮) : 형제간에는 집안에서 싸우더라도 다른 사람이 침범해오면 힘을 합쳐 물리친다는 뜻이다. 여기서는 조선과 일본이 형제국으로서 힘을 합하여 서양의 침략을 막는다는 의미이다. 『시경(詩經)』〈소아(小雅) 상체(常棣)〉에 "형제는 집안에서 싸우다가도 다른 사람이 침범해오면 힘을 합쳐 물리친다.[兄弟鬩於牆 外禦其務]"라고 하였다.

## 미야모토에게 화답하다
### 和宮本

| | |
|---|---|
| 그대와 새로 맹약하고 친한 벗 되어 | 與子新盟訂笠車 |
| 추풍 구절 읊으며 교외 지나간다오[50] | 秋風句引過郊墟 |
| 장화원 안에서 마음을 터놓은 뒤요 | 長華園裏論心後 |
| 비조장 앞에서 처음 손잡던 때라오 | 飛鳥莊前把臂初 |
| 같은 배 탄 신선인 이곽 맞이하고[51] | 仙侶同舟邀李郭 |
| 신령한 땅에 의자 내리는 진서 보았네[52] | 地靈下榻見陳徐 |
| 이번 사행 한가로운 날 많아 기쁘니 | 此行堪喜多閑暇 |
| 우선 낭환에서 일서를 찾아보리라[53] | 且向娘環訪逸書 |

| | |
|---|---|
| 바다 해가 끊임없이 구름을 물들이듯 | 海日曈曈射海雲 |

---

**50** 추풍……지나간다오 : 추풍 구절은 한유(韓愈)의 〈부독서성남(符讀書城南)〉 시에, "시절은 가을이라 장맛비가 개고, 서늘한 기운이 교외에 들어온다.[時秋積雨霽 新涼入郊墟]"라는 구절로, 앞의 미야모토 시 중에서 '新秋延到北邨墟'라고 한 구절을 받아서 한 말이다.

**51** 신선……맞이하고 : 이곽(李郭)은 후한(後漢)의 이응(李膺)과 곽태(郭泰)를 말한다. 곽태가 낙양(洛陽)으로부터 고향으로 돌아갈 때 친분이 두터운 이응과 함께 배를 타고 하수(河水)를 건너자 전송 나왔던 사람들이 그 광경을 보고 신선과 같다고 찬탄하였다는 일화가 있다. 《後漢書 卷68 郭太列傳》

**52** 신령한……보았네 : 진서(陳徐)는 진번(陳蕃)과 서치(徐穉)로, 주 6) 참조.

**53** 우선……찾아보리라 : 낭환(娘環)은 낭환(琅環)과 같은 뜻으로, 전설에 나오는 선경(仙境) 이름인데, 여기에서는 일본을 가리킨다. 청(淸)나라 손승택(孫承澤)의 《춘명몽여록(春明夢餘錄)》에 의하면 "진(晉)의 장화(張華)가 어떤 사람과 함께 어느 곳에 이르자, 큰 바위 가운데서 갑자기 문이 열리므로, 그가 장화를 인도하여 문 안으로 두어 걸음을 걸어 들어가 보니, 거기가 바로 별천지로 궁실이 높다랗게 서 있고, 한 집을 들어가 보니 서책들이 서가에 가득하였다.……장화가 그곳 지명을 물어보니, 낭환과 복지라고 대답했다.[共至一處 大石中忽然有門 引華入數步 則別有天地 宮室嵯峨 引入一室中 陳書滿架……華問地名 對日琅環福地也]"라고 하였다.

난 이곳에 와서 새로 들은 것 많다오 　　　　我來此地博新聞

천고의 전철(前轍)을 고쳤다 하지 말라 　　　　休言千古改絃轍

다행히도 세 나라는 궤와 문이 같으니[54] 　　　幸賴三邦同軌文

오나라 계찰은 노나라에서 음악 들었고[55] 　　吳札昔曾觀魯樂

제나라 노중련은 누구기에 진나라 군대 물렸나[56] 　齊連誰可却秦軍

선린하는 데 훌륭한 계책 있는 줄 아노니 　　　善隣知有良籌在

이별할 즈음 은근히 그대에게 부탁하노라 　　　臨別殷勤屬與君


## 미야모토 공자【소명(小名)은 긴사쿠(金作)이다.】가 시를 써 달라고 하기에 이렇게 써서 응하다
### 宮本公子【小名金作】乞書寫此應之

나는 이웃나라와의 교제가 　　　　　　　我願隣交

쇠처럼 굳건하길 바라노라 　　　　　　　其堅如金

사신이 서로 빙례 행하니 　　　　　　　使乎交聘

---

54 다행히……같으니 : 원래는 천하가 통일된 것을 이른 말인데, 여기에서는 삼국이 통일된 것을 말한다. 궤와 문은 수레바퀴의 궤도와 문자를 말하는 것으로, 『중용장구(中庸章句)』제28장에 "지금 천하에 수레는 바퀴의 궤도가 똑같으며, 글은 문자가 똑같다.[今天下車同軌 書同文]"라고 하였다.

55 오나라……들었고 : 주 31) 참조.

56 제나라……물렸나 : 전국 시대 제(齊)나라의 고사(高士)인 노중련이 조(趙)나라에 가 있을 때 진(秦)나라 군대가 조나라의 수도인 한단(邯鄲)을 포위하였는데, 이때 위(魏)나라가 장군 신원연(新垣衍)을 보내 진나라 임금을 황제로 섬기면 포위를 풀 것이라고 하였다. 이에 노중련이 "진나라가 방자하게 황제를 칭한다면 나는 동해를 밟고 빠져 죽겠다." 하니, 진나라 장군이 이 말을 듣고 군사를 50리 뒤로 물렸다고 한다. ≪史記 卷83 魯仲連列傳≫

| | |
|---|---|
| 한 마음으로 쇠도 자른다오 | 斷金同心 |
| 훌륭하고 훌륭한 공자여 | 翩翩公子 |
| 그대 이름 내 성과 같구나 | 名符吾姓 |
| 길이 서로 우호 맺으니 | 永以爲好 |
| 나라의 크나큰 경사라오 | 邦家之慶 |

## 요코하마에서 조선 수신사 및 동료 여러 분이 귀국하는 것을 송별하며 앞 시에 차운하고 교정해주기를 바라다

### 橫濱送別朝鮮修信使及其僚屬諸氏歸國 次前韻 乞教正

미야모토 고이치(宮本小一)

| | |
|---|---|
| 사신 길은 증기선이 기차 대신하니 | 一路汽船代汽車 |
| 조수 소리 버들 그림자 가을 언덕에 가득하네 | 潮聲柳影滿秋墟 |
| 삼순을 경관에서 서로 수응한 뒤요 | 三旬京館應酬後 |
| 처음 천리 길 고향 돌아가는 때라 | 千里家山歸去初 |
| 그대들 아무 탈 없어 매우 기쁘고 | 偏喜諸公無病故 |
| 또 날마다 서서히 바람 불었으면 | 且祈連日得風徐 |
| 사신 깃발 먼저 동래부에 이르거든 | 征旗先至東萊府 |
| 평안하다는 몇 글자 소식 알려주게 | 爲報平安數字書 |

| | |
|---|---|
| 고요한 집 산 누각에 저문 구름 슬픈데 | 靜舍巒樓悲暮雲 |
| 이별 시름이 피리소리에 잘 어울리구나 | 別愁好和笛聲聞 |

비가 가뭄 꺾으니 서늘한 은택 베풀어지고 　　　雨摧旱魃施涼潤

하늘이 객성 보내니 찬란한 문채 옮겨가네 　　　天送客星移炳文

귀국해선 기러기 떼 맞이하여 시 지으리니 　　　歸國有詩迎雁陳

경도에 머물며 모기떼에 시달릴 일 없겠지 　　　滯京無管苦蚊軍

중추가 가까워오는데 그대들 어디에 있을까 　　　中秋漸近當何處

토란 밤 소반 앞에서 유독 그대들 생각나리 　　　芋栗盤前獨憶君


## 학명 노인의 시 뒤에 쓰다
**題鶴鳴老人詩後**

목공과 금모[57] 서로 사이좋게 의지하니 　　　木公金母好相依

가을이라 익은 반도 비 머금고 살쪘네 　　　秋熟蟠桃帶雨肥

명학자화는 지극한 상을 미룬 것이니 　　　鳴鶴子和推至象

두남【그의 아들로 호가 두남이고, 지금 높은 관직에 있다.】이 멀리 북극성을
향해 빛나네[58] 　　　斗南遙拱極星輝

---

**57** 목공(木公)과 금모(金母) : 신선인 동왕공(東王公)과 서왕모(西王母)를 말한다.

**58** 명학자화(鳴鶴子和)는……빛나네 : 아버지와 아들이 마음이 잘 맞고 그의 아들 두남이
임금을 잘 모시고 있다는 말이다. 명학자화는 『주역』〈중부괘(中孚卦) 구이(九二)〉에 "우
는 학이 그윽한 데 있거늘, 그 새끼가 화답하도다. 나에게 좋은 벼슬이 있어, 내 너와
더불어 가지고자 한다.[鳴鶴在陰 其子和之 我有好爵 吾與爾靡之]"라고 한 데서 온 말이
다. 이 효상은 그윽한 데 있으면서도 신의를 잃지 않아 지성(至誠)이 서로 감통(感通)하는
것을 의미한다. 북극성은 일반적으로 임금을 말한다. 『논어』〈위정(爲政)〉에 "정사를 덕
으로 하는 것은 비유하면 북극성이 자리를 잡고 있으면 여러 별들이 그에게로 향하는 것과
같다.[爲政以德 譬如北辰居其所 而衆星共之]"라고 하였다.

## 하나부사 요시모토에게 주다 【변리공사】
### 贈花房義質【辨理公使】

| | |
|---|---|
| 내가 동도에 이르러 주인 삼으니[59] | 我到東都有主人 |
| 한 번 보고 단번에 친해졌다네 | 一回相見一回親 |
| 은근히 호저로 교찰처럼 사귀니[60] | 慇懃縞紵聯僑札 |
| 교분이 선린에 있는 줄 알겠어라 | 知是交情在善隣 |


## 비조산장에서 연회를 열어 석상에서 대 조선 수신사 제공께 시를 지어 드리다
### 飛鳥山莊宴集 席上賦呈大朝鮮修信使諸公

미시마 다키시(三島毅)

| | |
|---|---|
| 멀리 봉도에 와서 문학의 깃발 세우니 | 遠來蓬島建文旗 |
| 다행히 만나서 멋진 풍채 보게 되었네 | 何幸邂逅接丰姿 |
| 정사는 성과 떨어져서 경치 아름답고 | 亭榭離城足佳景 |

---

**59** 주인 삼으니 : 멀리서 와서 그 집에 머무른다는 뜻이다. 이번 수신사행에 향서기로 따라간 박상식의 사행일기 『동도일사(東渡日史)』에, ''7.10일에 요시모토의 집에 방문하였다.'라는 기록을 근거해 볼 때, 김홍집이 요시모토의 집에 머물렀기 때문에 이렇게 말한 것이다.

**60** 은근히……사귀니 : 사귀는 정이 두텁다는 말이다. 호저(縞紵)는 호대(縞帶 흰 명주 허리띠)와 저의(紵衣 모시옷)이고, 교찰은 계찰(季札)과 공손교(公孫僑), 즉 자산(子産)이다. 오(吳)나라 계찰(季札)이 정(鄭)나라 자산(子産)에게 호대를 선사하자 자산이 그 답례로 저의를 보냈다는 고사가 있다. ≪左傳襄公 29年≫

| 원림엔 비 내려 서늘한 바람 부누나 | 園林經雨送涼颸 |
| 지금은 제진처럼 발호할 때가 아니요 | 齊秦跋扈非今日 |
| 한위처럼 연합해야 할 때라오[61] | 韓魏連和方此時 |
| 근래 어지럽게 형제끼리 싸우던 일은 | 紛紜近歲鬩墻事 |
| 읊는 자리에서 한 잔 술에 부쳐 보내게 | 付與吟筵酒一卮 |

## 석상에서 술을 마시며 멋대로 시를 지어 도원 김군에게 드리고 웃으며 교정해주기를 청하다
### 席上酒間率賦呈道園金君請笑正

난마 쓰나노리(南摩綱紀)

| 가까운 이웃나라와 옛 맹약 굳건히 하려 | 脣齒隣交尋舊盟 |
| 천리 넓은 바다 헤치고 사신 배 왔다네 | 星使千里破滄溟 |
| 의관은 주나라가 봉작할 때 그대로이고 | 衣冠不改周封爵 |
| 문물은 은나라 전형 아직까지 남아 있네 | 文物猶存殷典型 |
| 아침 비 흔적에 조금이나마 더위 씻으니 | 朝雨有痕微洗暑 |
| 뜰 꽃은 취하기를 권하며 향기 전해오네 | 庭花勸醉欲傳馨 |
| 지금부터 시와 술로 서로 따르고 찾으리니 | 自今詩酒相徵逐 |

---

**61** 지금은……때라오 : 이렇게 어지러운 때에 서로 힘을 합쳐야지 독자적인 노선을 걸어 서는 안 된다는 말이다. 제진(齊秦)과 한위(韓魏)는 모두 전국(戰國) 7웅에 속하는 나라이 다. 전국시대에 진(秦) 소왕(昭王)은 서제(西帝), 제(齊) 민왕은 동제(東帝)라고 하여 크게 세력을 떨쳤고, 이후에 진이 더욱 강성해 지자 육국인 조(趙)·한(韓)·위(魏)·제(齊)·초 (楚)·연(燕)가 합종을 맺어 진나라에 대항하였다.

두 눈엔 푸른 산 빛을 길이 아우르리라　　　　　雙眼長兼山色靑


## 조선 수신사 선비들께 보고 웃으시라고 드리다
**呈韓朝修信使諸彦博粲**

사카타니 시로시(阪谷素)【호는 낭려(朗廬), 자는 약(約)이다.】


교외에 먼저 비가 내려 먼지 씻어내니　　　　　郊上先驅雨鎭塵
하늘이 좋은 경치 열어 가빈 대한다오　　　　　天開佳景待嘉賓
완상하는 마음으로 이국의 감정 내려 놓게　　　賞心請閣殊邦感
아름다운 글과 새 가을 소식도 겸했으니　　　　筆底花兼秋信新


아름다운 저 분 사신 깃발 멈추고서　　　　　彼姝者子駐干旄
원림에 말 매고 맑게 담소 나누었지　　　　　繫馬園林笑語淸
온 세상이 형제사이라 본래 가까우니　　　　四海弟兄須自近
천년동안 친밀한 관계 어찌 가벼우랴　　　　千秋脣齒豈爲輕
전에 한형주(韓荊州) 알고서[62] 그 모습 상상했는데　　識韓前日下風想
오늘 이응(李膺)의 수레 몰고[63] 잔치하게 되었다오　御李此辰陪宴情

---

62　한형주(韓荊州) 알고서 : 훌륭한 현인을 만나기를 바란다는 뜻이다. 당나라 원종(元宗) 때 한조종(韓朝宗)이 형주 자사(荊州刺史)가 되었는데, 이백(李白)이 그에게 편지를 보내 "살아서 만호후(萬戶侯)에 봉해지기보다 다만 한 번 한형주를 알기를 원한다."라고 한 데서 유래하였다. ≪古文眞寶 後集 卷2 與韓荊州書≫

63　이응(李膺)의 수레 몰고 : 존경하는 분을 모신다는 뜻이다. 후한 때 순상(荀爽)이 이응을 배알하고 이응을 위해 수레를 몬 뒤에 집에 돌아와서 "오늘에야 내가 이군(李君)을

| | |
|---|---|
| 기쁨이 무르익어 가슴이 후련하니 | 歡熟胸襟無芥滯 |
| 연운과 천석[64]을 이야기하고 싶구나 | 烟雲泉石願論評 |

## 미야모토 오카즈의 운을 써서 김도원 선생 합하께 삼가 드리다
### 用宮本鴨北韻謹奉贈金道園先生閤下

곤도 마스키(近藤眞鋤)【영사관(領事官)이고, 호는 눌헌(訥軒)이다.】

| | |
|---|---|
| 사신 배가 바다 동쪽 구름을 뚫고 가니 | 星槎穿去海東雲 |
| 이번 유람에 견문 넓혔다 스스로 말하네 | 自道斯遊廣異聞 |
| 잠식하고 경탄하는 것은 어느 나라인가 | 蠶食鯨吞是何國 |
| 게와 지렁이가 가는 것은 우리 문자라네[65] | 蟹行蚓走亦吾文 |
| 온 세계는 만국의 공법에 의지해야 하니 | 萬邦只合依公法 |
| 한 손으로 누가 적군을 물리칠 수 있으랴 | 隻手誰能却敵軍 |
| 어지러운 세상 참으로 해야 할 일 많은데 | 天下紛紛固多事 |
| 오늘날 기미를 아는 그대 같은 이 적구나 | 知機今日少如君 |

---

위해 수레를 몰았다.”하였다. 《後漢書 卷67 黨錮列傳 李膺》

**64** 연운(煙雲)과 천석(泉石) : 아름다운 산수를 말한다. 연운은 연하(煙霞)와 같은 말이다. 당나라 은사(隱士) 전유암(田遊巖)이 기산(箕山)에 들어가 사는데, 고종(高宗)이 친히 그 집에 찾아가니, 유암이 야복(野服)으로 나와 영접하였다. 고종이, “선생은 근일에 평안하신가.” 하니, 대답하기를, “신(臣)은 연하고질(煙霞痼疾)이요, 천석고황(泉石膏肓)입니다.” 하였다.

**65** 잠식하고⋯⋯문자라네 : 약소국을 잠식하고 경탄하는 강대국에 비해 자신의 나라는 세계의 정세에 어둡다는 말이다.

## 곤도에게 화답하다
### 和近藤

| | |
|---|---|
| 어지러운 세상일이 떠도는 구름 같은데 | 紛紛世事似浮雲 |
| 한 번 봄이 어찌 백 번 들음보다 나으랴 | 一見那能勝百聞 |
| 천지는 원래 모두 진성을 갖추고 있으니 | 大界元皆具眞性 |
| 하늘이 다하도록 사문이 실추되지 않으리 | 極天應不墜斯文 |
| 나라를 빛낼 만한 사절 없어 부끄러운데 | 愧無使節堪華國 |
| 군사 쓸어버릴 문장의 예봉 대해 기쁘네 | 喜接詞鋒足掃軍 |
| 과연 흙덩이로 함곡관을 막을 수 있을까 | 果否丸泥函谷閉 |
| 기이한 계책 다시 소진(蘇秦)에게 맡기겠지[66] | 奇謀也復屬蘇君 |

## 대련
### 對聯

| | |
|---|---|
| 같은 주에 신의와 화목으로 연합한 세 나라요 | 同洲信睦聯三國 |
| 근래 영웅호걸 중에 가장 으뜸가는 사람이라 | 近世英豪第一人 |

【산조 사네토미(三條實美)에게 써서 주다. 관직은 태정대신(太政大臣)이다.】

---

**66** 과연……맡기겠지 : 강토를 지킬 만한 요새가 있어 적의 침략을 막을 수 있다면 소진같
은 그대에게 맡기겠다는 뜻이다. 왕망(王莽) 말기에 외효(隗囂)의 장수 왕원(王元)이 외효
에게 "하나의 흙덩어리를 가지고 가서 대왕을 위해 함곡관을 봉해 버리겠다.[元請以一丸
泥 爲大王 東封函谷關]"라고 말한 고사에서 유래한 것이다. ≪後漢書 卷13 隗囂列傳≫
소진은 중국 전국 시대의 종횡가(縱橫家)로, 6국을 설득하여 합종동맹(合從同盟)을 체결
해서 진(秦)에 대항하였다.

그댄 참된 인연 있어 이미 캔 삼신산의 약이요     眞緣已採三山藥

난 이별 시름 안고 돌아가려는 팔월의 사신이라     別意將回八月槎

【미야지마 세이이치로(宮本誠一郎)에게 써서 주다. 호는 율향(栗香)이다.】


대가인 유종원(柳宗元) 한유(韓愈)는 당나라의 패옥이요[67]

大手柳韓唐玉佩

고가인 왕도(王導)와 사안(謝安)은 진나라의 사대부라[68]

古家王謝晉衣冠

【전 미카와 태수(三河太守)인 미나모토 게이카구(源桂閣)에게 써서 주다. 토지를 반납하고 집에 있으면서 글을 짓고 술을 마시며 스스로 즐겼다.】

---

**67** 대가인······패옥이요 : 유종원과 한유는 둘 다 당나라 때의 인물로, 당송팔대가(唐宋八大家)에 속한 뛰어난 문장가들이다.

**68** 고가인······사대부라 : 왕도(王導)와 사안(謝安) 두 집안은 진(晉)나라 때 명문거족(名門巨族)으로 천하에 명성이 높았다.

# 하나부사 요시모토(花房義質)가 소장한 권국헌(權菊軒)[69]의 필담집 뒤에 쓰다

위는 조선 학사 국헌(菊軒) 권칙(權伏)이 일본의 석장산(石丈山)[70]과 필담한 한 권의 책이다. 변리 공사(辨理公事)인 하나부사가 예전에 연회 자리에서 내어 보여 주면서 매우 간절하게 국헌의 생몰연대와 관계(官階)를 물었다. 살펴보건대, 이 해는 병자년(1636)으로 바로 인조 14년이요 명나라 숭정연간에 해당되니, 지금으로부터 245년 전이다. 통신 삼사인 임광(任絖), 김세렴(金世濂), 황호(黃㦿)가 임금의 명을 받고 왔는데, 관백인 이에미쓰(家光)가 자신의 할아버지(德川家康 도쿠가와 이에야스) 때에 화친이 이루어졌다고 하여 사신에게 닛코산(日光山)[71]에 가서 분향하기를 청하였으니, 이때를 말한다.

구례(舊例)에, 닛코산의 치제(致祭)에는 별도로 문신 한 사람을 차임하여 제술관으로 삼아 축관(祝官)의 일을 맡게 하였는데, 일본인이 이를 학사(學士)라고 불렀다. 국헌을 학사라고 일컬은 것은 모두 이 때문일 것이다. 지난번에 또 미나모토 게이카쿠(源桂閣)[72]가 소장한 책을 보

---

**69** 권국헌(權菊軒) : 권칙(權伏, 1599~?)으로 국헌은 그의 호이다. 본관은 안동, 자는 자경(子敬)이다. 권온(權韞)의 서자(庶子)이며, 이항복(李恒福)의 사위이다. 1627년(인조 5)에 일어난 이인거(李仁居)의 난을 평정한 공로로 과거 시험을 볼 수 있게 되어 소과에 급제하였으며, 1636년에는 통신사(通信使)의 제술관이 되어 일본에 다녀왔다. 문장에 뛰어나서 사람들이 '궁궐 밖의 대제학'이라고 칭하였다.

**70** 석장산(石丈山) : 이시카와 조잔(石川丈山, 1583~1672)으로, 자는 장산(丈山), 호는 육육산인(六六山人)이다. 에도시대 초기까지 활동했던 무장(武將)이며 문인(文人)이다.

**71** 닛코산(日光山) : 일본의 명산(名山)으로 이곳에 에도 막부의 초대 관백인 도쿠가와 이에야스(德川家康)의 무덤과 그를 모시는 신사(神社)가 있다.

**72** 미나모토 게이카쿠(源桂閣) : 1848~1882. 막부 말기 최후의 번주(藩主)로, 동경에 영

니 이 책과 다르지 않았다. 혹 그때에 한 통을 베껴 써서 널리 전하였는 가? 풍성(豊城)의 쌍검[73]이 더욱 보배롭구나. 국헌은 군수로 관직을 마 쳤고, 겐씨(源氏)는 가문이 본래 현달하였는데 뒤에 시학 교수(詩學敎 授)가 되었다.

당시에 조선 문인들이 말하기를, "여관에서 행장을 꾸리느라 달리 증명할 만한 글이 없으니 우선 이렇게 써서 요구에 응합니다."라고 하 였는데도, 일본인들이 우리나라 사람의 필묵(筆墨)을 애호하는 것이 이 와 같았다. 그리하여 수백 년 뒤의 사신들로 하여금 간행된 책에서 고 인의 필적(筆跡)을 볼 수 있게 하였으니, 그 뜻이 참으로 감동스럽다. 이웃나라와의 두터운 우호관계가 예전부터 그러하였으니 우리들이 이 로써 서로 면려하지 않아서야 되겠는가.

---

학교(英學校)를 설립하였다.

**73** 풍성(豊城)의 쌍검 : 진(晉)나라 뇌환(雷煥)이 풍성(豊城)에서 얻었다는 용천(龍泉), 태아(太阿)의 두 보검을 말한다. 오(吳)나라 때 북두성과 견우성 사이에 늘 보랏빛 기운이 감돌기에 장화(張華)가 예장(豫章)의 점성가(占星家)인 뇌환에게 물었더니 보검의 빛이라 하였고, 이에 풍성의 땅속에서 두 검을 발견했다 한다. ≪晉書 卷36 張華列傳≫ 여기에서 는 하나부사 요시모토와 미나모토 게이카쿠가 각각 권국헌의 필담집을 소장하고 있기 때문에 이렇게 말한 것이다.

# 미야지마 세이이치로(宮本誠一郎) 【호는 율향(栗香)이다.】의 시집에 쓰다

나는 율향 선생과 수차례 정다운 이야기를 나누었는데, 그의 금도(襟度)가 넓고 고아하여 영화(榮華)가 나에게 스며들었다. 이제 그의 『양호당집(養浩堂集)』을 읽어보니 시가 그 사람을 닮았다고 할 만하기에 나도 모르게 감복하였다. 떠날 즈음에 이렇게 써서 우러러 사모하는 뜻을 드러내니, 언제 한번 술을 마시며 다시 자세히 글을 논해볼까. 그대 위해 한 번 시를 외노라니 서글픈 마음뿐이다.

# 조선국 수신사 김○○ 귀하

외무경(外務卿) 이노우에 가오루(井上馨)[74]

멀리서 아룁니다. 이번 귀국의 사신이 도쿄에 온 날에 곧바로 온아(溫雅)한 이야기를 나누었습니다. 지금 해외 여러 주(洲)의 형세는 일각도 방비를 소홀히 하기 어렵습니다. 게다가 중국과 러시아의 알력으로 초미지급(焦眉之急)이니, 이러한 근심스런 상황을 진실로 잘 아실 것입니다. 귀국의 안위와 관계되어 매우 긴급하고, 우리나라도 이러한 상황을 벗어날 수 없는 형편입니다. 미합중국·영국·프랑스 여러 나라는 귀국과 교류하기를 여러 차례 계속하여 요구하였습니다. 그 속내는 저들이 무역으로 이득을 보려는 것이 아니라 그 진짜 의도는 바로 마음대로 멀리 뻗어나가려는 러시아의 세력을 저지하는데 있습니다. 그러므로 귀국도 그들의 요구를 수용하고 이를 바탕으로 스스로 보호하는 계책을 세우는 것이 가장 좋습니다. 이것은 우리가 마음속으로 귀 정부에 간곡히 아뢰기를 너무나도 바랐던 것입니다. 마침 사신이 오셨기에 거리낌 없이 마음속에 있는 말을 토로할 수 있으니 매우 다행입니다. 이러한 사정을 담아 별도로 편지 한통 써서 사신 편에 부치니 이를 가지고 돌아가 윤판서(尹判書)[75]를 뵙고 드리십시오. 밝게 헤아려 주시리라

---

74 이노우에 가오루(井上馨) : 1836~1915. 메이지 시대에 일본을 지배한 과두정권의 지도자 중 한 사람이다. 이토 히로부미(伊藤博文)와 소년 시절부터 가까운 친구였다. 1885년 이토가 총리가 되자 이노우에는 연이어 외무상·내무상·대장상·일본특명전권공사를 역임하게 되었다. 1898년 정치 일선에서 물러났으나 계속해서 국가정책에 중요한 영향력을 행사했다. 1907년에 후작이 되었다.

75 윤판서(尹判書) : 예조판서 윤자승(尹滋承, 1815~?)을 가리킨다.

생각합니다. 다만 붓으로는 다 말씀드릴 수 없으니 대감께서는 이번에 돌아가시거든 함께 정답게 나눴던 그간의 이야기들을 빠뜨림 없이 자세히 진달하여 잘 밝혀 주십시오. 별도의 편지로 아뢴 말씀은 제 작은 정성으로 부탁드리는 것입니다. 가을 날씨가 덥고 바다가 차니 몸 보중하시기를 간절히 바랍니다. 삼가 갖추어 아룁니다.

## 김대인 합하께

흥아회(興亞會) 회장 다테 무네나리(伊達宗城)[76]

김대인 합하께 아룁니다. 근자에 사신 깃발이 동쪽으로 오니 사신별이 두루 비추었습니다. 일찍부터 훌륭한 의표(儀表)를 받들어 가르침을 받기를 바랐었는데, 공사(公事)로 한창 바쁜 것을 알기에 감히 당돌하게 달려가 뵙지 못하였으니, 첨앙하는 마음 그지없습니다.

지난번에 우리나라의 동지들이 서로 상의하여 '흥아회(興亞會)'라는 단체를 창립하였습니다. 세계 각국이 바둑판처럼 펼쳐지고 별처럼 나열되어 있어 땅은 매우 넓고 인구는 매우 많습니다. 크게 나누면 다섯 개의 주(洲)인데, 다섯 개의 주에 부강하다고 불리는 나라는 구라파의 영국·프랑스·독일·러시아 여러 나라와 아메리카의 미합중국으로, 이들 나라가 가장 번성합니다.

아시아주는 구라파와 아메리카 두 주 사이에 있습니다. 아시아주 내 여러 국가의 형세는 서로 연결되어 있고 정치와 풍속도 그다지 다르지 않아 귀국과 우리나라 및 청국(淸國)은 옛날부터 서로 교류하였습니다. 그 나머지 베트남·태국·미얀마 여러 나라는 우리들 나라와는 소리와 기운이 단절되었습니다. 지금 우리 삼국은 서로 교류한다 하지만 예전 관습대로 사신과 폐백만 왕래할 뿐이어서, 문자는 비록 같으나 말은 통하지 않고 역관은 설치 되어있으나 관심밖에 둡니다. 그래

---

**76** 다테 무네나리(伊達宗城) : 1818~1892. 막부 말기부터 명치시대 초기까지의 다이묘(大名)이고 정치가이다.

서 소홀히 여기고 다스리지 않아 아시아주의 형세와 사정에 대해 전혀 알지 못하게 되었습니다. 하지만 구라파 각국 같은 경우는 그렇지 않아 크게는 회맹(會盟)하고 빙향(聘享)하며 작게는 통상하고 교역하여, 급한 일은 서로 구원해 주고 있고 있는 것과 없는 것은 교환하여 서로 구제합니다. 그리하여 형세와 사정을 서로 훤히 알고 서로 유지하고 견제하면서 아주 밀접한 형세를 이룹니다. 이것이 저들이 날로 강성함을 이루어 세계를 호시탐탐 노려보는 이유입니다. 이렇게 볼 때 아시아주가 떨쳐 일어나지 못한 것이 어찌 이 방법과 반대로 해서가 아니겠습니까.

우리들은 이 점에 대해 개탄하여 흥아회를 창립하고, 사방에 뜻이 있는 선비들과 함께 서로 강습하고 절차탁마하여 아시아 여러 나라의 정세를 연구하고 언어와 문장의 학문을 일으켜 생도들을 가르쳤습니다. 그리하여 지금 청국 사람으로 입회한 자가 이미 두어 명인데, 도쿄에 주재하는 공사(公使) 하자아(何子莪)[77]도 이 모임에 있습니다. 하지만 귀국의 인사에게는 이 뜻을 명확하게 전달할 길이 없어서 못내 아쉬웠었는데, 지금 다행히도 이곳에 머물고 있는 사신들을 만나게 되었기에 감히 이 뜻을 외람되이 합하께 말씀드립니다.

양국이 맹약을 거듭 다져 병자 수호 조규(丙子修護條規)를 체결한 뒤로, 신의를 강구하고 친목을 다져 날로 더욱 친밀해져서 전에 비해 훨씬 정의(情意)가 두터워졌습니다. 그러니 진실로 신하라면 어찌 이를

---

77 하자아(何子莪) : 하여장(何如璋, 1838~1891)으로, 자아는 그의 호이다. 중국 청나라 말기의 외교관으로, 1877년 초대 주일(駐日) 공사로 임명되어 3년 간 공사로 지냈는데, 김홍집 등에게 조선이 국제사회에서 뒤처지지 않으려면 부국강병의 길로 나가야 한다고 권고하였다.

본받아 따르고 넓혀서 보답하기를 도모하지 않겠습니까. 합하께서는 충성으로 나라를 위하시고 높은 안목으로 사리에 밝으시니, 진실로 이 일을 그릇되다 여기지 않으실 것입니다.

저는 외람되이 회원들에게 추대되어 회장직을 맡게 되었습니다. 이에 동지들과 서로 의논하여 먼저 흥아회 규칙 및 보고서 몇 부를 드려 밤중에 열람하시도록 하고, 아울러 사신을 초청하여 가르침을 직접 듣고자 합니다. 다행히 거절하지 않으신다면 장소와 날짜를 택하여 삼가 기다리겠습니다. 간절히 바라건대 은혜롭게 살피셔서 부족한 점을 바로잡아 주시면 매우 고맙겠습니다. 아울러 여러 관서(官署)의 어진 관료들에게 저를 대신하여 잘 알려주셔서 함께 왕림해 주시기를 바랍니다. 가을 더위가 유독 심하니 도를 위하여 보중하십시오. 이만 줄입니다.

# 전에 승정원 동부승지를 역임한
# 대 조선국 수신사 통정대부 김공 각하께

협동상회장(協同商會長) 다카스키 겐조(高須兼三)

몇 년 전에 우리 일본과 귀국이 옛 맹약을 다지고 새로 교섭을 맺었습니다.[78] 귀국이 가장 먼저 부산항을 열어 무역하는 일을 넓혔기에, 우리나라의 장사꾼으로 가게를 옮겨 연 사람이 몇이었는데 저도 그 가운데 있었습니다. 또 변리공사 하나부사를 따라 인천에서 배를 타고 경성으로 들어가 왕래하며 장사한 지 지금까지 4년이 되었습니다. 그리하여 귀국의 정치와 풍속에 대해 조금이나마 알게 되었습니다.

귀국의 백성들은 천성적으로 효제(孝悌)가 두텁고, 어른을 공경하는 옛날의 유풍이 남아 있습니다. 게다가 금은·곡식·마소·가축이 풍부하고 바닷가에 물고기도 많으니, 이른바 비옥한 토지가 천리인 천부(天府)의 나라[79]입니다. 저는 '이것을 가지고 어찌 부강한 나라가 되기를 도모하지 않는가? 부강하지 못함을 어찌 근심하는가?' 하고 늘 생각하였습니다.

얼마 전에 합하께서 일본에 사신으로 올 때에, 귀국이 온갖 필요한 물자를 다 마련하라고 저에게 명하셨습니다. 제가 참으로 큰 다행으로

---

**78** 몇 년……맺었습니다 : 1876년 2월에 있었던 강화도 조약을 말한다.

**79** 비옥한 ……나라 : 토지가 비옥하고 물산이 풍부하다는 말이다. 한 고조(漢高祖)가 산동(山東) 출신의 대신들이 낙양에 도읍할 것을 권하였지만 결정을 주저하자, 관중 지역의 이점에 대해 장량(張良)이 이와같이 말하였다. 이 말로 인하여 한 고조는 그날로 수레를 타고 서쪽으로 발진하여 관중(關中) 지역의 장안에 도읍하였다. ≪史記 卷55 留侯世家≫

이런 돌보심과 신뢰를 얻었으므로 마땅히 할 수 있는 힘을 다하여 보답하니 4년 동안의 수고가 우연이 아니었습니다. 백년의 계책으로 귀국에 바라는 점이 있습니다. 지금 아카마가세키(赤馬關)에서 합하를 맞이하여 처음 풍채를 뵙지만 외람되이 아뢸 말이 있어 끝까지 말씀드리고자 하니 합하께서는 재택(裁擇)하여 주십시오.

제가 드리고자 하는 말씀은 네 가지이니, 도로를 개통하고, 가옥을 높이고, 선박을 수리하고, 병제(兵制)를 고치는 일입니다. 도로는 나라의 맥리(脈理)입니다. 화물을 수송하고 사람을 오가게 하여, 있고 없는 것을 교역하고 동서를 이웃 되게 하니, 부강한 나라가 되게 하는 근원은 도로를 근본으로 합니다. 이는 지체(肢體)와 관절이 맥리로 연결되어 기혈을 인도하여 사람이 활동하게 하는 것과 같습니다. 만약 기혈이 정체되어 소통하지 않거나 막혀서 통하지 않는다면 몸이 병들어 폐인(廢人)이 될 것입니다. 귀국은 산에서 광석을 주조하고 바다에서 소금을 구우니, 이른바 천부의 나라인데도 유독 도로가 험악하여 거마가 다니기에 불편하니, 나라의 산업이 증식되지 못한 것은 이 때문입니다. 저는 귀국이 맥리를 세워 기혈을 인도하듯 도로를 개통하시기를 바랍니다.

사람이 살아가는데 있어 가옥을 짓는 일은 매우 시급합니다. 지금 동굴에서 벗어나 들판에서 거처한 지 몇 천 년입니다. 처음 집을 지을 때에 천하 사람들이 그 지혜와 솜씨에 모두들 경탄하였습니다. 지혜와 솜씨가 날로 진보되자 집을 높이고 문을 넓혀서 맑은 기운을 끌어들여 땅의 습기를 피하였습니다. 이렇게 우리 건강을 증진시킬 수 있는 방법이 다 갖추어졌으니 어찌 처음 경탄했던 때와 같을 뿐이겠습니까. 귀국의 가옥은 옛 제도를 따르고 있어서 거주하는 집이 낮고 비좁아 걸핏하면 질병이 발생하니, 백성의 건강을 해치는 것이 이보다 심한 것이 없습니다. 저는 귀국이 가옥의 제도를 고쳐 높이고 넓혀서 질병을 일으키는 근원을 끊어버리시기를 바랍니다.

귀국은 삼면이 바다로 둘러싸여있어 영국·프랑스·러시아·멕시코와 인접해 있습니다. 선박의 이로움은 예전에는 고기 잡는 데에 쓰였지만 지금은 만 리를 신속하게 항해하여 이웃나라와 교통하고 교역하게 합니다. 하물며 연해를 침략하는 적을 막는 방비를 늦춰서야 되겠습니까. 저는 귀국이 선박을 수리하여 돛단배를 증기로 바꾸고 항해하는 기술을 익혀 밖으로는 신속하게 항해하고 안으로는 적의 침략을 막을 수 있기를 바랍니다.

국가의 일 중에 병비(兵備)보다 시급한 것은 없습니다. 지금 서양의 화기(火技)가 크게 발전하여 병제(兵制)가 한 번 바뀌었습니다. 그리하여 총포의 정교한 기술과 군대의 일사불란한 움직임이 자세하게 갖추어져 있으니, 고금을 살펴 장단점을 헤아려 보면 병제만큼은 결단코 서양을 본받지 않아서는 안 됩니다. 또 세계 각국이 지금 강함을 다투고 이익을 쫓아 조금이라도 불만이 있으면 전쟁으로 결정하기 때문에, 지금의 형세로는 바꾸지 않으려 해도 그렇게 할 수 없습니다. 저는 귀국이 속히 병제를 바꾸어 칼과 창으로 찌르는 기술을 버리고 서양의 총포 기술과 행군하는 법으로 세계 각국과 대치하여 무력에 굴복당하지 않기를 바랍니다.

저는 장사꾼의 몸이고 바다 밖의 사람으로서, 저의 위급한 상황을 걱정하지 않고 남의 국가를 근심하고 있으니, 누가 저의 주제넘고 어리석음을 비웃지 않겠습니까. 그러나 합하께서 사명을 받들고 일본에 온 이유가 우호를 다지고 성의를 바칠 뿐만 아니라 나라의 문물과 정사를 살피고자 해서일 것이니, 사신의 도리가 예로부터 그러하였습니다. 우리 일본은 수십 년 동안 앞의 네 가지를 조금 시험해 보았습니다. 합하께서 왕래하시면서 마음을 다하여 눈으로 보고 귀로 들으셨을 것이니 제 말을 거의 다 이해하실 것입니다. 합하의 존엄을 모독하였으니 두려운 마음 그지없습니다.

## 수신사 합하께

영사관 곤도 마쓰키(近藤眞鋤)

부산에서 한 번 헤어진 뒤로 아득히 멀리 떨어져 있으니, 맑은 바람이 부는 새벽이나 밝은 달이 뜨는 저녁이면 어찌 그립고 그립지 않겠습니까. 삼가 대감의 안부가 좋으시리라 생각하니 우러러 축하하는 마음 그지없습니다. 저번에 합하께서 사신으로 가서 신의를 다지고 문물을 살핀 공로가 참으로 커서 위로는 임금의 마음을 위로하고 아래로는 백성들의 바람에 부응하였으니, 첨앙하고 경하하는 마음이 지극하여 무슨 말을 해야 할지 모르겠습니다.

얼마 전에 미야모토 오카즈(宮本鴨北)의 편지를 받고서 합하께서 장화원(長華園)과 비조원(飛鳥園)에 왕림하셔서 삼국의 빼어난 글을 모으고, 천년의 우호를 기쁘게 맺었다고 하니 참으로 성대한 모임이며 참으로 아름다운 일입니다. 제공들이 창화한 시를 읽노라니 입에서 절로 향기가 퍼져 저도 모르게 덩실덩실 춤을 추었습니다. 저는 고루하고 용렬하니 거기에 이름이 끼일 수 없지만 일찍이 잠시 대화할 수 있는 영광을 입었습니다. 지기로 대해주시는 것에 감동하여 멀리서 생각하고 늘 그리운 마음에 감히 제 분수를 헤아리지 못하고 별단으로 시 한 수를 흉내 내어 부칩니다. 삼가 바라건대 공무의 여가에 한 번 보시고 통렬하게 바로잡아 주셔서 입을 가리고 웃지 않으신다면 매우 다행이겠습니다.

때때로 이슬이 내려 서리가 되니 자중자애하기를 바라마지 않습니다. 이 몇 글자로나마 아울러 날마다 복 받으시기를 송축합니다. 서둘러 쓰느라 다 쓰지 못합니다.

# 朝鮮國修信使金道園關係集

七月六日早, 泊橫濱口號

層溟視若涉江津, 弭節扶桑霽色新。憑仗王靈天賜福, 一行酌酒賀生辰。

後樂園口占【園在砲兵局西, 大明遺老朱舜水所闢。池塘、花木宛有江南物色, 不覺喟然興感也。】

藤綠荷香展畫圖, 此身怳若到西湖。慕華同是千秋感, 好對韓人說姓朱。

宗氏邸席上, 恭呈朝鮮星使金君　　　　　　　淺田惟常【號栗園】

蕈熟鱸肥政報秋, 遙來星使此淹留。如今始下陳蕃榻, 到處勝登庾亮樓。船去雞林鵬影暗, 夢遠蓬島鯤波收。壯觀應鼓騷人思, 鮫玉珊珊輝遠遊。

和淺田

絳霄旅節接清秋, 汗漫眞成半月留。靈境曾聞多採藥, 仙風始見好居樓。胸中湖海幽襟豁, 筆下雲煙秘笈收。休訝明宮歸駕促, 詰朝群玉訂奇遊。

曖依山房, 會淸國、朝鮮三國名士賦此, 奉呈信使金公文壇

石幡貞【號東岳】

變遷世故似風飄, 不若對之杯酒澆。奇崛雖無三角鎭, 沃壤足見近
畿饒。同文歡樂瀛洲選, 異族叫囂天地妖。知否甘酸全鼎味, 三邦一
意在和調。


和石幡

賦就凌雲氣欲飄, 滿腔塊磊斗醪澆。風塵老去奇籌展, 海岳歸來逸
興饒。已有靈犀應燭異, 恨無神劍可斬妖。希音知在無聲地, 莫把琴
絃嘆不調。


奉贈信使道園金公請正　　　　　　　　　　川田剛肅【官史館編修】

天風吹節旄, 星使入海雲。維纜扶桑樹, 聘禮執玄纁。其人溫如玉,
古顏拖長紳。專對富才學, 筆舌吐奇芬。憶昔開闢日, 有神曰檀君。箕
聖承餘業, 設敎撫斯民。八條存古道, 秦火亦不焚。中原遭喪亂, 流徙
人成群。我始修盟好, 三國鼎足分。瓠公爲大輔, 王仁傳典墳。用才無
內外, 有似一家親。如何後嗣者, 讐視動三軍。穆陵眞英主, 釋怨通殷
勤。爾來數百歲, 違言絶紛紜。逖矣歐與米, 萬理來結隣。談話由重譯,
情意異同文。請君依輔車, 莫厭來往頻。釜浦一衣帶, 鷄犬聲相聞。


寄和川田

三國名流共一筵, 苔岑訂契湊奇緣。古來此樂何曾有? 江戶應將繪
事傳。

隣邦玉帛遡千年, 脣齒交情合自然。感子詩中傳史法, 蘭臺早有筆
如椽。

泛泛歸槎八月天, 回頭蓬島渺雲烟。神仙少別猶多悵, 落月相思夢

暗牽。

### 奉贈道園金先生大人, 請正　　　　　　　　　　龜谷行【號省軒】

久矣天日槍, 刀劍傳利兵。阿直岐通大道, 王仁齋聖經。玄菟從來稱
多士, 復見皇華到蓬、瀛。今日琴尊共歡娛, 當年鷸蚌笑輸贏[1]。傾蓋
忽下陳蕃榻, 引領久欽季札名。黑頭爲公歎君賢, 憂時慚余白髮生。
嗚呼天下非復無虞日, 修文振武屬俊英。

### 和龜谷

儒者治文如治兵, 奇正不出握機經。登壇一呼萬夫應, 雄視大略橫
東瀛。坐令異類竪降幡, 肯與一杯較輸贏? 我來只合壁上觀, 馳逐風雲
辨形名。感君志氣相勞苦, 莫嗟白粉老書生。廓淸氛祲知有日, 濟世
終須待俊英。

### 朝鮮 金先生大人正　　　　　　　　　　　　佐佐木支陰

乘槎千里是隣比, 利器解紛隨處宜。榮辱敢論時毀譽, 行藏只任國
安危。相如完璧義當見, 毛遂捧盤英可追。贊畫協和功偉矣, 聲名竟
合萬年垂。

### 席上賦呈朝鮮國修信大使道園金禮曹, 兼請在坐諸君政

　　　　　　　　　　　　　　　　　　　　　　岡松辰【號甕谷】

遠駕雲濤萬里船, 皇華炤耀海東天。夙齡方奉圭璋使, 高節知推廊
廟賢。酒氣英英浮碧盞, 筆花艶艶滿紅箋。慚將衰邁兼葭質, 漫近瓊
筵玉樹前。

---

1　贏 : 底本에는 "羸". 일반적인 용례에 근거하여 수정.

曖依村莊席上, 賦呈金使君. 村莊三面帶富士、筑波、日光轉句及
此
渡邊洪基

村莊雅會二邦賓, 筆語口談情見眞。恰是三山雨晴後, 清風拂盡滿
眸塵。

初謁朝鮮國正使金先生, 賦呈
跡見氏瀧【花蹊女史】

鬱鬱三椏五葉蔘, 調和元氣效尤深。豈唯靈草生靈地？英俊有人其
姓金。

酬花蹊

多謝天孫織我裳, 鸞漂鳳泊爛成章。歸槎休問支機石, 仙分終須勝
博望。

浪華女史乞詩, 走筆應之

好將脂粉寫雲烟, 淡抹濃粧摠自然。紫府若編彤管史, 畫家首贊浪
華仙。

嘉修信使金道園先生枉駕賦呈. 聞其促歸槎, 言及之
宮本小一【號鴨北】

復辱隣邦信使車, 新秋延到北邨墟。未邀月桂廣寒節, 先向風梧涼
雨初。久駐屢逢應更好, 難留將去且須徐。壁間請認蒼山字, 追感前
遊揭此書。

一路仙源鎖洞雲, 漁郎回棹世初聞。箕封八道衣冠國, 孔敎千年禮
樂文。莫避書牲齋霸會, 休嗟胡馬趙王軍。鬩墻禦侮同根務, 任重東
來星使君。

### 和宮本

與子新盟訂笠車, 秋風句引過郊墟。長華園裏論心後, 飛鳥莊前把臂初。仙侶同舟邀李、郭, 地靈下榻見陳、徐。此行堪喜多閑暇, 且向娘環訪逸書。

海日曈曈射海雲, 我來此地博新聞。休言千古改絃轍, 幸賴三邦同軌文。吳札昔曾觀魯樂, 齊連誰可却秦軍。善隣知有良籌在, 臨別殷勤屬與君。

### 宮本公子【小名金作】乞書寫, 此應之

我願隣交, 其堅如金。使乎交聘, 斷金同心。翩翩公子, 名符吾姓。永以爲好, 邦家之慶。

### 橫濱送別朝鮮修信使及其僚屬諸氏歸國, 次前韻乞敎正　宮本小一

一路汽船代汽車, 潮聲柳影滿秋墟。三旬京館應酬後, 千里家山歸去初。偏喜諸公無病故, 且祈連日得風徐。征旗先至東萊府, 爲報平安數字書。

靜舍巒樓悲暮雲, 別愁好和笛聲聞。雨摧旱魃施涼潤, 天送客星移炳文。歸國有詩迎雁陳, 滯京無管苦蚊軍。中秋漸近當何處? 芋栗盤前獨憶君。

### 題鶴鳴老人詩後

木公、金母好相依, 秋熟蟠桃帶雨肥。鳴鶴子和推至象, 斗南【其子號斗南, 方在顯官】遙拱極星輝。

### 贈花房義質【辨理公使】

我到東都有主人, 一回相見一回親。殷勤縞紵聯僑、札, 知是交情

在善隣。

飛鳥山莊宴集席上, 賦呈大朝鮮修信使諸公　　　　　　　三島毅
遠來蓬島建文旗, 何幸邂逅接丰姿。亭榭離城足佳景, 園林經雨送
涼颸。齊、秦跂屩非今日, 韓、魏連和方此時。紛紜近歲鬪墻事, 付與
吟筵酒一巵。

席上酒間, 率賦呈道園金君, 請笑正　　　　　　　　南摩綱紀
脣齒隣交尋舊盟, 星使千里破滄溟。衣冠不改周封爵, 文物猶存殷
典型。朝雨有痕微洗暑, 庭花勸醉欲傳馨。自今詩酒相徵逐, 雙眼長
兼山色青。

呈韓朝修信使諸彦博粲　　　　　　　　阪谷素【號朗廬, 字約】
郊上先驅雨鎭塵, 天開佳景待嘉賓。賞心請閣殊邦感, 筆底花兼秋
信新。
彼姝者子駐干旌, 繫馬園林笑語清。四海弟兄須自近, 千秋脣齒豈
爲輕。識韓前日下風想, 御李此辰陪宴情。歡熟胸襟無芥滯, 烟雲泉
石願論評。

用宮本鴨北韻, 謹奉贈金道園先生閣下　　　近藤眞鋤【領事官, 號訥軒】
星槎穿去海東雲, 自道斯遊廣異聞。蠶食鯨吞是何國, 蟹行蚓走亦
吾文。萬邦只合依公法, 隻手誰能却敵軍? 天下紛紛固多事, 知機今日
少如君。

和近藤
紛紛世事似浮雲, 一見那能勝百聞? 大界元皆具眞性, 極天應不墜斯

文。愧無使節堪華國，喜接詞鋒足掃軍。果否丸泥函谷閉，奇謀也復屬蘇君。

對聯

同洲信睦聯三國，近世英豪第一人。【書贈三條實美，官太政大臣】

眞緣已採三山藥，別意將回八月槎。【書贈宮本誠一郎，號栗香】

大手柳、韓 唐玉佩，古家王、謝 晉衣冠。【書贈源桂閣輝聲，前三河太守. 納土家食，文酒自娛】

書花房義質所藏權菊軒筆談卷後

右朝鮮 權菊軒學士佚[2]與日本 石丈山談筆一卷。花房公使向於席上出示，爲問菊軒年代、官階甚勤。考是歲丙子，卽我仁祖十四年，當大明 崇禎間，距今爲二百四十五年。通信三使任絖、金世濂、黃㞐寔膺命，關白家光以和事成於其祖，請使臣往日光山焚香，此其時也。

舊例，日光山致祭，別差文臣一人，爲製述官，行大祝事，日本人輒呼爲學士。菊軒之稱學士，咸以是歟! 頃又見源桂閣所藏，與此卷無異。或其時飜寫一通，以廣其傳歟? 豊城雙劍尤可寶也。菊軒卒官郡守，源氏本顯，後作詩學敎授。蓋當時文人云: "旅館儆裝，無他書可證，姑書此應之。" 日本人愛護我人筆墨如此，使數百年後奉使者，獲覲古人手迹於圖史之刊，其意誠可感已。隣好之摯，自昔伊然，吾輩可不以是交勉乎哉?

題宮島誠一郎【號栗香】詩集

余得晤栗香先生數次，襟度淵雅，英華襲人。今讀其《養浩堂集》，

---

2 　佚 : 底本에는 "栻". 다수의 用例에 근거하여 수정.

可謂詩如其人, 不覺心折。臨行書此, 以志景仰, 何時一尊酒, 重與細
論文? 爲君一誦, 黯然而已。


### 朝鮮國修信使金 貴下　　　　　　　　　　　　外務卿井上馨

遙啓者。此次得貴使來京日, 卽溫雅談及。目今海外諸洲形勢, 刻
難疎防, 況中、俄之相軋, 有如燃眉, 斯憂固在洞燭之中。其關貴國安
危, 緊急若此, 亦我邦之所不免也。至如花旗、英、法諸國, 屢屢踵求
交通於貴國, 其意非由營彼貿遷之利, 其爲要旨, 乃在扼俄遠圖之肆。
故貴國亦莫若容其所求, 藉爲自衛之策。是我鄙夷滿擬以忠告於貴政
府也。適迓星臨, 乃獲不顧忌諱, 吐露肝膽, 欣幸何似? 此情別繕一函,
卽煩輶便, 帶回面呈尹判書前, 炤鑒。但筆楮未能罄仰, 冀台旌此歸,
詳達日來所與晤談情節, 無所遺漏, 俾得揮發, 別函所陳, 微悃爲囑。
秋炎海涼, 切惟珍重。敬具。


### 金大人閣下　　　　　　　　　　　　　　　興亞會會長 伊達宗城

金大人閣下。茲者, 旅節東來, 使星廻曜。夙仰丰儀, 望接謦欬, 知
公事方殷, 未敢唐突趨謁, 無任瞻企。頃者, 弊邦同志相謀, 創立一社,
名曰興亞會。夫環瀛之國, 碁布星羅, 地至廣也, 人至衆也。大別之爲
五洲, 五洲之內, 號稱富强者, 以歐羅巴之英、法、德、俄諸國, 亞美
利加之聯邦爲最盛。

亞細亞洲, 在歐、美兩洲之間, 洲內諸國形勢連絡, 政俗不甚相遠,
而如貴國與我國及淸國, 自昔相通。其餘安南、暹羅、緬甸諸國, 則與
我等聲氣隔絶。卽我三國, 雖曰相交, 亦使幣往來, 止循故實. 文子雖
同, 語言不通; 象胥雖設, 付之度外。故人忽而不治, 以致全洲形勢、
事情, 茫乎靡知。若夫歐羅巴各國則不然, 在上則會盟、聘享; 在下則
通商、互市, 緩急相救, 有無相濟。其形勢、事情, 互相洞曉, 相維制,

以成脣齒之勢。此所以彼能日致强盛, 雄視宇內也。<u>亞細亞洲</u>之不振, 豈不由反斯道乎?

吾儕有慨于此, 因創立<u>興亞會</u>, 與四方有志之士, 共相講習切劘[3], 以研究<u>亞細亞</u>諸國之情勢, 興語言、文章之學, 以敎授生徒。今<u>淸國</u>人入會者, 已有數名, 其駐<u>京</u> <u>何</u>公使<u>子莪</u>, 亦在會中。惟至貴國人士, 未由剖達此志, 殊爲歉歉。今幸遇星節駐此, 乃敢以此瀆告前。自兩國尋盟, 訂立條規以來, 講信修睦, 日加親密, 情意周洽, 大倍昔日。苟爲臣子者, 豈可以不體遵而擴充之, 以圖報效乎哉? 閣下忠誠爲國, 明鑑燭理, 諒必不以斯擧爲非。

<u>宗城</u>謬爲會員所推, 叨執牛耳。爰與同人相商, 先呈<u>興亞會</u>規暨報告書數部, 以供乙夜, 並擬邀請大駕, 面聆誨言。幸蒙不拒, 當卜何地何日, 拜訂拱候。切望惠顧, 匪其不逮, 則幸甚。並諸節署諸賢僚處, 代爲展知, 盍簪賁臨是祈。秋暑獨盛, 爲道珍重。不宣。

<u>大朝鮮國</u>修信使通政大夫 前任承政院同副承旨<u>金</u>公閣下

協同商會長 <u>高須謙三</u>

往歲, 我<u>日本</u>與貴國, 尋舊盟而締新交也。貴國首開<u>釜山</u>之港, 擴貿易之事, 我商賈移而開肆者, 若干人, 僕實在其中焉。旣又隨<u>花房</u>公使, 航<u>仁川</u>入京城, 往來周旋者, 四年于玆, 竊念於貴國之政事、風俗有窺一斑矣。貴國之民, 厚孝悌出于天性, 尊老敬長, 有古之遺風, 而至金銀、菽粟、馬牛、鷄豚之富, 瀕海鱗甲之美, 所謂沃土千里天府之國也。僕常謂是盍謀富强也? 其何憂不富强乎? 頃者, 閣下奉使<u>日本</u>, 貴國命僕凡百貲用, 使悉辦之, 僕何幸得此眷顧與信憑? 當盡力所及, 以謀報效矣。顧四年之勞, 不偶然, 而百歲之計, 有望於貴國。今也迎閣

---

3　劘 : 底本에는 "靡". 다수의 용례에 근거하여 수정.

下於赤馬關, 仰丰采之始, 將有所瀆告, 願終言之, 閣下幸裁擇焉。

僕之所欲言者四, 開道路; 高家屋; 修船舶; 改兵制是而已。夫道路, 國之脉理也。輸貨物、通往來, 有無交易, 東西比隣, 作富國之源者, 道路爲本。猶肢體關節, 脉理聯絡, 以導引氣血, 使人身活動。若滯而不通, 塞而不達, 則形軀凋萎, 爲廢人矣。貴國鑄山煮海, 以所謂天府之國, 而獨道路險惡, 車馬關便, 國産之不殖, 是之由。僕願貴國開通道路, 如健脉理, 而導氣血也。

人之養生, 家屋爲急。今者, 去穴居野處, 幾千年。其初爲之宮室, 天下之人, 蓋未嘗不驚而歎其智巧。智巧之日進, 崇其閣, 闊其戶, 引灝氣而避土濕, 凡所以衛我生者, 莫所不備, 何啻其初之可驚而歎乎? 貴國家屋, 槪循古制, 居民之家, 湫隘鄙陋, 動釀疾病, 害生民之生, 莫甚於是焉。僕願貴國改家屋之制, 高爽快闊, 以絶釀病之原也。

貴國三面環海, 英、佛、露、墨爲隣。船舶之利, 昨供漁釣者, 今則萬里飛行, 修隣交通互市, 況沿海禦侮之備, 亦不可緩乎? 僕願貴國, 修船舶, 蒸氣風帆, 講航海之術, 使以進而可飛行, 退而可禦侮也。

國家之事, 莫急於兵備。方今泰西火技大進, 兵制一變, 銃礮機巧之美、步趨分合之妙, 莫不備悉, 徵之古今, 計其長短, 獨於兵制, 則斷不得不取法於泰西。且宇內之邦, 方爭强逐利, 小不滿其意, 決之於戎馬, 故以今之勢, 而冀其無變, 不可得也。僕願貴國速改兵制, 棄刀槍擊刺之術, 用銃礮步趨之法, 以對峙萬國, 而不辱其武也。

僕以商賈之身、海外之人, 不慮己之飢寒, 而憂人之家國, 誰不嗤狂愚? 然閣下奉使日本, 不獨通好納款, 而觀國察政者, 使人之法, 從古爲然。我日本十數年來, 於前四者, 亦有所小試。閣下往來之際, 耳目之所觸, 致意於此, 則於僕言思過半矣。冒瀆尊嚴, 恐懼無已。

修信使閤下　　　　　　　　　　　　　　領事官　近藤眞鋤

釜山一別, 天涯縹渺, 淸風之晨、明月之夕, 焉得不心飛魂往乎? 伏
惟台候動履淸嘉, 溯祝何已? 曩者閤下修信觀光, 功勞誠多, 上慰天心,
下副人望, 瞻仰贊賀之極, 僕不知其所喩也。

頃得宮本鴨北書, 因審閤下曾枉駕于長華、飛鳥之園, 文聚三國之
秀, 歡結千歲之好, 何等盛會? 何等佳事? 讀至諸公唱和之什, 口吻自
生香, 不覺手舞足踏也。僕固陋湔劣, 雖不足齒錄, 嘗辱傾蓋之寵, 竊
懷知己之感, 遠思長想, 不敢自揣, 別單野調一首, 傚顰拜贈焉。伏望
官暇一閱, 痛爲駁正, 勿掩口葫蘆幸甚。時下白露爲霜, 錦護自愛, 是
祈是祈。玆指數字, 倂頌日祉。草草不戬。

# 東游艸

동유초

# 東游續艸

동유속초

# 동유초·동유속초

## 1 기본 서지

총 2권. 활자본.

모두『고환당수초시고(古歡堂收艸詩稿)』에 수록되어 있는데, 권14에는 「동유초」가, 권15에는 「동유속초」가 실려 있다. 1884년 저자가 죽자 아들 강요선(姜堯善)이 시문을 모아서 1885년에 우리나라 최초의 근대식 민간 인쇄소인 광인사(廣印社)에서『고환당수초시고』를 17권 3책의 활자로 간행하였다. 이 책은 현재 서울대학교 중앙도서관, 국립중앙도서관, 고려대학교 중앙도서관 등에 소장되어 있다.

## 2 저자

강위(姜瑋, 1820~1884)는 본관은 진양(晉陽), 자는 중무(仲武)·요장(堯章)·위옥(韋玉), 호는 추금(秋琴)·자기(慈屺)·청추각(聽秋閣)·고환당(古懽堂)이다. 무변(武弁) 집안 출신이었으나 일찍이 무과 시험을 포기하고 민노행(閔魯行), 김정희(金正喜)에게 학문을 배웠다. 성품이 산천을 유람하기를 좋아하여 국내는 물론이고 중국에 3번, 일본에 2번 다녀왔

다. 이를 통해 그의 넓은 식견이 시로 표출되어 황현(黃玹), 김택영(金澤
榮), 이건창(李建昌)과 더불어 한말(韓末) 4대 시인으로 평가되었으며,
이건창이 저자의 시(詩) 제자인 점에서도 미루어 알 수 있다. 저자는
중국과 일본 여행을 통해 국제 정세를 파악하여 개항과 개화를 주장하
였고, 이러한 견해는 김옥균(金玉均), 지석영(池錫永) 등 개화파에 영향
을 미쳤다.

### 3 구성

「동유초」와 「동유속초」는 저자의 문집인 『고환당수초시고』 권14와 권
15에 실린 편명으로 모두 일본을 오가면서 쓴 시이다. 「동유초」에는
15제 21수, 「동유속초」에는 13제 16수로, 총 28제 37수가 실려 있다.
「동유초」에는 7언 율시와 7언 절구가 대부분을 차지하고 있고, 「동유
속초」에는 7언 율시와 절구뿐 아니라 5언 율시가 1편 있고 9언과 7언이
뒤섞인 오가는 장편 시가 1편 있다.

### 4 내용

「동유초」는 1880년 6월부터 8월까지 약 두 달간 김홍집(金弘集)이 이끄
는 수신사에 저자가 서기로서 일본에 가서 지은 시를 모아 놓은 것이
다. 「동유초」에는 일본 국립은행장인 시부사와 에이치(澁澤榮一), 외무
성 대서기관인 미야모토 고이치(宮本小一), 전 다카사키(高崎) 번주인
오코우치 테루나(大河內輝聲, 源桂閣), 고양거사(高陽居士) 경(耕), 기록
국장인 가메타니 세이켄(龜谷省軒), 중인 혜순(慧淳), 장화원(長華園) 주

인, 그리고 흥아회(興亞會)의 회원 등 일본 재계의 거물급 인사에서부터 중과 거사에 이르기까지 다양한 사람과 주고받은 시가 수록되어 있다. 이 외에도 제자로 동행하였던 지석영(池錫永)에게 화답한 시, 동조궁(東照宮)에서 경치를 감상하고 쓴 시, 「명학집(鳴鶴集)」에 써 준 시, 고베에서 이별하면서 쓴 시 등이 있다.

「동유속초」는 1882년 1월 중순에 김옥균(金玉均)과 서광범(徐光範) 일행이 고종의 밀명을 받아 차관(借款)을 교섭하기 위해 동경으로 가는 밀행에 동행하면서 지은 시를 모아 놓은 것이다. 「동유속초」는 「동유초」와는 다르게, 우리나라에서 일본으로 가는 여정에 쓴 시가 많다. 예를 들면, 조령에 있는 주흘관(主屹關)을 읊은 시인 '주흘관'이나 '부산항에서 승선하다[釜山港乘船]', 나가사키로 가는 배에서 집 아이의 편지를 받고 쓴 시 등이 그것이다. 또한 「동유속초」에는 다양한 사람이 등장하는데 나가사키 교장인 나가마쓰 도요야마(永松豊山), 중국인으로 나가사키 교장이 된 손사희(孫士希), 고베에 사는 선조가 조선인인 금강씨(金江氏), 중국 절강 사람으로 시와 그림이 뛰어난 서눌(徐訥), 서경(西京) 지은사(智恩寺) 중인 철정(徹定)에게는 대체로 화답시를 주기보다는 그들의 요청에 의해 써 준 시가 많다. 이외에도 도요토미 히데요시의 본거지인 오사카성을 읊은 시, 어수선한 세상사를 생각하며 지은 시, 어떤 사람이 강항(姜沆)의 사적을 서술하기에 지은 시 등이 있다.

## **5** 가치

강위는 격변하는 국제 정세와 흥망의 기로에 놓인 조선의 상황을 많은 사람들에게 알리기 위해 환갑이 넘은 나이에 두 차례나 일본에 가서 일본의 발전상을 목도하였다. 강위의 눈에 비친 일본은 발달된 서구 문명을 닮아가고 있었는데 조선은 그렇지 못하였다. 그래서 강위는 서양의 외침에 속수무책으로 당할 수밖에 없었던 조선의 상황과 그와는 다른 일본의 현실을 직접 목격하면서 하루 빨리 조선도 일본처럼 개화를 해야 한다는 생각을 가지게 되었다. 일본으로 오가는 여정에서 지은 글은 「동유초」와 「동유속초」 이외에는 강위의 다른 글이 없기 때문에 이 책은 강위가 어떠한 생각을 가지고 일본을 왕래하였으며, 이후에 그의 사상에 어떠한 영향을 끼쳤는지 자세히 알 수 있는 유일한 자료로서 가치가 있다고 하겠다.

# 동유초(東游艸)

## 시부사와의 별서에서 차운하여 삼가 화답하다
### 澁澤別墅次韻奉和

| | |
|---|---|
| 만리 뗏목 타고 동행해 온 사신들 | 星楂萬里伴行旌 |
| 교린의 호의 새로워 사해가 맑구나 | 隣好維新海宇淸 |
| 벗에게 목숨 의탁하니 천하가 작고 | 託命朋交天下小 |
| 국사에 마음 두니 일신이 가볍구나 | 留心國事一身輕 |
| 지리한 천견으로 자취에 많이 구애되었고 | 支離膚見多拘跡 |
| 엉성한 필담으로 어찌 마음 드러낼까 | 齟齬毫談豈盡情 |
| 내 신선 따라 속세 벗어나려 하는데 | 我欲從仙天外去 |
| 장풍이 불어와 봉영[1]에 떨어졌다네 | 長風一嘯下蓬瀛 |

---

1  봉영(蓬瀛) : 봉래(蓬萊)와 영주(瀛洲)의 병칭이다. 방장(方丈)과 함께 삼신산(三神山)
으로 불리며, 바다 가운데 신선이 산다고 전해진다. 일본을 빗대어 이렇게 표현한 것이다.

## 대사인 미야모토 대승의 시에 삼가 차운하여 부치다
### 奉和大使次宮本大丞韻却寄

| | |
|---|---|
| 멀고 먼 사신 길 후거에 실려 가는데 | 原隰悠悠載後車 |
| 끝없는 바다 보며 좁은 식견 한탄하네 | 滄溟無際感拘虛 |
| 게으른 성격으로 훤히 동이 튼 뒤에야 | 慵來晥晚天開後 |
| 차가운 해가 막 떠오르는 걸 보았다네 | 薄見蒼涼日上初 |
| 옛 터 아직도 남아 주순수를 슬퍼하고 | 古址如今悲舜水 |
| 진서 봉안한 황폐한 사당 어느 곳인가[2] | 荒祠何處葆秦徐 |
| 새벽 창가에서 어릴 적 일이 생각나 | 晨窓尙憶童年事 |
| 이토의 자의서[3]를 괴롭게 읽는다오 | 苦讀伊藤字義書 |

【명말 주순수(朱舜水)가 일본으로 피해 와서 일본인들을 가르쳤는데, 아직도 유택(遺澤)이 남아있고 옛 거처가 지금도 있었다.】

| | |
|---|---|
| 쓸쓸한 늙은이의 마음 풍운에 감격하여[4] | 老懷歷落感風雲 |
| 만리 사신 따라 신기한 것 많이 들었네 | 萬里隨槎廣異聞 |

---

2  진서……곳인가 : 서불(徐市)을 봉안한 사당이 황폐해졌기 때문에 이렇게 말한 것이다. 진서는 진(秦)나라 때 사람인 서불(徐市)을 가리킨다. 진 시황(秦始皇)이 서불에게 동해의 삼신산(三神山)으로 가서 불로초(不老草)를 캐오라고 하면서 동남동녀(童男童女) 3천 명을 데리고 가게 하였는데, 일본에 도착하여 그곳에 살면서 돌아오지 않았다고 한다. ≪史記 卷6 秦始皇本紀≫

3  이토(伊藤)의 자의서 : 이토 진사이(伊藤仁齊, 1627~1705)가 지은『어맹자의(語孟字義)』를 말한다.

4  풍운에 감격하여 : 훌륭한 군주를 만나 일본에 사신으로 왔다는 뜻이다. 풍운은『주역』〈건괘(乾卦)〉에 "구름은 용을 따르고 바람은 범을 따른다.[雲從龍 風從虎]"라고 하였는데, 흔히 군주와 신하가 서로 만남을 의미한다.

| 진나라 때 잠식하는 일 함께 근심했는데 | 秦世同憂蠶食事 |
| 한인은 꼬불꼬불한 글자 읽지 못하네[5] | 韓人不讀蟹行文 |
| 다만 친밀하게 삼국이 연합해야 하는데 | 但須密勿聯三國 |
| 어찌 분분하게 군사를 일으킨다 말인가 | 何至紛拏動二軍 |
| 나에게 몇 자되는 요조의 채찍 있으니[6] | 我有繞朝鞭幾尺 |
| 돌아갈 때에 진중히 그대에게 보답하리 | 臨歸珍重欲酬君 |

## 아카마가세키에서 차운하여 미나모토 조호(源張甫)에게 화답하다
### 赤馬關次韻和張甫

| 만리 부상 온 노인에게 나루터 물으니[7] | 萬里搏桑老問津 |
| 부생은 오히려 이 때문에 기쁘다오 | 浮生尙有喜懽因 |

---

5  진나라……못하네 : 서양 세력이 쳐들어오는데 조선은 그에 대한 대비를 하지 않는다
는 말이다. 진나라 때 잠식한 일은 진나라가 6국을 잠식했던 사실을 가리킨다. 『사기(史
記)』 권72 〈양후열전(穰侯列傳)〉에 "진나라는 탐욕스럽고 잔인한 나라여서 친선을 도모
하지 않습니다. 위나라를 잠식하고, 또 진나라 땅을 다 잠식하였습니다.[秦貪戾之國也而
毋親 蠶食魏氏 又盡晉國]"라고 하였다. 원문의 '해행문(蟹行文)'은 게가 옆으로 걷는 것처
럼 가로쓰기를 하는 알파벳을 형용하는 말이다.

6  나에게……있으니 : 삼국이 연합할 수 있는 좋은 계책을 요조(繞朝)의 채찍에 비유한
것이다. 요조는 춘추 시대 진(秦)나라 사람이다. 진나라의 사회(士會)가 진나라로 망명
가 있었는데, 진나라에서는 진나라에서 사회의 계책을 쓸까 두려워하였다. 이에 계책을
써서 사회를 진나라로 돌아오게 하였는데, 사회가 돌아갈 때 진나라의 요조가 사회에게
채찍을 주면서 말하기를 "그대는 우리 진나라에 인물이 없다고 여기지 마라. 나는 진나라
의 계책을 알고 있다."라고 하였다. ≪春秋左氏傳 文公13年≫

7  나루터 물으니 : 나루터가 있는 곳을 묻는다는 의미로, 전하여 학문의 문로(門路)를
가르쳐 주기를 청하는 것을 말한다. 장저(長沮)와 걸닉(桀溺)이 밭을 갈고 있을 때 공자
일행이 그 곁을 지나가다가 공자가 제자 자로(子路)를 시켜 나루를 물은 일이 있다. ≪論
語 微子≫

| | |
|---|---|
| 밤바다 붉은 등 아래 녹주 마시니 | 紅燈綠酒滄溟夕 |
| 모두 동시대 사람임을 잊지 말게 | 不負同爲一世人 |

| | |
|---|---|
| 바다 건너려고 하나 나루 있지 않고 | 欲涉滄溟未有津 |
| 삼신산과 도솔천은 전세의 인연 없네 | 海山兜率溸前因 |
| 지금 막 금오의 머리 밟았는데[8] | 如今纔躡金鼇頂 |
| 천상의 소리로 원방 사람 위로하네 | 天外佳音慰遠人 |

## 지송촌 석영[9]에게 화답하다
### 和池松邨【錫永】

| | |
|---|---|
| 국경 넘어 이제 한가하게 노니는데 | 域外纔成汗漫游 |
| 만리 바람이 큰 배를 불어주는구나 | 天風萬里嘯長舟 |
| 하늘은 만물 포용하여 온갖 형상 담고 | 天應有准函羣象 |
| 바다는 끝이 없어 모든 물을 받는다네 | 海自無涯受衆流 |
| 안개 낀 바다 망망하여 고국 아득한데 | 烟水茫茫迷故國 |
| 세월은 속절없이 흘러 가을이 되었다네 | 光陰滾滾換新秋 |
| 서생은 평생 오늘 같은 날 없었는데 | 書生一世無今日 |
| 불우하게 벌써 반백이 된 게 한스럽네 | 只恨蹉跎在白頭 |

---

8　금오(金鼇)의 머리 밟았는데 : 일본에 도착하였다는 말이다. 금오는 발해(渤海) 동쪽에 있는 다섯 신산(神山)을 머리에 이고 있다는 금색의 자라이다.

9　지송촌(池松邨) 석영(錫永) : 송촌은 지석영(1855~1935)의 호이다. 강위의 제자로, 1880년 제2차 수신사 김홍집(金弘集)의 수행원으로 일본 도쿄에 건너가서 종두기술을 익히고 돌아왔다.

걸어서 동조궁원에 이르렀다가 높은 곳에 기대 멀리 바라보며 문득 절구 2수를 완성하였다. 그런데 갑자기 배를 타고 멀리 떠나고 싶은 생각이 들어 나도 모르게 줄줄 눈물이 쏟아졌다. 그래서 바람 맞으며 크게 통곡하니 종자가 깜짝 놀라 만류하였다.

步至東照宮園 憑高望遠 卒成二絕 驀然有乘桴遐擧之想 不覺汪然下涕 臨風一慟 從者愕然止之

| | |
|---|---|
| 동으로 갈석[10]에 임해 창해 바라보니 | 東臨碣石觀滄海 |
| 창 비끼고 크게 노래하며 무사히 왔지 | 橫槊高歌幸至哉 |
| 만리 먼 부상에 와서 마음껏 보노라니 | 萬里搏桑來放眼 |
| 서생의 이 마음 참으로 슬프기만 하네 | 書生此意亦堪哀 |
| | |
| 둥근 지구 작은 땅에 몇이나 사는가 | 丸毯小地幾人裁 |
| 일대 영웅의 훌륭한 재주 저버렸네 | 枉却英豪一代才 |
| 고개 돌리니 진한이 점과 같은데 | 回首辰韓如點墨 |
| 망향대[11]에 다시 올라가지 못하겠네 | 不堪重上望鄕臺 |

---

10 갈석(碣石) : 중국 하북성(河北省) 창려현(昌黎縣) 북쪽에 있는 산 이름으로 동쪽 바다에 접해 있다. 여기에서는 동쪽 바다와 접해 있는 산의 일반 명사로 쓰였다.
11 망향대(望鄕臺) : 두보(杜甫)의 고향인 성도(成都)에 있던 대(臺) 이름인데, 일반적으로 고향을 바라보며 그리워하는 곳이라는 뜻으로 사용된다.

## 고양거사 경과 그 아내 옥주여사가 나를 처음 보고서 각자 오동나무와 매화나무를 그려 축수하므로 급작스럽게 입으로 불러주어 사례하다
高陽居士[耕]與其室玉舟女史 初見 各寫梧楳爲壽 倉卒口號酬謝

| | |
|---|---|
| 백척의 큰 오동 푸른 하늘을 덮는데 | 百尺高梧覆綠天 |
| 가지 사이 쌍조는 서로가 아껴주네 | 枝間雙鳥意相憐 |
| 세상살이는 함께 사는 낙이 가장 큰데 | 人間最有同棲樂 |
| 난 아내 떠나보낸 지 40년이라네 | 恨我差他四十年 |

| | |
|---|---|
| 위관헌에서 그림을 완상하노라니 | 煒管軒中玩物華 |
| 곧게 선 나무가 연하에 늙어가네 | 亭亭一樹老煙霞 |
| 은근히 기대한 게 도리어 부끄럽네 | 殷勤期望還慚愧 |
| 맑고 깨끗한 세모의 꽃 피었는지 | 著否清寒歲暮花 |

## 미나모토 게이카쿠(源桂閣)가 글을 요구하기에 영연[12] 대구 시 한 수를 짓고는 창졸간에 써서 응하여 한 편 완성하다
桂閣索書 自作詩楹聯一對 倉卒書應 足成一律

| | |
|---|---|
| 긴 다리 몇 굽이나 성을 안고 돌고 있나 | 長橋幾曲抱城迴 |
| 물 맑고 나무 아름다워 티끌 하나 없네 | 水木清華絶點埃 |
| 청비각[13]에서 도서를 세세히 열람하고 | 細閱圖書清閟閣 |

---

12 영연(楹聯) : 기둥에 써 붙이는 연구(聯句)를 가리킨다.

묘고대<sup>14</sup>에서 퉁소와 피리 비껴 분다오  횡吹簫笛妙高臺

공명은 전생의 일이라 마치기 쉽지만  功名易了前身事

지기는 일대의 재주라 사라지기 어렵네  志氣難消一代才

멀리 떠난 객이 훗날 밤 꿈을 꿀 때엔  遠客應添他夜夢

바람에 패옥 차고서<sup>15</sup> 봉래에 모이겠지  天風環佩集蓬萊


## 명학집<sup>16</sup> 뒤에 삼가 쓰다
### 鳴鶴集後奉題

이른 나이에 재명이 사해에 알려졌고  早歲才名四海聞

나이 들어서는 여복(女福) 훨씬 많았지  邵年艶福更超羣

양홍처럼 밥상 마주하고 집안 일 말했고  梁鴻對案談家務

소철처럼 책상 이어서 고문 지었다네<sup>17</sup>  蘇轍聯床著古文

---

**13** 청비각(淸閟閣) : 원(元)나라 시인이며 서화가였던 예찬(倪瓚)이 수천 권의 서적을 보
관하였던 곳이다. 여기에서는 장서각(藏書閣)을 의미한다.

**14** 묘고대(妙高臺) : 불교(佛敎)에서 수미산(須彌山)을 가리키는데, 『화엄경(華嚴經)』에
의하면, 여기에 고승(高僧) 덕운 비구(德雲比丘)가 거처한다고 하였다. 전하여 여기서는
승사(僧寺)를 의미한다.

**15** 패옥 차고서 : 패옥을 차고 있는 신선을 비유하는 말이다. 주(周)나라 정교보(鄭交甫)
가 남쪽 초(楚)나라 지방의 소상강 가를 거닐다가 신녀(神女)인 강비(江妃) 두 사람을 만
났는데, 그 신녀가 차고 있던 패옥[環佩]를 풀어 정교보에게 신표(信標)로 주고 떠나갔다
는 전설이 있다. ≪文選 郭璞 江賦≫

**16** 명학집(鳴鶴集) : 학명노인(鶴鳴老人)의 시집인 듯하다. 학명노인에 대해선 알려진 사
실이 없지만 그의 아들로 두남(斗南)이라는 호를 가진 사람이 높은 벼슬을 하였다는 기록
이 당시 동행했던 김홍집(金弘集)의 시문집인 『조선국수신사김도원관계집(朝鮮國修信使
金道園關係集)』에 보인다.

**17** 양홍(梁鴻)처럼……지었다네 : 아내와 잘 지내고 형제간에도 우애가 있었다는 말인 듯

법도가 있어 높은 자리에까지 올랐고 　　　　　聞法人登歡喜地

집은 화목하여 좋은 일이 많았다네 　　　　　養和家現吉祥雲

효도하고 또 청상의 업[18]을 대대로 이어 　　　斑衣又世青箱業

소매 가득 어좌의 향풍 가지고 돌아왔네 　　　滿袖携歸黼座薰


## 차운하여 가메타니 세이켄에게 화답하다
### 次韻和龜谷省軒

헌제는 의상 드리우고서 　　　　　　軒帝垂衣裳

처음으로 오병 제재했고[19] 　　　　其始制五兵

진시황은 금인 주조하다 　　　　　秦皇鑄金人

결국에는 오경 불살랐지[20] 　　　　其終燔五經

───────────

하다.

**18** 청상(青箱)의 업 : 가학을 익혀서 잘 계승하였다는 말이다. 송(宋)나라 왕준지(王准之)의 증조부 왕표지(王彪之) 대부터 옛 사실(史實)을 적은 푸른 상자[青箱]를 대대로 전수하였는데, 이를 일러 사람들이 '왕씨의 청상학[王氏青箱學]'이라고 일컬었다는 데에서 온 말이다. ≪宋書 卷60 王准之列傳≫

**19** 헌제(軒帝)는……제재하였고 : 덕으로써 전쟁을 막았다는 말이다. 오병은 다섯 가지 무기, 곧 과(戈)·수(殳)·극(戟)·추모(酋矛)·이모(夷矛)를 말하는데, 여기서는 전쟁과 재앙 또는 이 다섯 가지 병장기에 다치는 것을 의미한다. 구양수의 〈단오첩자사(端午帖子詞) 20수〉의 〈황제각(皇帝閣) 6수〉 중 제3수에 "순임금은 덕은 먼 지방 풍속 교화하였고 요임금의 인은 구주에 이르렀네. 오병을 물리치니 적령부를 사용할 일 무에 있으랴.[舜舞來遲俗 堯仁達九區 五兵消以德 何用赤靈符]"하였다.

**20** 진시황은……불살랐지 : 전쟁을 막으려고 서적까지 불태웠다는 말이다. 진시황이 통일한 뒤에 6국의 병기(兵器)를 걷어 함양(咸陽)에 모아서 녹인 다음, 이것으로 모두 12개의 금인(金人)을 만들어 궁궐 뜰에 세웠다. ≪史記 卷6 秦始皇本紀≫ 또, 선비들의 비방을 막기 위하여 시서(詩書)를 불사르고 유생(儒生)들을 구덩이에 묻어 죽였다.

| 이 일의 시종을 누가 헤아릴 수 있으랴 | 此事端倪誰能測 |
| 오늘날 예전 일 되풀이 되는 것 보겠네 | 誠看今日環大瀛 |
| 피차간에 함께 태평시대 이루길 바랄 뿐 | 但願彼我共太平 |
| 누가 이기고 누가 지든 논하지 말게 | 勿論誰絀而誰嬴 |
| 전쟁은 지금처럼 논의가 달라서 생기니 | 戰款如今兩議行 |
| 우리는 더 이상 전쟁 원치 않는다네 | 我又不願居其名 |
| 아이 적부터 익혀 백발에도 이 모양이니 | 童習白紛竟如許 |
| 믿을 자 누구랴 두 서생 뿐이라네 | 誰其信者二書生 |
| 술 들어 그대에게 권하노니 사양치 말게 | 擧酒勸君君莫辭 |
| 문무 떨치는 일은 영웅들에게 맡기는 법 | 修文振武屬群英 |

## 홍아회의 부탁을 받고 쓰다
**興亞會上屬題**

| 예전 지나간 일은 쉽게 묵혀지지만 | 鯨海鴻泥跡易陳 |
| 돌아갈 제 한 마디 말에 진정 드러났네 | 臨歸一語見情眞 |
| 사람마다 다른 당대 논의 견지하긴 쉬우나 | 易持時論人人別 |
| 날로 새로워지는 천하 정세 알기 어렵다오 | 難識天機日日新 |
| 뛰어난 영웅호걸들 견해가 모두 같아서 | 磊落英豪同所見 |
| 심상한 두려움으로 서로 친해졌다오 | 尋常恐懼亦相親 |
| 당시 함곡관 동쪽의 일 헤아려보면 | 當時代籌關東事 |
| 육국의 안위 진나라에 있지 않았다오[21] | 六國安危不在秦 |

# 갈 때에, 공들과 이별한 뒤에는 만날 기약이 없음을 생각하노라니 가슴이 먹먹하여 압북 대승[22]에게 부쳐 드리다
## 臨行 思與諸公別後會無期 懷緖惘惘 寄呈鴨北大丞

| | |
|---|---|
| 부상 길에 들어서서는 일마다 새로운데 | 路入搏桑事事新 |
| 기적과 뱃고동 울리며 요코하마에 이르렀네 | 車嘶舟嘯到橫濱 |
| 전쟁으로 다투면 같은 주도 험악해지지만 | 干戈尋釁同洲險 |
| 옥백으로 교제하면 온 천하가 친해진다네 | 玉帛論交四海親 |
| 이역에서 박사되는 건 맘에 들지 않고 | 未愜殊邦求博士 |
| 도리어 고도를 함께 행할 사람 찾을 뿐 | 還尋古道伴行人 |
| 훨훨 날아 한 세상 돌아다니길 원했는데 | 騰騰一世浮由願 |
| 당시의 여동빈을 이토록 저버렸구나[23] | 孤負當年呂洞賓 |

【미야모토 서기가 써서 보여 주기를 "선생을 노박사(老博士)로 초청하고 싶은데 선생님의 뜻은 어떻습니까?" 하니, 답하기를 "이는 목숨을 보전할 수 없는 일인데, 선생께서는 어찌 이런 말씀을 하십니까?" 하였다. 미야모토가 말하기를 "그렇지 않습니다. 우리나라는 비록 비루하나 여러 대국(大國)의 기덕(耆德)을 초청하여 학교의 교사로 삼았습니다. 게다가 강토가 나란히 인접해 있어 우호가 더욱 돈독한데

---

21 당시……않았다오 : 전국시대 때 함곡관 동쪽의 여섯 나라의 패망 원인이 강한 진나라 때문이 아니라 여섯 나라가 합종하지 않았기 때문이라는 말이다. 작자는 전국시대 진나라의 일을 이야기하여, 강한 서양 세력에 맞서기 위해서는 흥아회의 취지인 아시아 연대론이 필요하다고 주장하였다.

22 압북(鴨北) 대승(大丞) : 압북은 미야모토 고이치(宮本小一, 1836~1916)의 호이다. 외무성 대서기관을 역임하였다.

23 당시의……저버렸구나 : 신선처럼 세상을 마음대로 저버리지 못한 것을 여동빈(呂洞賓)의 고사에 빗댄 것이다. 여동빈은 당(唐)나라 때의 사람으로 백세가 넘어서도 몸이 건강하고 걸음이 빨라 경각에 수백 리를 가자 세상 사람들은 신선이라고 하였다. 그는 신선이 되어서 바람을 타고 세상을 마음대로 돌아다녔다 한다.

어찌 청하는데도 선생께서는 허락하지 않으십니까?" 하니, 답하기를 "또 삼천년이 지나 세상이 바뀐 뒤에야 도모해 보십시오." 하였다.】

## 수레를 세우고 혜순 선사에게 보이다
### 立車示慧淳師

| | |
|---|---|
| 절간에서 지내며 마음의 먼지 없애느라 | 禪樓淹日研生塵 |
| 시도 짓지 않고 사람도 만나지 않았네 | 不作新詩不接人 |
| 문 닫고 공연히 한 줄기 혈성만 품고서 | 杜宇空懷一腔血 |
| 쓸쓸히 입 다문 채 남은 봄 지나쳤구려 | 寥寥緘舌過殘春 |

## 배에서 그냥 짓다
### 舟中漫成

| | |
|---|---|
| 문장으로 세상을 떨친 황참찬이요 | 文章軼世黃參贊 |

【참찬관(參贊官) 황준헌(黃遵憲)은 중국인이다.】

| | |
|---|---|
| 계책으로 세상 바로잡은 창대신이라 | 籌策匡時蒼大臣 |

【태정대신(太政大臣) 이와쿠라 도모미(岩蒼具視)는 일본인이다.】

| | |
|---|---|
| 한 마디 깨우침은 이러해야 하는 법 | 一語曉人應若是 |
| 사신의 큰 임무는 자문하는 거라오 | 皇華有體在諮詢 |

## 고베에서 증별하다
### 神戶贈別

| | |
|---|---|
| 기인의 기이한 자취 의심사기 쉬우니 | 畸人詭跡易然疑 |
| 조야에 공이 커도 세상 사람들 모른다오 | 朝野功深世不知 |
| 노 젓는 소리 만리 멀리서 들려오니 | 柔櫓一聲入[24]萬里 |
| 깨끗한 호숫가에서 치이[25]와 이별하네 | 渾如湖上別鴟夷 |

| | |
|---|---|
| 아득한 이별의 말에 마음이 슬퍼서 | 別語蒼茫意可悲 |
| 소매 속 종이에 내 마음 드러낸다오[26] | 袖中一紙見鬚眉 |
| 굳이 헤어진 뒤 슬픈 일 상상 말게나 | 不須想到凄凉事 |
| 내 황금으로 종자기 형상 주조할테니[27] | 我以黃金鑄子期 |

---

**24** 入 : 저본에는 '人'으로 되어 있는데 문맥을 살펴 바로잡았다.

**25** 치이(鴟夷) : 치이자피(鴟夷子皮)의 준말로, 춘추 시대 월(越)나라의 모신(謀臣) 범려(范蠡)가 오자서(伍子胥) 사후(死後) 제(齊)나라로 도망쳐 해변에서 밭 갈며 살 때에 바꾼 이름이다. 자신이 뜻한 공을 이루고 나서 강호(江湖)에 몸을 숨기고 유유자적하는 사람을 비유하는 말로 쓰인다. 《史記 卷41 越王句踐世家》

**26** 내 마음 드러낸다오 : 원문의 '見鬚眉'는 『순자(荀子)』에서 나온 말로 〈해폐(解蔽)〉편에, 인심(人心)을 대야의 물에 비유하면서, 대야의 물을 안정시켜 혼탁한 것들을 가라앉히면 "수염과 눈썹을 볼 수 있다[足以見鬚眉]"라고 하였다.

**27** 황금으로……주조할테니 : 이별한 후에 슬픈 마음이 일면 지음을 생각하며 마음을 달래라는 말이다. 종자기(鍾子期)는 춘추 시대 거문고의 명인인 백아(伯牙)의 친구로서 음악을 잘 알아주었다는 인물이다. 참고로 송나라 모택민(毛澤民)의 시에, '실을 사서 평원군의 모습을 수놓지 말며 황금으로 종자기의 형상 주조하지 말라[不須買絲繡平原 不用黃金鑄子期]' 하였다.

# 그냥 짓다
# 漫成

| | |
|---|---|
| 만리 거울처럼 펼쳐진 잔잔한 바다 | 恬波萬里鏡光開 |
| 진중한 신선 뗏목 갔다 다시 오누나 | 珍重仙槎往復來 |
| 이미 문장 뛰어나 이역 사람 놀래켰고 | 已有文章驚絶域 |
| 다시 주책 펼쳐 변방 소란 정화시켰네 | 更輸籌策淨邊埃 |
| 아이들은 기뻐서 사신들 맞이하였고 | 兒童歡喜迎旌節 |
| 고구들은 은근하게 술잔 마주 잡았지 | 故舊殷勤接酒杯 |
| 문장으로 맺은 교분 지난날과 다르니 | 縱筆論交非曩日 |
| 궁의에 좋은 시구 정성 다해 지었지[28] | 弓衣佳句盡情裁 |

| | |
|---|---|
| 바닷가에서 볼품없이 포의로 늙어가다 | 海上龍鐘老布衣 |
| 사신 반열에 끼어 실컷 구경하다 왔네 | 曾叨槎尾縱觀歸 |
| 아주 발달된 선진문물에 깜짝 놀라서 | 但驚上智能開物 |
| 훌륭한 담론 있어도 포위 풀지 못했네 | 縱有奇談未解圍 |
| 니설같은 인생이라 옛 자취 찾을 수 없고[29] | 泥雪不堪尋舊跡 |

---

**28** 궁의(弓衣)에……지었지 : 궁의는 활집이다. 구양수(歐陽脩)의 『육일시화(六日詩話)』
에 "학사 소자첨(蘇子瞻)은 촉(蜀) 사람이다. 일찍이 육정감(淯井監)에서 서남(西南) 이인
(夷人)이 파는 만포(蠻布)로 지은 궁의(弓衣)를 얻었는데, 그 무늬가 매성유(梅聖兪)의
〈춘설(春雪)〉시를 짜 놓은 것이었다."라고 했다.

**29** 니설(泥雪)같은……없고 : 인생이 덧없이 흘러감을 표현하는 말이다. 니설은 눈 위에
남긴 기러기의 발자국이라는 '설니홍조(雪泥鴻爪)'의 줄임말로, 흔적도 없이 사라진 것을
비유할 때 쓰인다. 소식(蘇軾)의 시에 "인생길 이르는 곳 무엇과 비슷한가, 설니의 기러기
발자국과 같다 하리. 설니에 우연히 발자국을 남겼으나, 날아가면 어찌 다시 동쪽 서쪽
헤아리리.[人生到處知何似 應似飛鴻踏雪泥 泥上偶然留指爪 鴻飛那復計東西]"라고 한

상유는 어느덧 석양빛을 가려버렸네[30]  桑楡容易掩餘暉

홍두[31] 잘 묶어서 그대에게 부치노니  一緘紅豆煩相寄

앵두꽃 핀 나무 아래 사립에 보낸다오  送到櫻花樹下扉

【결구는 장화원(長華園) 주인을 그리워한 것이다.】

---

구절에서 온 말이다. 《蘇東坡詩集 卷3 和子由澠池懷舊》

**30** 상유(桑楡)는……가려버렸네 : 인생의 말년이 어느덧 찾아옴을 말한다. 상유(桑楡)는 해가 질 때 햇빛이 뽕나무와 느릅나무의 꼭대기에 비치는 것으로, 『태평어람(太平御覽)』 권3에, "해가 서산으로 떨어질 때 햇빛이 나무의 꼭대기에 비치는 것을 상유라고 한다." 하였다.

**31** 홍두(紅豆) : 홍두수(紅豆樹) 또는 상사자(相思子)라 칭하는 일종의 과목(果木)인데, 과일은 선홍색(鮮紅色)인 데다 모양은 심장처럼 생겼고 빛이 영롱하여 사랑스러우므로, 흔히 남녀 간의 상사(相思)의 상징으로 쓰인다. 전하여 여기서는 강위가 상대를 그리워하는 뜻으로 쓰였다. 왕유(王維)의 〈상사(相思)〉 시에 의하면 "홍두가 남국에서 나는데, 가을에는 몇 가지나 피었는지? 권하노니 그대여 많이 따 두게나, 이 과실이 가장 생각나는구려.[紅豆生南國 秋來發幾枝 勸君多採擷 此物最相思]"라고 하였다. 《王右丞集 卷15》

# 東游艸

澁澤別墅次韻奉和

星楂萬里伴行旌，隣好維新海宇淸。託命朋交天下小，留心國事一身輕。支離膚見多拘跡，齟齬毫談豈盡情？欲從仙天外去，長風一嘯下蓬瀛。

奉和大使次宮本大丞韻却寄

原隰悠悠載後車，滄溟無際感拘虛。悰來晼晚天開後，薄見蒼凉日上初。古址如今悲舜水，荒祠何處葆秦徐。晨窓尙憶童年事，苦讀伊藤宇義書。【明季朱舜水, 避居日本, 敎授日本人, 尙有遺澤, 故居猶存。】

老懷歷落感風雲，萬里隨槎廣異聞。秦世同憂蠶食事，韓人不讀蟹行文。但須密勿聯三國，何至紛拏動二軍？我有繞朝鞭幾尺，臨歸珍重欲酬君。

赤馬關次韻和張甫

萬里搏桑老問津，浮生尙有喜懽因。紅燈綠酒滄溟夕，不負同爲一世人。

欲涉滄溟未有津，海山兜率漭前因。如今纔躡金鼇頂，天外佳音慰遠人。

和池松邨【錫永】

域外纔成汗漫游, 天風萬里嘯長舟。天應有准函羣象, 海自無涯受
衆流。烟水茫茫迷故國, 光陰滾滾換新秋。書生一世無今日, 只恨蹉
跎在白頭。


步至東照宮園, 憑高望遠, 卒成二絶。驀然有乘桴遐擧之想, 不覺汪
然下涕, 臨風一慟, 從者愕然止之

東臨碣石觀滄海, 橫槊高歌幸至哉! 萬里搏桑來放眼, 書生此意亦
堪哀。

丸毬小地幾人裁, 枉却英豪一代才。回首辰韓如點墨, 不堪重上望
鄉臺。


高陽居士【耕】與其室玉舟女史初見, 各寫梧楑爲壽, 倉卒口號酬謝

百尺高梧覆綠天, 枝間雙鳥意相憐。人間最有同棲樂, 恨我差他四
十年。

煒管軒中玩物華, 亭亭一樹老煙霞。殷勤期望還慚愧, 著否淸寒歲
暮花。


桂閣索書自作詩楹聯一對, 倉卒書應, 足成一律

長橋幾曲抱城迴, 水木淸華絶點埃。細閱圖書淸閟閣, 橫吹簫笛妙
高臺。功名易了前身事, 志氣難消一代才。遠客應添他夜夢, 天風環
佩集蓬萊。


≪鳴鶴集≫ 後奉題

早歲才名四海聞, 邵年艶福更超羣。梁鴻對案談家務, 蘇轍聯床著
古文。聞法人登歡喜地, 養和家現吉祥雲。斑衣又世靑箱業, 滿袖携

歸艎座薰。

### 次韻和龜谷省軒

軒帝垂衣裳，其始制五兵。秦皇鑄金人，其終燔五經。此事端倪誰
能測，誠看今日環大瀛。但願彼我共太平，勿論誰絀而誰嬴。戰款如
今兩議行，我又不願居其名。童習白紛竟如許，誰其信者二書生。舉
酒勸君君莫辭，修文振武屬群英。

### 興亞會上屬題

鯨海鴻泥跡易陳，臨歸一語見情眞。易持時論人人別，難識天機日
日新。磊落英豪同所見，尋常恐懼亦相親。當時代箅關東事，六國安
危不在秦。

### 臨行, 思與諸公別後會無期, 懷緒惘惘, 寄呈鴨北大丞

路入搏桑事事新，車嘶舟嘯到橫濱。干戈尋釁同洲險，玉帛論交四
海親。未愜殊邦求博士，還尋古道伴行人。騰騰一世浮由願，孤負當
年呂洞賓。【宮本書記書示: 欲屈先生爲老博士, 未知尊意肯否? 答云: 此是不保性命
之事, 先生何爲出此言? 宮本云: 是不然, 敝邦雖陋, 延請諸大國耆德, 爲學校師, 況與
疆土毗連, 隣好尤篤, 豈有請而不許之理? 答云: 且待三千年後風氣盡闢, 然後圖之。】

### 立車示慧淳師

禪樓淹日硏生塵，不作新詩不接人。杜宇空懷一腔血，寥寥緘舌過
殘春。

### 舟中漫成

文章軼世黃參贊，【參贊官黃遵憲 中朝人】 籌策匡時蒼大臣。【太政大臣岩

蒼俱視 <u>日本人</u>】一語曉人應若是, 皇華有體在諮詢。

### 神戶贈別

畸人詭跡易然疑, 朝野功深世不知。柔櫓一聲人萬里, 渾如湖上別
鷗夷。

別語蒼茫意可悲, 袖中一紙見鬚眉。不須想到凄涼事, 我以黃金鑄
子期。

### 漫成

恬波萬里鏡光開, 珍重仙楂往復來。已有文章驚絶域, 更輸籌策淨
邊埃。兒童歡喜迎旄節, 故舊殷勤接酒杯。縱筆論交非曩日, 弓衣佳
句盡情裁。

海上龍鐘老布衣, 曾叨槎尾縱觀歸。但驚上智能開物, 縱有奇談未
解圍。泥雪不堪尋舊跡, 桑楡容易掩餘暉。一緘紅豆煩相寄, 送到櫻
花樹下扉。【結句, 懷<u>長華園</u>主人。】

# 동유속초(東游續艸)

## 도중에 동행에게 화답하다
### 道中和同伴

| | |
|---|---|
| 우리 고향에 선사야 많지만 | 吾鄕多善士 |
| 지기가 그대만한 이는 적다오 | 志氣少如君 |
| 눈에는 삼천세계를 담고[1] | 眼納三千界 |
| 재주는 훨씬 뛰어나다오 | 才優二十分 |
| 지팡이 끝에는 창해의 해요 | 筇頭滄海日 |
| 하늘가엔 태행산의 구름이라 | 天際太行雲 |
| 이번 사행엔 널리 배워야하니 | 此行須博學 |
| 천하의 문자 같지 않아서라오 | 天下未同文 |

---

1  눈에는……담고 : 세상의 이치에 통달했다는 말이다. 삼천세계는 불교에서 말하는 삼
천대천세계(三千大千世界)의 준말로, 천지 사방, 즉 온 세상을 의미한다.

## 주흘관[2]
**主屹關**

| | |
|---|---|
| 수없이 꺾인 시내 만 겹의 산에 | 百折谿流萬疊山 |
| 한 조각 고성이 구름 사이에 있네 | 孤城一片在雲間 |
| 임란의 전철 분명히 남아 있으니 | 龍蛇往轍分明在 |
| 일찍 영웅 보내 이 관문 지켰다면 | 早派英雄鎮此關 |


## 부산항에서 승선하다
**釜山港乘船**

| | |
|---|---|
| 기구한 신세 늙도록 쉴 줄 모르고 | 畸裝到老不知休 |
| 푸른 바다 만리 배에 다시 올랐네 | 再上滄溟萬里舟 |
| 계찰은 늘 관국의 소원 품고 있었고[3] | 季札常懷觀國願 |
| 진탕은 어떻게 출관의 근심 풀었나[4] | 陳湯豈解出關愁 |

---

2　주흘관 : 서울 방어를 위해 조령에 설치한 제1관문으로 천하의 요새이다. 임진왜란 때 신립(申砬)은 적의 진로를 차단함에 있어 험준한 조령을 막으려 하였으나, 이미 적군이 쇄도한다하여 막지 못하고 충주 탄금대(彈琴臺)에서 왜병을 맞아 싸우다가 패하고 말았다.

3　계찰(季札)은……있었고 : 관국(觀國)은 나라의 빛을 본다는 관국지광(觀國之光)의 준말로, 다른 나라에 사신(使臣)가서 문물을 두루 구경하는 것을 말한다. 춘추 시대 오(吳)나라의 공자(公子) 계찰(季札)이 일찍이 사신으로 상국(上國)을 두루 유람하면서 당세의 어진 사대부들과 사귀고, 특히 노(魯)나라에 사신으로 가서는 옛 주(周)나라의 음악들을 차례로 관찰하고 탄복하였다.

4　진탕(陳湯)은……풀었나 : 외교적 수완을 발휘해 임무를 잘 수행하였다는 말이다. 진탕은 한 원제(漢元帝) 때의 무신이다. 한나라 원제(元帝) 건소(建昭) 2년에 진탕(陳湯)과 감연수(甘延壽)가 서역(西域) 지방의 교위(校尉)로 있으면서 황제의 제서(制書)를 위조해서 여러 성의 군사를 징발한 다음, 흉노(匈奴)를 불시에 습격하여 강거(康居)를 격파하고

차가운 해는 부상 너머로 떠오르고 蒼凉日出搏桑外
아름다운 꽃은 철수[5] 끝에 피었네 窈窕花開鐵樹頭
마고에게 말 전하노니 눈여겨보다가 寄語麻姑留眼在
내가 말 타고 영주 지나간 것 보게[6] 看吾騎馬過瀛州

## 나가사키로 가는 배에서 집안 아이의 편지를 보니 내가 그 사이에 천은을 입어 선공감 가감역의 직함에 제수되었다. 은혜에 감동하여 눈물을 삼키고 되는대로 시 한 편 완성하다
長崎舟中 見家兒書 余間蒙天恩 授繕工監假監役之啣 感恩含涕 率成一絕

칠십 산 늙은이의 일명의 직함을 七十山翁一命啣
문득 들으니 나그네 옷깃 적시구나 忽聞涕淚滿征衫
한미한 가문으로 근래 궁마 전했는데 寒門近業傳弓馬
문관의 은광이 분수에 넘쳐나는구나 儒素恩光分外覃

【우리 집안이 학업을 바꾸어 무과 시험에 응한 뒤 처음으로 문관의 직명을 얻었다.】

---

질지선우(郅支單于)를 참수하여 장안으로 보냈다. 진탕은 이 공으로 관내후(關內侯)에 봉해졌다. ≪漢書 卷70 陳湯傳≫

5  철수(鐵樹) : 식물(植物) 이름으로, 잎은 향포(香蒲)와 같고 자색(紫色)을 띤 나무인데, 소철(蘇鐵)이라고도 하고, 해송(海松)이라고도 하나 자세하지 않다.

6  마고(麻姑)에게……보게 : 마고는 전설 속의 선녀로, 『신선전(神仙傳)』에 마고가 왕방평(王方平)에게 말하기를 "만나 뵌 이래로 벌써 동해(東海)가 세 차례나 상전(桑田)으로 변하는 것을 보았는데, 지난번 봉래(蓬萊)에 이르러서 보니 물이 또 지난번 만났을 때보다 대략 절반쯤 얕아졌으니, 어찌 장차 다시 육지로 변하지 않겠는가?"라고 하였다. 마고가 삼신산의 하나인 봉래에 이르렀기 때문에 이렇게 말한 것이다.

## 나가마쓰 도요야마는 나가사키의 교장이다. 시를 주고는 화답을 요구하다

### 永松豐山長崎之黌長也 贈詩求和

| | |
|---|---|
| 천하에선 웃어야지 성내면 안 되는 법 | 普天宜笑不宜嗔 |
| 게다가 우린 정을 나눈 가까운 이웃인데 | 況我交情是近鄰 |
| 한 번 보고는 당대의 일을 이야기하니 | 一見便談當世務 |
| 그대 필시 흥아회 회원임을 알겠구려 | 知君興亞會中人 |
| 단지 의기로만 보면 서로가 똑같은데 | 只將意氣許相同 |
| 늙어 필묵 통하지 않아 참으로 부끄럽네 | 文墨多慚老未通 |
| 모수(毛遂)처럼 재주 다 펼칠 수 있더라도 | 假使毛錐能盡技 |
| 쓸모없는 재주 원래 영웅에 끼지 못하지[7] | 雕蟲原不筭英雄 |

----

7　모수(毛遂)처럼……못하지 : 모수처럼 정식으로 사신의 임무를 부여 받아 재능을 발휘할 수 있었더라도 재주가 형편없어 일을 이룰 수 없을 거라는 말이다. 원문의 '모추(毛錐)'는 모수의 송곳을 말한다. 전국 시대 진(秦)나라가 조(趙)나라를 쳤을 때, 조나라 평원군(平原君)의 식객 모수가 평원군이 초나라에 가서 초나라 왕과 합종(合從)의 협약을 맺는 일에 자신이 따라가 참여하겠다고 말하자, 평원군이 "현사(賢士)의 처세란 마치 주머니 안에 든 송곳과 같아서 그 끝이 반드시 삐져나오는 법인데, 선생은 우리 집에 있은 지 벌써 3년이나 되었는데도 선생의 유능한 점을 한 번도 듣지 못하였습니다. 선생은 그만두시오." 하니, 모수가 "오늘 당장 나를 주머니 안에 넣어 주십시오. 그렇게 해 주신다면 그 끝만 삐져나오는 것이 아니라 자루까지 다 나올 것입니다." 하여, 결국 평원군을 따라 초나라에 가서 합종의 협약을 성사시켰다. ≪史記 卷76 平原君列傳≫

차운하여 손애인 사희 교장께 수답하다. 손애인은 금릉인으로 나가사키에서 객지 생활을 하다 그 현 학교의 교장이 되었다. 풍산과 함께 내방하여 춘류시 12수를 보여주었는데 청아한 곡조가 신성[8]만 하였다

次韻酬孫靄人【士希】敎長 靄人者金陵人 客游長崎 爲縣學敎長 借豐山 來訪 以春柳詩十二首見示 淸調雅韻 無減新城

| | |
|---|---|
| 애인 선생의 시는 정해진 계파 없어 | 靄人先生之詩無定派 |
| 노기가 우뚝하여 구주가 좁다오 | 老氣峥嶸九州隘 |
| 애인 선생의 인품은 안정된 기품 있어 | 靄人先生之人有定品 |
| 벽려로 옷을 해 입고 맑은 이슬 먹는다오[9] | 薛荔爲衣餐沆瀣 |
| 사방이 모두 선생의 이름을 알고 | 四裔皆識先生名 |
| 은거하며 뜻을 추구하여 기운이 청아하네 | 辭祿求志氣韻淸 |

【품계가 후(侯)에 이르러 지현(知縣)에 보임되었으나 부모가 늙었다는 이유로 나아갈 수 없었다고 한다.】

| | |
|---|---|
| 예전 배 타고 진한의 경내에 이르렀으니 | 附舟曾到辰韓界 |
| 문장으로 수재들과 사귀려고 해서였지 | 抽毫意欲交羣英 |
| 그런데 아무 상관없는 사람처럼 쳐다보니 | 相視邈如風牛馬 |
| 문자 같아도 지금 천하는 의지하기 어렵다오 | 同文難憑今天下 |
| 상기제역[10]이 있은 들 무슨 소용이랴 | 鞮譯象寄安所施 |

---

8  신성(新城) : 아무의 호나 자인 듯하나, 자세하지 않다.

9  벽려(薛荔)로……먹는다오 : 은자처럼 생활한다는 말이다. 벽려는 은자의 옷을 말하고 맑은 이슬도 은자의 먹는 음식을 일컫는다.

10  상기제역(象寄鞮譯) : 중국에서, 변방 여러 나라의 언어(言語)를 통역하는 일을 맡은 벼슬아치에 대하여 이를 동·서·남·북의 각기 해당 지역에 따라서 나눈 호칭을 가리킨다.

| | |
|---|---|
| 붓 휘둘러 한 글자도 쓸 길이 없는데 | 揮斥無由一字寫 |
| 부상이라는 나라는 천하에 인접해 있어 | 搏桑之國接八寰[11] |
| 근래에 사신들이 서로 왕래하고 있다오 | 邇來冠盖交往還 |
| 자연스럽게 서로 의기가 투합하여 | 自然鍼芥有相投 |
| 선생의 옥안을 뵐 수 있었다네 | 得與先生承玉顔 |
| 세 치의 붓으로 말하는 것을 대신하여 | 三寸雞毫替口耳 |
| 계찰처럼 관지의 탄식[12]을 하게 하네 | 遂令季子歎觀止 |
| 쇠와 돌을 두드려 음악 한 곡 이루고 | 敲金擊石樂一終 |
| 시문을 품평하며 사시[13]를 이야기하네 | 扢雅揚風談四始 |
| 내가 재예 배우고 글 논한 뒤로 이런 사람 없었으니 | |
| | 自我學藝論文無此人 |
| 나는 이호요 그대는 백륜과 같도다[14] | 我如二豪君伯倫 |
| 촌심 굽히지 않으면 스스로만 괴로울 뿐 | 寸心未降徒自苦 |
| 세계를 살펴보니 작은 먼지와 같구나 | 俯仰世界如微塵 |

---

11 八寰 : 저본에는 '人寰'으로 되어 있는데 문맥을 살펴 바로잡아 번역하였다.

12 계찰처럼 관지(觀止)의 탄식 : 오나라 계찰이 주(周)나라에 들어가 음악을 구경하고서, 훌륭하기 그지없다는 '관지(觀止)'의 탄식을 하였다. ≪春秋左氏傳 襄公 29年≫

13 사시(四始) : 『시경』의 〈관저(關雎)〉·〈녹명(鹿鳴)〉·〈문왕(文王)〉·〈청묘(淸廟)〉를 말하는데, 〈관저〉는 풍(風)의 시작이고, 〈녹명〉은 소아(小雅)의 시작이고, 〈문왕〉은 대아(大雅)의 시작이고, 〈청묘〉는 송(頌)의 시작이라는 뜻이다. ≪史記 孔子世家≫ 여기에서는 『시경』이나 시의 뜻으로 쓰였다.

14 나는……같도다 : 상대는 고결한 은자로 자신은 속세의 사람으로 비유하여 대비한 것이다. 이호(二豪)는 두 호걸로 속세의 선비를 대표한 것이고 백륜(伯倫)은 진(晉)나라 유령(劉伶)의 자로, 술을 좋아하여 『주덕송(酒德頌)』을 짓고 예법을 조롱하며 지냈다. 그가 지은 『주덕송』에 '곁에서 모시는 두 호걸을 나나비벌과 뽕나무처럼 본다[二豪侍側焉 如蜾蠃之與螟蛉]' 하였다.

거의 다른 취향으로 같은 자리에 있으니     逴逴異趣在同席

거리가 한 자도 되지 않는구려     須眉相去無一尺

정신으로 사귀면 멀고 가까움 없으니     以神相遇無遠近

구만리 하늘도 푸른 허공으로 이어졌다오     九萬里天連空碧

지금은 아직 해면이 얼어붙은 때인데     如今海面禁初開

여덟 물과 세 산에 탈 없이 이르렀네     八水三山幸至哉

사해에서 재인 찾아 배회하니     四海求才來徘徊

고재는 참으로 자주 볼 수 없다오     高才不能數數見

등용되지 못한 손선생 있는데     有一孫先生不見用

누가 천하를 위해 고재를 애석해하랴     誰爲天下惜高才

고베에 금강씨가 있었는데 그 선인은 조선인이었다. 본국의 옛 모형인 자기를 만드는 일을 업으로 삼고 있었는데 대를 갖춘 찻잔 2좌를 바쳤으니, 이는 그 뜻이 근본을 잊지 못한 것이다. 시를 지어 그에게 주다

神戶 有金江氏 其先朝鮮人也 業造本國古制砂器 獻茶盞具臺二坐 志不忘本也 賦咏以贈

기억해 보건대 말 몰고 요양 건너니     記曾驅馬過遼陽

수수와 참깨가 광야에 펼쳐졌었지     蜀黍胡麻接渺茫

고구려 장원 밖으로만 길 나있으니     獨有高麗莊外路

더덕더덕 붙은 무논 고향 생각 나누나     水田如衲見思鄕

【요동 광야에는 무논이 없고 고구려 장원 앞에만 있다.】

절강의 포의인 서눌은 자가 선후이고 호는 인암이다. 육법[15]에 뛰어나고 시도 잘하여 그림을 팔아 여비를 마련하였다. 고베에 있는 중국 상인인 장운주 집에 머물고 있으면서 시를 써 와서 교제를 청하고 또 산수화 한 첩을 주었는데 직접 지은 절구가 모두 뛰어났다. 서화와 시까지 모두 구하기에 되는대로 시 한편 불러서 이에 응하다

浙江布衣徐訥字善侯 號認庵 善六法 詩詞亦工 賣畵以資客遊 寓于神戶華商章韻洲家 以書來求交 且贈山水一幀 自題絶句 並皆佳妙 兼求書畵詩章 率占一絶以應

| | |
|---|---|
| 형관[16]의 화필 은후[17]의 시 솜씨 | 荊關畵筆隱侯詩 |
| 다른 이의 십만 금 보다 낫구려 | 勝挾他家十萬貲 |
| 사해 어디든 마음껏 노닐었으니 | 四海縱遊無不得 |
| 계림에도 그대의 작품 수놓았으리 | 鷄林亦有繡君絲 |

---

**15** 육법(六法) : 여섯 가지 그림 그리는 법칙으로, 즉 1. 기운생동(氣韻生動), 2. 골법용필(骨法用筆), 3. 응물사형(應物寫形), 4. 수류전채(隨類傳彩), 5. 경영위치(經營位置), 6. 전모이사(傳模移寫) 등이다.

**16** 형관 : 송(宋)의 화가(畫家) 관동(關仝)과 형호(荊浩)를 가리킨다.

**17** 은후 : 남조(南朝) 시대 양(梁)나라 심약(沈約, 441~513)으로, 시문에 능하였다고 한다.

## 아리마군의 온천에서 정남고 병하[18]에게 화답하다
### 有馬郡湯泉 和鄭南皐 秉夏

| | |
|---|---|
| 삼신산의 연무가 아주 짙게 푸른데 | 三山烟霧翠霏霏 |
| 신령한 샘물에 와서 목욕하고 돌아가네 | 喜到靈源洗浴歸 |
| 석벽은 푸르고 푸르러 조도와 통하고 | 石壁空靑通鳥道 |
| 물빛은 맑고 깨끗하여 옷을 물들이네 | 溪光淨綠染人衣 |
| 얽힌 동산엔 무성하게 새 꽃이 피었고 | 攪園葺葺新花發 |
| 판자 집에는 빽빽하게 늙은 대가 둘렀네 | 板屋森森老竹圍 |
| 일본 사람의 가장 큰 공덕을 말하자면 | 最是東人功德事 |
| 암천 끌어와 집집마다 솟구치게 하는 것 | 巖泉引到萬家飛 |

## 오사카성
### 大阪城

| | |
|---|---|
| 도요토미의 옛 성이 아직도 높은데[19] | 豐臣古堞尙岧嶢 |
| 맑은 물이 띠처럼 빙 둘러 있구나 | 淀水縈廻帶一條 |

---

**18** 정남고(鄭南皐) 병하(秉夏) : 남고는 정병하(1849~1896)의 호이다. 1882년 김옥균이 일본에 사찰을 갈 때 수행하여 처음으로 일본을 방문했다. 이후 김옥균을 따라 철저한 개화파 추종자가 되었다. 1895년 음력 11월 15일(양력 12월 30일) 단발령 선포 직후 고종이 시범을 보여야 한다고 압박해, 정병하가 고종의 머리카락을 잘랐다. 1896년 아관파천 당일 역적으로 처단되어 경무청 앞에서 순검들에게 참살됐다.

**19** 도요토미의……높은데 : 도요토미는 도요토미 히데요시(豐臣秀吉)를 말하는 것으로, 오사카성은 도요토미 히데요시가 관백(關白)으로서 천황(天皇)의 권력을 대신 행사했던 본거지이다.

| | |
|---|---|
| 삼백 여섯 개의 다리 달빛 아래에서 | 三百六橋明月下 |
| 난간에 기대 밤마다 피리소리 듣는다오 | 倚欄夜夜聽吹簫 |
| 결국 존왕의 대의가 밝아질 것이니 | 畢竟尊王大義明 |
| 저물녘 남공[20]의 사우가 우뚝하구나 | 楠公祠宇晚崢嶸 |
| 오호라는 말은 문장가의 붓이 아니라 | 嗚呼不是詞臣筆 |
| 길 가득 행인들 입에서 나온 소리라네 | 滿路行人口裏聲 |

【오호(嗚呼)라, 충신 남자(楠子)의 묘로다.[嗚呼, 忠臣楠子之墓]】


# 비오는 날 밤에 그냥 짓다
## 雨夜漫成

| | |
|---|---|
| 대숲에 성근 빗소리 빈 집에 울리는데 | 刁騷篁雨響虛堂 |
| 술 마신 뒤라 나그네 시름 괜히 깊어지네 | 酒後公然客緒長 |
| 늙어서 유독 잠이 줄어든 것이 아니라 | 非爲老年偏少睡 |
| 매번 시사 생각에 전혀 방책 없어서라오 | 每懷時事太無方 |

【정남고가 주장한 기계를 구매하고 교사를 초빙하자는 계책은 정말로 시의에 합당하지만, 일본인들은 비용을 빌려주지 않으려 하고 배우러 오는 생도들은 모두 경비가 없어 괴로워하므로, 이치상 오래가기 어려울 것이다.】

---

**20** 남공 : 구스노키 마사시게(楠木正成, 1294~1336)로, 가마쿠라 시대 말기부터 남북조(南北朝) 시대까지 활약한 가와치(河內)의 무장이다. 가마쿠라 막부로부터 악당(惡堂)이라 불리며, 가마쿠라 막부를 타도하고 천황이 친정을 실시한 뒤, 황실의 편에 서서 싸우다 미나토(湊) 강의 싸움에서 패하고 자결하였다. 그를 주신으로 모신 미나토가와 신사는 1872년(메이지 5)에 신사의 모습을 갖추었는데, 그 전에는 미토 번주 도쿠가와 미쓰쿠니(德川光圀)가 세운 「오호충신남자지묘(嗚呼忠臣楠子之墓)」라 새긴 마사시게의 묘비만 있었다.

물고기 노니는 바다는 푸른 하늘과 이어졌고　　魚鬐綠浪連空碧
새 나는 하늘은 아득한 수평선에 접하였어라　　鳥背靑天接渺茫
일생토록 멋있는 흥취 없는 것이 부끄러워　　　懍懍一生無好興
우연히 발 씻을 생각에 부상에 왔다네　　　　　偶思濯足到搏桑


## 서경 지은사에서 철정 스님을 찾아보다
### 西京智恩寺 訪徹定上人

태화산 서남은 옛 하늘과 통하니　　　　　　太華西南古洞天
금어와 화죽이 불상을 끼고 있네　　　　　　禽魚花竹擁金仙
특별히 속세 밖 부귀한 사람 찾아　　　　　　別尋富貴人天外
백수로 와서 높은 선방 참알하네　　　　　　白首來參徹頂禪
위령이 백겁동안 임랑[21] 보호하니　　　　　靈威百刼護琳琅
유복한 사람 몇이나 보장[22] 열었나　　　　　有福幾人開寶藏
다행히 절에 진벌[23]이 있어서　　　　　　　賴有水田津筏在
만리 고경당에서 향을 피운다오　　　　　　拈香萬里古經堂

---

**21** 임랑(琳瑯) : 임랑(琳琅)은 흔히 아름다운 구슬이나 인재(人材)를 뜻하는데, 여기서는 본성을 말하는 듯하다.

**22** 보장(寶藏) : 불법(佛法)이 존재하는 곳, 곧 하늘로부터 부여받은 참다운 본성의 세계를 말한다.

**23** 진벌(津筏) : 피안(彼岸)을 건너는 배로, 마음으로 통하기를 구하다가 얻지 못하고서 외래의 힘을 말미암아 목적을 달성하는 것을 말한다.

## 어떤 사람이 회은 선생의 사적을 서술하기에 되는대로 시 한 편 완성하다
### 有人述睡隱先生事 率成一截

| | |
|---|---|
| 해상에서 양 치며 쇠퇴한 고국 탄식하니 | 海上看羊歎式微 |
| 중랑은 늙어가도 돌아갈 생각 못하누나[24] | 中郞老去未懷歸 |
| 나는 신선 땅을 기쁘게 찾아 졸면서 | 我來好覓仙鄕睡 |
| 거침없이 포의 입고 사방 돌아다닌다오 | 無碍東西一布衣 |

【족조(族祖)인 회은공(睡隱公) 강항(姜沆)이 만력 임진왜란 때 일본으로 피랍되었다. 19년 동안 고초를 겪으면서 바닷가에서 『간양록(看羊錄)』을 지었다.】

---

24 해상에서……못하누나 : 중랑(中郞)은 한(漢)나라 무제(武帝) 때 중랑장(中郞將)을 지낸 소무(蘇武)를 가리킨다. 그는 부절(符節)을 가지고 흉노(匈奴)에 사신 갔다가 억류되었는데, 북해에서 양을 치면서도[看羊] 부절을 잡고 충절을 지키다가 19년 만에 소제(昭帝)가 흉노와 화친함으로써 귀국할 수 있었다. ≪漢書 卷54 李廣蘇武傳≫

# 東游續艸

道中和同伴

吾鄉多善士，志氣少如君。眼納三千界，才優二十分。
筇頭滄海日，天際太行雲。此行須博學，天下未同文。

主屹關

百折谿流萬疊山，孤城一片在雲間。龍蛇往轍分明在，早派英雄鎭
此關。

釜山港乘船

畸裝到老不知休，再上滄溟萬里舟。季札常懷觀國願，陳湯豈解出
關愁。蒼凉日出搏桑外，窈窕花開鐵樹頭。寄語麻姑留眼在，看吾騎
馬過瀛州。

長崎舟中，見家兒書，余間蒙天恩，授繕工監假監役之卿，感恩含涕，
率成一絶

七十山翁一命卿，忽聞涕淚滿征衫。寒門近業傳弓馬，儒素恩光分
外覃。【余家自變業應武試以來，初得儒門宦名。】

永松豐山 長崎之饗長也, 贈詩求和,

普天宜笑不宜嗔, 況我交情是近鄰? 一見便談當世務, 知君興亞會
中人。

只將意氣許相同, 文墨多慚老未通。假使毛錐能盡技, 雕蟲原不筭
英雄。


次韻酬孫靄人【士希】 教長, 靄人者, 金陵人, 客游長崎, 爲縣學教
長。偕豐山來訪, 以春柳詩十二首見示, 清調雅韻, 無減新城

靄人先生之詩無定派, 老氣崢嶸九州隘。靄人先生之人有定品, 薛
荔爲衣餐沆瀣。四裔皆識先生名, 辭祿求志氣韻清。【階至候補知縣, 因親
老, 不能供仕云。】附舟曾到辰韓界, 抽毫意欲交羣英。相視邈如風牛馬,
同文難憑今天下。鞮譯象寄安所施, 揮斥無由一字寫。搏桑之國接人
寰, 邇來冠盖交往還。自然鍼芥有相投, 得與先生承玉顔。三寸雞毫
替口耳, 遂令季子歎觀止。敲金擊石樂一終, 扢雅揚風談四始。自我
學藝論文無此人, 我如二豪君伯倫。寸心未降徒自苦, 俯仰世界如微
塵。遑遑異趣在同席, 須眉相去無一尺。以神相遇無遠近, 九萬里天
連空碧。如今海面禁初開, 八水三山幸至哉! 四海求才來徘徊, 高才不
能數數見。有一孫先生不見用, 誰爲天下惜高才?


神戶有金江氏, 其先朝鮮人也。業造本國古制砂器, 獻茶盞具臺二
坐, 志不忘本也, 賦咏以贈

記曾驅馬過遼陽, 蜀黍*胡麻接渺茫。獨有高麗莊外路, 水田如衲見
思鄉。【遼東大野無水田, 獨高麗莊前有之。】


浙江布衣徐訥, 字善侯, 號認庵, 善六法, 詩詞亦工, 賣畵以資客遊,
寓于神戶華商章韻洲家, 以書來求交, 且贈山水一幀, 自題絕句, 並皆

佳妙, 兼求書畫詩章, 率占一絶以應

荊關畫筆隱侯詩, 勝挾他家十萬貲。四海縱遊無不得, 鷄林亦有繡
君絲。

有馬郡湯泉, 和鄭南皐【秉夏】

三山烟霧翠霏霏, 喜到靈源洗浴歸。石壁空靑通鳥道, 溪光淨綠染
人衣。櫻園苒苒新花發, 板屋森森老竹圍。最是東人功德事, 巖泉引
到萬家飛。

大阪城

豐臣古堞尙岧嶢, 淀水縈廻帶一條。三百六橋明月下, 倚欄夜夜聽
吹簫。

畢竟尊王大義明, 楠公祠宇晚崢嶸。嗚呼不是詞臣筆, 滿路行人口
裏聲。【嗚呼忠臣楠子之墓】

雨夜漫成

刁騷篔雨響虛堂, 酒後公然客緒長。非爲老年偏少唾, 每懷時事太
無方。【鄭南皐購買器械, 延請敎師之策, 果合時宜, 而日人不肯貸費, 來學生徒俱苦
無貲, 理難久長。】魚鬐綠浪連空碧, 鳥背靑天接渺茫。懍懍一生無好興,
偶思濯足到搏桑。

西京 智恩寺, 訪徹定上人

太華西南古洞天, 禽魚花竹擁金仙。別尋富貴人天外, 白首來參徹
頂禪。

靈威百刦護琳琅, 有福幾人開寶藏? 賴有水田津筏在, 拈香萬里古經
堂。

有人述睡隱先生事, 率成一截

海上看羊歎式微, 中郎老去未懷歸。我來好覓仙鄉睡, 無碍東西一布衣。【族祖睡隱公 沆, 萬歷壬辰之難, 被拘日本, 十九年偕甞苦楚, 有海上≪看羊錄≫。】

# 朝鮮
# 應接紀事

## 조선응접기사

# 조선응접기사

## 1 기본 서지

1876년 발행된 활자본. 1책(32장).
도쿄(東京)의 고바야시 데쓰지로(小林鐵次郎, 延壽堂) 간행.

## 2 저자

소가 소하치로(蘇我總八郎)는 일본 나가사키현(長崎縣)의 사족 출신으로 이 책이 간행된 1870년대에는 오쿠라쇼(大藏省)의 관료였을 것으로 추정된다. 이 책의 판권지에 따르면 그는 당시에 도쿄(東京) 다이고다이쿠(第五大區) 니쇼쿠(二小區) 아사쿠사(淺草) 니시토리고에초(西鳥越町) 고노니반치(甲ノ二番地)에 기거하고 있었다. 일본 신문에 여러 차례 투고한 기사가 보이며, 『조선응접기사』에 대한 광고문 또한 도쿄에이리 신문(東京繪入新聞)에 광고문을 게재한 바 있다. 당시의 광고문은 "이 책은 조선 수신사가 내빙하기 전인 메이지(明治) 6년(1873) 12월 우리 조정에서 빈번히 일어난 정한론에 대한 내용부터 메이지 8년(1875) 12월 운요호 사건, 그리고 이후 변리대신의 응접과 조약에 이르기까지를 상세하게 다루고 있다.(此書は朝鮮修信使來聘するの前六年十二月我廟

堂頻に征韓の論起りしより遂に八年十二月雲揚艦渡航の事件後弁理大臣の応
接條約に至る迄委しく記載す"라는 내용으로 게재되었다.


### **3** 구성

이 텍스트는 장의 구분 없이 전체가 서술되고 있는데, 내용상으로는
크게 4부분으로 구성되어 있다고 할 수 있다. 첫 번째는 운요호 사건의
과정과 결과에 대한 내용이다. 두 번째는 조일수호조규(강화도 조약)
의 시말에 대한 내용이다. 세 번째는 조일수호조규 이후 파견되었던
제1차 수신사 방일에 대한 내용이다. 네 번째는 이 책이 집필되었던
당시까지의 조선 사절의 일본 방문에 대한 내용을 정리하고 있다.

　이러한 서술 과정 중간에 조일수호조규 당시의 12개 맹약과 임진왜
란 발발 이전 도요토미 히데요시(豊臣秀吉)가 조선에 보낸 서신 등이
수록되어 있다.


### **4** 내용

이 텍스트는 운요호 사건의 발발과 강화도 조약 체결, 그리고 수신사를
포함한 조선 사절의 방일에 대한 내용을 기록하고 있다.

　첫 번째 부분에서는 메이지 유신 이후 일본 내부에서 조선과의 외교
를 회복하려는 움직임이 있었다는 내용과 함께 이후 운요호 사건의 경
위를 날짜 별로 자세히 밝히고 있다. 강화도 앞바다를 지나던 일본선의
강화도 도항 시도와 이에 대한 조선 측의 포격, 그리고 일본 측의 반격
및 영종성(永宗城) 함락의 과정이 자세하게 묘사되어 있다.

다음으로는 이 사건으로 인해 일본에서 특명전권변리대신(特命全權辨理大臣) 구로다 기요타카(黑田淸隆)와 특명부전권변리대신(特命副全權辨理大臣) 이노우에 가오루(井上馨)를 조선에 파견해 조선과 맺었던 조일수호조규의 체결 과정이 자세히 기록되어 있다. 조선에서 일본 사신에게 대접한 다과의 종류까지 묘사할 정도로 자세한 서술이 이어지고 있다. 조선 측에서는 판중추부사(判中樞府事) 신헌(申櫶)과 도총부부총관(都總府副總管) 윤자승(尹滋承)을 대표로 하여 일본 사절을 맞이했는데, 여러 번의 회담 끝에 1876년 2월 조약이 체결되었다. 조일수호조규의 12개 맹약도 기록하고 있다.

다음으로 조일수호조규 체결 이후 파견된 제1차 수신사가 1876년 5월 22일 부산에서 발선하여 시모노세키(下關)·고베(神戶)·요코하마(橫濱)를 거쳐 도쿄(東京)에 입경한 일을 간단히 기록하고 있다. 당시 수신사 원역들과 수신사가 지참하고 간 물품의 목록 및 행렬 의식 등에 대해서 자세히 기록하고 있다.

마지막으로는 이 책이 간행된 1876년까지 조선 사절이 일본을 방문한 일에 대해 기록하고 있다. 3~4세기 일본 스진 천황(崇神天皇) 시대에 임나(任那)의 사절이 파견되었다는 내용부터 진구 황후(神功皇后)가 백제와 신라를 일본에 입공하게 했다는 내용 등을 간략히 기록하고, 1590년부터 1876년 제1차 수신사까지는 연도 별로 사행의 구성과 목적 등을 정리하고 있다. 1590년도에는 조선 사절이 도요토미 히데요시(豊臣秀吉)로부터 받은 서신의 내용을 부기하고 있다.

## 5 가치

글 말미에 기록되어 있듯이 '조선의 사무에 종사하는 이'를 예상독자로 하고 있는 점, 운요호 사건·강화도 조약·수신사 및 조선 사절의 파견에 대해 상세히 알고 있는 점 등으로 미루어 보아 필자는 일본의 관료로서 조선에 관심이 많았던 인물이었을 것으로 보인다. 그러나 서발문이 없고 저자의 이름으로 된 다른 서적이 발견되지 않아, 저자에 대한 자세한 정보 및 텍스트 내용의 출처를 확인하기 어렵다.

그렇지만 운요호 사건과 조일수호조규 체결까지의 구체적인 상황을 날짜별로 상세히 기록하고 있어, 해당 사건들의 전개 상황을 확인하는 데 도움을 주는 텍스트라고 할 수 있다. 또한 조선과의 외교 및 조선 사절에 대한 일본인의 시각과 메이지 정부의 분위기를 확인하는 데에도 도움이 될 것으로 보인다. 제1차 수신사 파견 후 얼마 지나지 않은 시점에 간행된 텍스트이므로 해당 시기의 일본 국내 정세를 파악하기에도 적합한 텍스트이다.

# 조선응접기사(朝鮮應接紀事)

나가사키현 소가 소하치로(蘇我總八郎) 편집

조선통신사의 내빙은 짧은 시간동안 이루어진 것이 아니다. 그 내력을 고찰하자면, 일찍이 태정(太政)의 유신 때에 구 쓰시마번 지사(知事)가 조정의 명을 받들어 대수사(大修使)【크게 인호를 닦는다는 뜻】를 보내 일본의 운세를 전고와 같이 회복하고, 우리 황상이 기강을 경장(更張)했으며, 온갖 정사를 친히 결재하고, 임금의 일대변혁을 고했다. 그러나 (조선에서는) 그 방식이 옛날과 다름을 논하며 거부하고 받아들이지 않았다. 그 후 조정에서는 외무관원 모리야마 시게루(森山茂)[1]와 히로쓰 히로노부(廣津弘信)[2] 등을 파견해 양국의 인의를 돈독히 할 것을 꾀

---

1 모리야마 시게루(森山茂) : 1842~1919. 메이지 시대 외교관이자 정치인. 나라(奈良) 출신으로, 메이지유신 이후 효고재판소(兵庫裁判所)에 출사했다. 1869년 외교관 서기가 되었고, 조선 사정을 조사하기 위해 쓰시마 및 부산에 출장을 갔다. 1872년 외교권한이 쓰시마에서 외무성으로 이관되었다는 취지의 문서를 지니고 조선과 교섭하였으나 실패하였다. 1875년 운요호 사건 이후 강화도조약이 체결되도록 앞선 예비회담에서 조선 측을 위협하였다. 관직에서 물러난 후 원로원 의원, 도야마현(富山縣) 지사, 귀족원 의원 등을 거쳤다.

2 히로쓰 히로노부(廣津弘信) : 1819~1883. 메이지 시대 일본의 외교관. 나가사키(長崎)에서 서양의학을 배우는 등 서양문명을 접하였으며, 메이지유신 이후 외교관으로서 조일외교에 관여하였다. 1872년 모리야마 시게루(森山茂)와 함께 조선에서 초량왜관(草梁倭

한 지가 이미 오래되었다.

　메이지(明治) 6년(1873) 12월, 조정에서 빈번히 정한론(征韓論)[3]이 일었다.　사이고(西鄕)[4]·이타가키(板垣)[5]·고토(後藤)[6]·에토(江藤)[7]·소에지마(副島)[8] 등이 정한론을 주장했다. 이 무렵 기도(木戶)[9]·오쿠보(大久

---

館) 접수를 주도하였다. 1876년 제1차 수신사 김기수(金綺秀)가 일본에 파견되었을 때, 외무권대승(外務權大丞) 모리야마 시게루(森山茂)의 집에서 수신사와 만나 초량왜관 체류 당시의 일에 대해서 대화를 나누었다.

**3**　정한론(征韓論) : 조선 고종 때인 1870년을 전후하여 일본정계에 거세게 일었던 조선에 대한 침략론. 당시 집권자인 대원군이 양이(洋夷)와 맥을 같이한다고 간주되는 일본에 대해 종래의 교린정책을 버리고 강경한 척왜정책(斥倭政策)을 폄에 따라 일본 조야에서는 조선에 대한 출병을 주장하는 정한론이 세차게 일었다. 여기에는 호전적인 일본 봉건군벌의 관심을 바깥으로 돌림으로써 중앙권력을 강화하는 한편 구미열강에 앞서 조선에 진출하자는 야심이 깔려 있었다.

**4**　사이고(西鄕) : 사이고 다카모리(西鄕隆盛, 1828~1877). 막부 말기~메이지 초기의 정치가. 오쿠보 도시미치(大久保利通), 기도 다카요시(木戶孝允) 등과 함께 메이지유신(明治維新)을 성립시켰다. 일본이 한국을 정복해야 한다는 정한론(征韓論)을 주장했으나 이와쿠라 도모미(巖倉具視) 등에 의해 저지당하고 은퇴하였다. 은퇴 이후 사쓰마에서 난을 일으켰다.

**5**　이타가키(板垣) : 이타가키 다이스케(板垣退助, 1837~1919) 막부 말기~메이지 초기 일본의 정치가. 애국공당을 결성하고 출신지인 도사(土佐) 지역의 입지사(立志社)를 설립해 자유민권운동을 지도했다. 1873년 일본에서 대두되던 정한론(征韓論)에 찬성하였다. 1881년 자유당을 결성하는 등 일본 근대 초기의 정치가로서 활약했다.

**6**　고토(後藤) : 고토 쇼지로(後藤象二郎, 1838~1897). 에도 시대 말기 도사의 번사이자, 메이지 시대의 정치인 겸 기업인. 도사 상회를 설립해 번의 근대화를 꾀했으며, 자유당과 진보당을 결성하는 등 메이지 시대의 자유민권운동을 이끌었다. 1873년 일본에서 대두되던 정한론(征韓論)에 찬성하였다.

**7**　에토(江藤) : 에토 신페이(江藤新平, 1834~1874). 막부 말기~메이지 초기의 정치가. 메이지 유신 후 사법경(司法卿)으로서 사법 제도 확립에 힘썼다. 1873년 일본에서 대두되던 정한론(征韓論)에 찬성하여 사이고 다카모리에게 동조하였다가 하야했다. 이후 사가의 난(佐賀の亂)을 일으키고 처형당했다.

**8**　소에지마(副島) : 소에지마 다네오미(副島種臣, 1828~1905). 막부 말기~메이지 시기의 외교관이자 정치가. 1873년 외무경(外務卿)으로서 근무하며 일본에서 대두되던 정한론(征韓論)에 동조했다. 1881년 조사시찰단(朝士視察團) 일행을 만났다.

保)[10] 등은 사명을 완수하고 해외에서 귀국하여 비정한론을 주창했다. 이에 대하여 내각의 의론이 크게 갈렸다. 칙재(勅裁)에 따라 비정한론으로 결정이 되자 정한론을 주장한 사이고 이하 여러 공들이 한꺼번에 내각에서 물러나기도 했다. 그 후 문죄지사(問罪之師)를 대만(臺灣)에 출병[11]시킬 무렵, 조선이 우리 군대의 위엄을 두려워하여 지난 과오를 사죄했는데, 화교(和交)의 단서에 가까운 것이었다. 그리하여 모리야마[12] 권대승(權大丞)이 데라시마(寺島)[13] 외무경(外務卿) 및 소(宗)[14] 외무

---

9  기도(木戶) : 기도 다카요시(木戶孝允, 1833~1877). 일본의 정치인이며, 메이지 유신을 성공시킨 유신 삼걸 중 한 사람. 1862년 조슈 번의 최고 지도자들 중의 하나가 되었으며, 1871년 오쿠보, 이토와 함께 이와쿠라 사절단의 일원으로 세계를 여행하였다. 이후에 그는 입헌군주제를 주장하였으며 귀국 후에 사이고의 정한론에 반대하여 조선출병을 막았다. 1874년 대만 정벌에 반대하다가 실각하였다. 1875년 오사카 회담 이후에 다시 정계에 복귀하였고, 1877년 5월 26일, 43살의 나이로 예부터 갖고 있던 지병으로 사망하였다.

10  오쿠보(大久保) : 오쿠보 도시미치(大久保利通, 1830~1878). 일본의 정치인이며, 메이지 유신을 성공시킨 유신 삼걸 중 한 사람. 정한론을 주장한 사이고 다카모리 일파가 하야한 뒤는 메이지 유신 정부의 핵심 인물로서 지조(地租) 제도 개혁, 식산진흥책 등을 추진하여 부국강병의 기틀을 쌓았다.

11  문죄지사를 ~ 출병 : 1874년에 일어난 일본의 대만 침략(모란사 사건, 牡丹社事件)을 말한다. 1871년 대만에 표류한 류큐인이 대만 토착민들에 의해 살해된 것을 계기로, 1874년 일본에서 대만에 정벌군을 출병시켰다. 결과적으로 청나라 조정은 살해된 류큐 사람들에 대한 보상금과 대만 점령지에 일본군이 설치한 시설물에 대한 대가를 지불하기로 했다. 이 사건은 류큐에 대한 기존 청나라의 종주권을 부인하고, 류큐국을 일본의 속국으로 인정한 결과를 가져다주었다.

12  모리야마(森山) : 모리야마 시게루(森山茂)를 말한다.

13  데라시마(寺島) : 데라시마 무네노리(寺島宗則, 1832~1893). 일본 막부 말기부터 메이지 초기까지의 외교관이자 정치가. 1861년 제1회 막부 유럽사절단에 참가했으며, 1865년 사쓰마번의 영국사절단으로 파견되었다. 메이지유신 이후 외무대보(外務大輔) 등을 거쳐 1873년 외무경이 되어 전신 및 조폐사업, 미국과의 불평등조약 개정에 힘썼고, 1879년 사직하였다.

14  소(宗) : 소 시게마사(宗重正, 1847~1902). 소 요시요리(宗義和, 1818~1890)의 셋째 아들로 초명은 소 요시아키라(宗義達), 통칭 소 요시노조(善之允)이며 제16대 쓰시마후

대승(外務大丞)의 서한을 가지고 부산포(釜山浦) 초량관(草梁館)[15]에 도
착했는데, 그들은 또 약속을 어기고 그 서한을 받지 않았다. 조선은 우
리 조정에 결례를 범하여 신의를 잃었다. 어찌 옹졸하지 않으리오.

또 메이지 8년(1875) 9월 12일, 우리 군함 운요호(雲揚號)[16]가 나가사
키(長崎)를 떠나 조선 바다를 항해하여 전라도 제주도 근방을 지나 중
국의 우장(牛莊)에 이르고자 했을 때, 같은 달 19일 조선 경기도의 요지
인 강화도(江華島) 앞바다를 통행하면서 육지에서 3리 정도에 닻을 내
리고, 작은 배를 띄워 본함의 위치를 점검하고, 항구의 깊이를 측정했
다. 저장된 땔감과 식수도 부족했으므로 육지에 올라와 석탄의 유무를
묻고 식수를 길러다 넣어 편의를 도모하고자 했다. 제1포대 앞을 지나
제2~제3포대 앞을 통과하려는데, 별안간 우리 소형선을 향한 포격이
있었다. 어쩔 수 없이 우리 소형선도 이에 대응하여 소총을 발사했고,
잠시간 전투하고는 본함으로 물러났다.

---

추번(對馬府中藩) 번주이다. 1869년 메이지정부의 명에 따라 조선에 왕정복고를 알렸다.
1871년 폐번치현으로 번(藩)이 폐지된 후 외무대승(外務大丞)에 취임하였으며, 1872년
모리야마 시게루(森山茂)와 함께 부산에 내항하여 국교교섭을 시도하였으나 실패로 끝
났다.

**15** 초량관(草梁館) : 초량왜관(草梁倭館). 1678년부터 1876년까지 대일외교와 무역을 담
당하던 창구. 초량왜관에는 500명 이상의 일본인들이 거주하였고, 외교·무역을 위해 조
선정부가 지어준 각종 건물이 즐비하였으며, 쓰시마인들도 자체적으로 그들의 생활에 맞
도록 일본식 집을 짓기도 하였다. 또 의식주 생활에 관련된 일본 물품을 파는 가게도 운영
되었다. 1876년 2월 강화도조약으로 부산항이 개항될 때까지 존속하다가, 개항 이후 일본
인 전관거류지(日本人專管居留地)로 바뀌었다. 이곳을 통해 서구의 신문물이 들어오면서
부산항 주변지역은 전통사회의 모습이 쇠퇴하고 새로운 근대 도시의 모습으로 변모해
갔다.

**16** 운요호(雲揚號) : 1868년 조슈번에서 영국으로부터 구입한 함선으로, 일본 해군의 군
함으로도 이용되었다. 강화도 조약의 계기가 된 함선이기도 하다.

다음 날인 20일, 함장이 사람들과 모의하여 말하기를 "그 죄를 문책하지 않고 물러나야 하는가?"라고 하자, 좌중들은 모두 흥분하며 말하길, "그들은 한 치의 심문도 없이 우리 제국의 국기를 향해 불의의 포격을 가했습니다. 우리가 그 연고를 문책하지 않고 퇴함하는 것은 실로 우리 군함의 치욕이 되니, 어찌 본함을 움직여 그들의 죄를 토벌하지 않겠습니까?"라고 했다. 이리하여 함장이 명령을 내려 곧 진격하려 했지만, 강화만(江華灣)이 경성(京城)을 환류하는 한강의 하구라서 특히 물살이 급했기 때문에 곧장 들어가기에는 용이하지 않았다. 이에 먼 바다에서 석류탄(柘榴彈)[17]을 해변의 포대로 발사했으나, 그 사이에 있는 물가가 얕고 멀어 꽤나 거리가 있었기 때문에 승패를 가늠하기 어려웠다. 또 배로 공격하기에 편리하지 않아 2리 정도 동남쪽으로 내려가 영종성(永宗城)[18]을 포격하기로 모의했다.

다음 날 새벽 오가사와라(小笠原)[19] 중위와 쓰노다(角田)[20] 소위 등의 사관(士官)을 비롯해 해병과 수부 등 총 32인이 2척의 소형선을 타고 영종성 동문 아래로 곧장 나아갔다. 그리고 담장을 넘어 동문을 밀어젖히고 분전하여 마침내 그 성을 함락시켰다. 곧 함장 이노우에(井上)[21]

---

**17** 석류탄(柘榴彈) : 잘 익은 석류 열매가 터져나가 듯 탄이 분산되는 것으로부터 명칭이 붙여졌다. 수류탄(手榴彈)과 유사하다.
**18** 영종성(永宗城) : 오늘날 인천 국제공항이 있는 영종도에 있던 해안방어진지를 말한다.
**19** 오가사와라(小笠原) : 오가사와라 겐조(小笠原賢藏, ?~?). 막부 말기~메이지 시대의 해군. 쓰노다 히데마쓰(角田秀松)와 함께 공부하였고, 운요호 사건에도 함께 참여했다.
**20** 쓰노다(角田) : 쓰노다 히데마쓰(角田秀松, 1850~1905). 막부 말기~메이지 시대의 해군. 오가사와라 겐조(小笠原賢藏)와 함께 공부하여 상선을 몰게 되었다가, 1874년 일본의 대만 침략 때에 승무원으로 참여하게 되었다. 여기에서 육군중장(陸軍中將)이었던 사이고 쓰구미치(西鄕從道)와 연을 맺게 되어 해군소위(海軍少尉)로 임관된다. 이후 운요호 사건과 세이난 전쟁 등에 참여했다.

소좌(少佐)도 상륙해 성 안을 조사했는데, 큰 대포 36개와 그 밖에 창·칼·활과 화살·조총·북·나팔·서책 등이 있었다. 이것들을 모두 나누어 본함으로 운송했다. 흡족할만한 승리였으므로 운요호 갑판 위에서 주연을 열어 영종성의 병화로 인한 불꽃을 술안주로 삼았다. 때때로 승전의 목소리가 높아지기도 했다.

날이 저물고 다음 날인 22일이 되었는데도 주민들은 몸을 숨긴 채 조금도 싸울 기색이 없었다. 손 쓸 것도 없이 운요호는 23일 아침 일찍 같은 곳을 떠나 바닷길로 6일을 거쳐 같은 달 29일 나가사키에 도착해, 신속히 전신을 보내 이 사건의 과정을 도쿄(東京)에 보고했다. 이때 모리야마 이사관은 부산포에서 돌아와 이미 나가사키에 도착해 있었는데, 생각지도 못하게 위의 사건을 접하고는 다시 가스가함(春日艦)[22]을 타고 부산포에 가야 한다는 명령을 받고 10월 1일 오전 4시에 나가사키를 떠나 그곳으로 향했다고 한다.

운요호가 강화도를 포격했다는 흥보로 여론은 떠들썩했다. 혹자는 정한론을 주장하며 격분하여 주먹을 꽉 쥐고 머리털을 거꾸로 세우고는, 곧장 조선 바다를 향해 노를 두들겨, 압록강에서 말에 물을 먹이겠다는 모습을 보이기도 했다. 혹 비정한론을 주장하는 식자들은 아직 나라 안이 두루 다스려지지 않았고, 돈과 곡식에 결핍이 있을 우려를 면하지 못하였으므로, 이해를 따져보고 득실을 비교하여, 문제 삼지

---

21 이노우에(井上) : 이노우에 요시카(井上良馨, 1845~1929). 막부 말기~메이지 시대의 해군. 운요호의 함장으로서 조선 강화도의 포대를 포격했다. 이후 군무국장(軍務局長), 해군대학교 교장, 해군참모부장 등을 역임했다.

22 가스가함(春日艦) : 무선 전신이 발달하기 이전의 통보함(通報艦)의 일종으로, 1860년 영국에서 준공되었고, 1875년 운요호 사건 때에 부산으로 파견되어 있다.

말자는 방책으로 정한론자들에게 대항하기도 했다. 기도(木戶)의 경우
에는 고수해오던 비정한론을 바꾸어, 인심의 변화를 살피고 정부의 보
호에 힘써서, 이전의 정벌해서는 안 되는 이유와 오늘 날의 불문에 부
쳐서는 안 되는 이유를 논하는 상소를 올렸는데, 정부에서도 그 조치가
마땅함을 참작했다.

메이지 8년(1875) 12월 13일 육군중장(陸軍中將) 겸 참의개척장관(參
議開拓長官) 구로다 기요타카(黑田淸隆)[23]를 특명전권변리대신(特命全權
辨理大臣)으로 삼아 조선에 파견하라는 명이 있었다.

같은 달 27일 의관 이노우에 가오루(井上馨)[24]를 특명부전권변리대신
(特命副全權辨理大臣)으로 하여 조선에 파견하라는 명이 있었다.

9년(1876) 1월 6일에 변리대신(辨理大臣)과 기타 수행 관원은 시나가
와(品川) 앞바다에서 출항해, 고베(神戶)·시모노세키(下關)·쓰시마(對
馬) 여러 항구를 거쳐, 같은 달 25일 조선 부산포에 도착했다.

이어서 같은 달 29일, 참의육군경 겸 중장근위도독 야마가타 아리토
모(山縣有朋)[25] 및 회계감독 가와사키 스케나(川崎祐名)[26]·후쿠시마 유키

---

**23** 구로다 기요타카(黑田淸隆) : 1840~1900. 메이지 시대 일본의 관리. 1875년 특명전권
변리대신(特命全權辨理大臣)으로 임명되어 이노우에 가오루(井上馨)와 함께 조선에 파
견되었고, 이후 1876, 1880, 1882년에 일본에서 조선 수신사 등의 일행을 접견했다.
**24** 이노우에 가오루(井上馨) : 1836~1915. 메이지 시대의 일본 관리. 양이급진파(攘夷急
進派)로서 활동하였다. 1876년 특명전권 부변리대신(副辨理大臣)이 되어 변리대신 구로
다 기요타카(黑田淸隆)와 함께 내한. 조선정부에 운요호(雲揚號) 사건에 대한 책임을 추
궁하여 조일수호조규(강화도조약)을 체결하였다. 1884년 전권대사로 다시 내한하여 갑신
정변 당시 일본 측 피해보상을 약정한 한성조약(漢城條約)을 체결하였다. 이후 농상무대
신, 주한공사 등을 역임했다.
**25** 야마가타 아리토모(山縣有朋) : 1838~1922. 메이지 시대의 일본 관리. 메이지유신 직
후 구미 각국의 군사제도를 시찰하였으며, 육군대보 등을 거쳐 1873년 초대 육군경이 되
었다. 1876년 파견된 제1차 수신사 김기수(金綺秀) 일행이 육군성(陸軍省)을 방문하여

나카(福島行中) 등은 요코하마(横濱)에서 미쓰비시(三菱)의 우편선 겐카이마루(玄海丸)[27]를 타고 조슈(長州) 시모노세키를 출항했는데 전쟁을 준비하는 모양새였다.

같은 달 23일 이미 변리대신의 본함인 겐카이마루를 비롯해 닛신(日進)·모슌(孟春)·교류(驍龍)·호쇼(鳳翔)·다카오(高雄)·하코다테(箱館) 7척의 배가 당당히 본국의 위엄을 떨치며 부산포를 출발했다.

같은 달 25일, 모든 군함이 도리도(桃李島)[28]에 도착했다.

같은 달 29일, 대부도(大阜島)로 이동했다. 강화만에서 가깝고, 멀리 영종성이 보였기 때문에 이곳에서 저 나라의 거동을 엿보며 기미의 완급을 살폈다.

2월 4일, 모든 함선이 줄지어 강화도 옆의 항산도(項山島)[29]로 이동했다.

같은 달 10일, 구로다·이노우에 두 대신은 수행원을 인솔하고 각기

---

훈련을 시찰하였을 때 육군경을 비롯한 제관(諸官)들이 맞이하였다. 1882년 9월 12일 일본정부와 임오군란의 사후 수습을 협의하기 위한 특명 전권대신 겸 수신사로 박영효(朴泳孝)가 도쿄에 머물렀을 때 수신사 일행을 접견하였다. 이후 내무경, 내무대신, 사법대신, 육군대신 등을 역임했다.

**26** 가와사키 스케나(川崎祐名): 1833~1906. 메이지 시대의 일본 관리. 1871년 회계사(會計司)가 된 이후, 병부성에 출사했고, 이어 육군성에 출사하였다가 회계부감독(會計副監督)·회계감독(會計監督)으로 순차적으로 승진했다. 이후 육군성 회계국에서 주요 요직을 역임했다.

**27** 겐카이마루(玄海丸): 메이지 시대 일본 미쓰비시사(三菱社)의 증기선. 1876년 1월 29일 야마가타 아리토모(山縣有朋), 가와사키 스케나(川崎祐名), 후쿠시마 유키나카(福島行中) 등이 요코하마(横濱)에서 시모노세키(下關)로 향할 때 이용하였다. 1882년에는 민영익(閔泳翊) 일행이 고베(神戶)에서 귀국할 때 이용하였다고 한다.

**28** 도리도(桃李島): 현재 경기도 화성시 서신면에 위치한 무인도이다.

**29** 항산도(項山島): 현재 경기도 김포시 대곶면 약암리에 위치한 섬이다.

대례복 차림을 한 채로 해군병들의 호송을 받으며 강화부(江華府)에 상
륙했다. 오후 3시 반 무렵 부수영의 공관에 도착했다. 이때 동래(東萊)
의 훈도(訓導) 현석운(玄昔運)[30]과 차비관(差備官) 이영수(李瀛秀)[31] 두 사
람이 신속히 공관에 와서 두 대신의 도착을 축하했다. 두 대신은 수행
원 한두 명을 이끌고 해군병의 호송을 받았다. 사도통판아문(沙都通判
衙門)에 도착해 제1문으로 들어갔다. 제2문 밖에 해군병 부대의 반을
머물게 하고, 반을 이끌고 정계(正階) 아래에 도착했다. 병사들을 일렬
로 세워 머물게 하고, 두 대신은 곧 관내로 나아갔다. 이때 조선의 대신
판중추부사(判中樞府事) 신헌(申櫶)[32]이라고 하는 1품관과 부대신 도총
부부총관(都總府副總管) 윤자승(尹滋承)[33]이라고 하는 2품관 두 사람이

---

**30** 현석운(玄昔運) : 조선 말기의 역관. 1858년 22세 때 역과 식년시에 합격하였고, 왜학
(倭學)을 전공하여 훈도(訓導)를 지냈다. 1875년 운요호 사건 발생 당시 일본 측과의 교섭
을 맡았으며, 1876년 1월 일본과의 수교를 위한 강화도 회담에도 참여하였다. 1876년 4월
제1차 수신사 김기수(金綺秀)를 수행하여, 별견당상(別遣堂上)으로 일본에 다녀왔다. 귀
국 후 부산해관이 설치된 이래 관세권의 회복에 힘썼다. 1881년 2월 조선정부는 20개월
후에 인천항(仁川港)을 개항하기로 합의함에 따라 일본과 세율문제 등을 교섭하게 되었으
며, 1881년 일본 사행에도 당상역관으로 참여하였다.

**31** 이영수(李瀛秀) : 당시의 상황을 기록한 조선 측의 기록인 신헌의 『심행일기』와 작가
미상의 『을병일기』에는 2월 10일 일본의 대신들은 맞이한 인물로 '현석운'만을 기록하고
있다. 이 두 텍스트에는 '이영수'라는 성명이 등장하지 않는다.

**32** 신헌(申櫶) : 1810~1884. 조선 후기 무신 겸 외교가. 순조부터 고종에 걸쳐 중요 무반
직을 두루 역임하였다. 1874년 진무사에 임명되었을 때, 강화도의 전략적 중요성을 인식
하고 3진(鎭)에 포대를 구축하여 외적의 침입에 대비하였다. 운요호 사건 이듬해인 1876
년에는 판중추부사로 병중이었음에도 불구하고 전권대관(全權大官)에 임명되어 윤자승
(尹滋承)과 함께 일본의 전권변리대신(全權辨理大臣) 구로다 기요타카(黑田淸隆)·특명
전권 부변리대신(副辨理大臣) 이노우에 가오루(井上馨) 등과 강화부(江華府)에서 협상을
벌여 강화도조약을 체결, 조선의 개항에 중요한 임무를 수행하였다. 이때의 협상 전말을
『심행일기(沈行日記)』라는 기록으로 남겼다.

**33** 윤자승(尹滋承) : 1815~?. 조선 말기의 문신. 1859년 증광문과에 갑과로 급제, 이조참

마중 나와, 서로 명함을 교환하고 한 차례 인사를 하고 의자에 앉아 차를 마셨다. 이 날은 곧장 부수영 공관으로 돌아갔다. 조선 두 대신은 귀인의 의복인 분홍색의 단령(團領)을 입고,【흰색 도포로 가슴 앞에 붉은 띠를 가로로 댄 것이 우리나라의 옛 의관과 유사하다. 관은 갓끈 두 줄에 네 개의 날개[四翼]가 있는데 세속에서는 당관(唐冠)이라고 한다.】한 부대의 병사들에게 경호를 받으며, 음악 연주와 함께 행차하여 변리대신의 공관에 왔는데, 부수영 외문에서 주악을 멈추었다. 제1문을 지날 때는 우리 군대에서 봉총(捧銃)의 예식을 위하여 나팔을 불었다. 제2문에 이르러 교자에서 내려 좌우의 도움을 받아 계단을 올랐다. 정청(正廳)에서 우리 측 두 대신과 면회했는데, 이전 일의 답례로 왔다고 하며 서로 정중히 인사했다. 차와 과자, 연초 등을 내었고, 잠시 뒤 그대로 '그럼 안녕히'라고 말하고는 공관으로 되돌아갔다.

다음 날인 11일, 서문 안 연무당(練武堂)에서 오후 1시부터 담판이 시작되어 5시에 끝났다. 그동안 저들 대신의 향응이 있어 음악을 연주했다. 주대의 고악이라고 하는데 사실인지 모르겠다. 처음 변리대신이 강화에 도착했을 때부터 그 근방에 거주하는 주민들은 모두 노약자나 어린이 또는 부녀들이었는데, 모두 산과 계곡 사이에 숨어서는 크게 두려워하는 모습을 보였다고 한다. 영종성이 운요호의 공격을 만나 병역을 견디던 장정들이 대부분 사망했고, 남은 곳에는 고아와 과부, 늙

---

의·전라도암행어사·병조참판·성균관대사성 등 요직을 두루 역임하였다. 운요호 사건 이듬해인 1876년에는 도총부부총관을 겸하고 있다가 접견대신 신헌(申櫶)의 부관으로서 일본의 전권변리대신(全權辨理大臣) 구로다 기요타카(黑田淸隆)·특명전권 부변리대신(副辨理大臣) 이노우에 가오루(井上馨) 등과 강화부(江華府)에서 협상을 벌여 강화도조약을 체결, 조선의 개항에 실무진으로 활약하였다.

은이, 어린이뿐이었으니 실로 불쌍해 차마 볼 수 없을 정도의 형상이었다고 한다. 구로다·이노우에 두 대신은 이 기회를 틈타 저 나라 대신과 응접·담판을 시작했다.

다음 날인 12일 오전 1시부터 집사청(執事廳)이라는 관아에서 담판을 했는데, 5시 45분에 물러나왔다. 11일과 12일 모두 군대의 경호 없이 수행원 2~3인뿐이었다. 이날부터 저들의 간청으로 인해 열흘간은 담판을 유예하는 것으로 정했지만, 같은 달 13일에 또 연고가 있어 회동했고 이날은 특별한 일이 없어 오후 3시에 일찍이 귀관했다.

이날부터 열흘을 기다리는 사이 그들로부터 여러 가지 교섭이 있었다.

같은 달 20일에 이르러 그들은 마침내 우리 대신의 의견에 협력하지 않겠다고 말했다. 그러므로 이날 밤에 또 사자를 보내 저들 대신에게 회동할 것을 통지했다. 저녁 7시 반 무렵 갑작스레 집사청에서 담판이 있었고 12시간 이후 귀관했다. 이날 밤 어떤 담판이 있었는지, 다음 날인 21일 함선이 정박해 있는 항산도로 모든 화물을 운반했다.

22일 구로다·이노우에 두 대신이 부수영 공관을 떠나려는데, 저들 대신 신·윤 두 사람이 직접 공관에 찾아와 우리 두 대신에게 며칠 더 체류해줄 것을 청했다. 그러나 허락하지 않고 끝내 항산도에 정박해 있던 본함으로 돌아왔다.[34] 그렇지만 우리 대신도 아직 4일은 더 기다

---

34 구로다와 이노우에가 갑작스럽게 떠난 이유에 대해, 신헌은 『심행일기』에서 조약비준서의 형식에 관한 문제라고 적고 있다. 조선 측에서는 전통적인 교린문서의 국서식(國書式)에 따라 '爲政以德'의 문양이 새겨진 어보로 압인하려 했으나, 일본은 서구식 친필서명을 요구했다. 피휘의 풍습이 있었던 조선에서는 국왕의 성명이 새겨진 인장 또한 없었기에 이를 거부했고, 이에 일본의 두 대신은 협상중단을 선언하게 되었다. 인장에 관해서는 이 글의 말미에도 언급이 있는데, 조선의 인장에 대한 필자의 부정적인 인식이 드러난다.

려야 한다며 신중히 사려했다. 남겨놓고 온 수행원에게서 상의할 것이 있다는 말을 전해 듣고는, 저 신·윤 두 대신은 크게 당황하며 급히 남아 있던 수행원과 상의하였고, 우리 두 대신에게 청하는 바가 있었다.[35] 양국의 화교(和交)가 겨우 순조롭게 돌아갔다. 우리 두 대신도 다시 부수영 공관에 도착했다. 담판 시작부터 불과 17일 사이에 우리 두 대신은 탁월한 재주와 식견으로 완급의 기회를 잃지 않고 위임받은 전권변리대신의 일에 있는 힘을 다했다.

같은 달 27일 오전 9시 35분 연무당에서 평화 교섭 담판을 시작하여 12조의 맹약이 체결되었으니, 곧 아래에 나열한다.

## 조일수호조규(朝日修好條規)

대일본국(大日本國)과 대조선국(大朝鮮國)은 우의를 두터이 하여온 지가 여러 해 되었다. 지금 두 나라의 우의가 미흡한 것을 고려하여, 다시 옛 우호를 닦아 친목을 공고하고자 한다. 이에 따라, 일본국 정부는 특명전권변리대신에 육군중장 겸 참의개척장관 구로다 기요타카를, 특명부전권변리대신에 의관 이노우에 가오루를 선발해 조선국 강화부에 이르게 했다. 조선국 정부는 판중추부사 신헌과 도총부 부총관 윤자승을 선발했다. 각각이 받든 유지(諭旨)에 준하여 토의 결정한 조항을

---

35 22일 오전 9시 30분, 야스다 사다노리(安田定則)가 신헌을 찾아와 구로다와 이노우에의 고별을 전했다. 경악한 신헌은 부관 윤자승과 함께 급히 구로다를 찾아가 승선을 만류했다. 그리고 미야모토의 각서안에 적힌 것처럼 조선정부로부터 조약안에 대한 최종 결답과 조회가 도착하기까지 5일만 더 기다려 줄 것을 청했다. (김종학(2017), 「1876년 조일수호조규 체결과정의 재구성」, 『한국정치학회보』 51집 5호, 한국정치학회, p.202)

아래에 열거한다.

제1관. 조선국은 자주 국가로서 일본과 평등한 권리를 보유한다. 이후 양국이 화친을 표하려 할 때는 피차 동등한 예의로써 서로 대우하며 조금이라도 권한을 침범하거나 의심해서는 안 된다. 우선 종전에 친분을 가로막는 우환이 되었던 여러 규정을 일체 혁파하는 데 힘쓰고, 관유홍통(寬裕弘通)한 법[36]을 널리 펴서 서로의 영원한 안녕을 기약한다.

제2관. 일본국 정부는 지금부터 15개월 뒤부터 수시로 사신을 조선국 경성에 파견하여 예조판서와 직접 만나 양국의 교제에 관한 사무를 상의하며, 해당 사신의 체류 기간은 모두 그때의 사정에 맡긴다. 조선 정부는 언제든 사신을 일본국 도쿄에 파견하여 외무경과 직접 만나 양국 교제에 관한 사무를 상의하며, 해당 사신의 체류 기간 또한 그때의 사정에 맡긴다.

제3관. 이후 양국의 왕복문서에 있어서 일본은 일본의 국문을 사용하되 10년간은 한문 번역을 첨부하고 조선은 진문을 사용한다.

제4관. 조선국 부산 초량정(草梁頂)에는 일본 공관이 있어 오랫동안 양국 인민의 통상지가 되어왔다. 이제부터 종전의 관례와 세견선 등의 일을 혁파하고, 이번에 새로 만든 조약을 표준으로 하여 무역에 관한 사무를 처리하도록 한다. 또한 조선국 정부는 제5조에 기재된 2개 항구를 열어 일본국 인민의 통상을 위한 왕래를 승인한다. 아래의 장소에

---

**36** 관유홍통(寬裕弘通)한 법 : 관대하고 널리 통용되는 법이라고 풀이할 수 있다. 이 속에는 오늘날의 이른바 '자유무역'의 의미가 담겨있다. (김종학 옮김(2014), 『국역 을병일기』, 국립중앙도서관, p.106)

서 대지를 임차하고 가옥을 짓거나 또 이곳에 거주하는 조선인의 가옥을 임차하는 것은 각기 그 편의에 맡긴다.

제5관. 경기·충청·전라·경상·함경 5도의 연해 중 통상에 편리한 항구 두 곳을 결정한 뒤, 이름을 정한다. 개항 기간은 일본력으로는 메이지(明治) 9년(1876) 2월, 조선력으로는 병자년 정월부터로 하여 20개월에 응하는 기간으로 한다.

제6관. 이후 일본국 선박이 조선국 연해에서 혹 큰 바람을 만나거나 땔감과 식량이 떨어져 지정된 항구에 이르기가 불가능할 때는 연안의 어떠한 항구에든 기항하여 풍랑의 위험을 피하고, 필요한 물품을 매입하며, 선구(船具)를 수선하고, 땔감 등을 구입할 수 있도록 한다. 물론 그 지방에서 공급한 비용은 선주가 배상해야 되지만, 이러한 일 등에 있어서 지방의 관민은 그 곤란함을 살피고 진심으로 불쌍히 여겨 물품을 내어주어 도움이 이르지 않는 곳이 없게 하고, 보급에 감히 인색함이 없어야 한다. 만약 양국의 선박이 해양에서 파괴되어 선원이 표착했을 때는, 어느 곳이든 그 지방 인민이 즉시 구조를 시행하고 생명을 보전시켜 지방관에게 보고하며, 해당 지방관은 각각을 그들의 본국으로 호송하거나 그 근방에 주재하는 본국 관원에게 인도해야 한다.

제7관. 조선국 연해의 도서(島嶼) 및 암초는 종전에 조사를 거치지 않았으므로 매우 위험하기 때문에, 일본국 항해자가 자유롭게 해안을 측량하도록 허용하고, 그 위치와 깊고 얕음을 살펴 도지(圖誌)를 제작하여 양국 선객이 위험을 피하고 안전하게 항해하도록 한다.

제8관. 이후 일본국 정부는 시의에 따라 조선국의 각 지정 항구에 일본 상민(商民)을 관리하는 관원을 둘 수 있다. 만약 양국에 교섭하는 일이 있을 때는 해당 관원이 소재 지방의 관원과 만나 상의하여 처리한다.

제9관. 양국은 이미 통호하였으니 피차의 인민은 각자 임의에 따라 무역해야 한다. 양국의 관리는 조금도 이에 관여하지 않는다. 또한 무역에 제한을 두거나 금지할 수 없다. 만약 양국의 상민이 속여 팔거나 임차한 것을 상환하지 아니할 시에는 양국 관리가 그 체납한 상민을 심문하여 부채를 변제하게 한다. 단, 양국 정부가 대신 보상하지 않는다.

제10관. 일본 사람들이 조선의 지정 항구에서 체류하는 도중에 죄를 저지른다면 조선 사람들과 관계된 사건은 모두 일본 관원에게 돌려보내어 조사하고 처리하게 해야 한다. 만약 조선 사람이 죄를 저지른다면 일본 사람과 관계된 사건은 똑같이 조선 관원에게 돌려보내 조사하고 처리하게 해야 한다. 양쪽 모두 각기 본국의 법률에 근거하여 재판하며, 조금이라도 편파적이거나 비호하지 않도록 힘써서 공평하고 정당한 재판을 보여야 한다.

제11관. 양국은 이미 통호하였으므로 별도로 통상장정을 만들어 양국 상인에게 편의를 제공한다. 또한 현재 의논하여 정립한 각각의 조항 중 다시 세목을 보완하여 따르기 편하게 해야 하는 조항은, 지금부터 6개월 이내에 양국이 별도로 위원을 파견하여 조선국 경성 또는 강화부에서 회동하여 상의하여 정하게 한다.

제12관. 위에서 의정된 11조의 조약은 오늘부터 양국이 성실히 준수하고 좇아 시행하기 시작한다. 양국 정부는 이를 변경할 수 없으므로 영원히 효력을 가지며, 양국의 화친을 돈독히 한다. 이를 위해 조약서 2통을 작성하여 양국이 위임한 대신이 각각 날인하고 상호 교부하여 신의를 명확히 한다.

대일본국 기원 2536년 메이지 9년 2월 26일

대일본국 특명전권변리대신 육군중장 겸 찬의개척장관 구로다 기요타카 (인)

대일본국 특명부전권변리대신 의관 이노우에 가오루 (인)

대조선국 개국 485년 병자 2월 초2일

대조선국 대관 판중추부사 신헌 (인)

대조선국 부관 도총부부총관 윤자승 (인)

위 조약을 맺고 서로 날인하여 교환했다. 이날은 우리 두 대신을 비롯해 이들을 수행한 주임관들 모두 대례복을 입었다. 자리에 임하고 있던 호위병도 예복을 입고 수행했다. 저 나라 악대가 연무당 앞에서 좌우로 정렬해 음악을 연주했다. 향응 음식은 12일 첫 담판 모임 때와 같이, 차·구와스리(くわすり)[37]·생밤·곶감·갖은 색의 떡·약과·삶은 계란·닭·남만의 메밀국수 등이었다. 우리 두 대신은 이러한 예식의 연향을 받고는 곧 연무당을 떠나, 11시 반 경 진해문(鎭海門)이라고 하는 곳에서 각선(脚船)에 올랐다. 작은 증기선에 이끌려 항산도에 정박한 본함 겐부마루로 돌아갔다.

28일, 성공적으로 저 나라를 빠져나와, 3월 1일 오후 3시에 조슈(長州)의 시모노세키에 도착하자마자 전선으로 도쿄에 보고했다.

다음 날인 2일, 같은 곳에서 발선하여 분고(豊後) 사가노세키(佐賀關)에서 도슈(土州) 바다를 돌아, 엔슈(遠州) 바다를 항해할 때는 순풍이

---

37 구와스리(くわすり) : 조선에서 전래되었으며 약과와 유사하다고 전해지는 화과자의 일종이다.

불어 온데다가 수부(水夫)와 화부(火夫)가 충분히 일해 화력을 키웠으므로 의외로 빨리 4일 새벽에 소슈(相州)의 미우라노미사키(三浦岬)에 도착했다. 같은 날 오전 10시 8분에 시나가와(品川) 바다에 도착하여 곧 상륙했다.

같은 달 5일 오전 9시 경 신바시(新橋) 기차역에서 출영식이 있어서 부(府) 내에 일반 욱일기(旭日旗)를 게양해 축하했다. 태정대신(太政大臣) 및 식부두(式部頭) 외의 관원이 마중 나왔다. 의장병으로서 보병 1대대와 기병 1소대를 정렬하여 대기했다. 정·부 변리대신과 함께 주임관 5인 등의 인사들이 다시 신바시역에 와서 출영 예식을 받았다. 태정대신과 정·부 변리대신 3인은 황실의 마차로 정원(正院)[38]에 들어갔다. 기병이 엄중하게 호송하였고 어문(御門)에서는 마차에 탄 채로 들어가 정원(正院) 앞의 뜰에서 내렸다. 주상[39]은 정청(正廳)의 계단 위에서 대신(大臣)·참의(參議)·궁내경(宮內卿)·시종(侍從)·태사(大史)·식부두(式部頭)를 이끌고 변리대신을 맞이하셨다. (3인은 주상이) 부르자 내각에 들어가 대면하고 칙어를 하사받았다. 그 칙어에 이르기를, "짐이 너희 기요타카·가오루 등을 조선국에 파견하였으니, 너희들이 맡은 바 중임(重任)에 부지런히 힘써 능히 그 사명을 완수하고, 새로운 조약을 교환하여 양국의 우호를 도모하였기에 짐은 심히 기쁘다."라고 하였다. 다시 나가서 변리대신을 불렀다. (주상은) 대신과 참의, 내무성·외무성·대장성·육군성의 장관을 나란히 서게 하고 복명하는 것을 들으셨다. 의식이 끝나고 변리대신에게 축주를 하사하셨다.

---

**38** 정원(正院) : 1871년 폐번치현(廢藩置縣) 이후 공표된 태정관 직제 중 최고 기관이다.
**39** 주상 : 메이지 천황(明治天皇)을 말한다.

　　동년 5월 22일 조선에서 수신사(修信使)로서 예조참의 김기수(金綺
秀)【정3품】[40], 별견당상(別遣堂上)으로서 가선대부(嘉善大夫) 현석운(玄昔
運)【상상관】, 상판사(上判事)로서 전 참봉(參奉) 현제순(玄濟舜)【상관】[41]과
부사과(副司果) 고영희(高永喜)【상관】[42], 별견당상으로서 가의대부(嘉義
太夫) 이용숙(李容肅)【상상관】[43], 서사관(書寫官)으로서 부사과 박영선(朴
永善)【상관】[44], 화원(畵員)으로서 사과(司果) 김용원(金鏞元)【상관】[45], 군관

---

**40** 김기수(金綺秀) : 1832~?. 조선 말기의 문신. 1875년 9월 운요호 사건 발생 후 1876년
2월 조일수호조규가 체결됨에 따라 일본은 조선에게 수교 교섭에 대한 회사(回謝) 사절단
을 보내도록 요구하였고, 김기수가 제1차 수신사로 파견되었다. 5월 22일부터 6월 27일까
지 일본에 체류하였으며, 부산을 출발해 시모노세키(下關)·고베(神戸)·요코하마(橫濱)
·도쿄(東京)를 방문해, 육군성, 해군성 등을 견문하였고, 공부경(工部卿) 이토 히로부미
(伊藤博文), 육군경(陸軍卿) 야마가타 아리토모(山縣有朋), 외무대승(外務大丞) 미야모
토 오카즈(宮本小一) 등 여러 주요 인사들과 만나 대화를 나누었다. 일본에 체류한 동안
견문한 것을 『일동기유(日東記游)』 및 『수신사일기(修信使日記)』로 남겼다.

**41** 현제순(玄濟舜) : 1849~?. 조선 말기의 역관. 1873년 25세 때 계유(癸酉) 식년시(式年
試) 역과에 합격하였고, 왜학(倭學)을 전공했다. 1876년 강화도조약 체결 후 일본에 파견
된 제1차 수신사의 일행으로 일본의 문물제도를 견문하고 돌아와서 일본의 발전 모습을
알렸다. 수신사로 파견되었을 때 통역관으로서 수신사 김기수(金綺秀) 등을 도와 사무를
맡은 장무관(掌務官)의 임무를 수행하였다.

**42** 고영희(高永喜) : 1849~?. 조선 말기의 대신. 친일파 정객으로 알려져 있다. 1876년
강화도조약 체결 후 일본에 파견된 제1차 수신사의 일행으로 일본의 문물제도를 견문하고
돌아와서 일본의 발전 모습을 알렸다. 수신사로 파견되었을 때 통역관으로서 건량관(乾糧
官)의 임무를 수행하였다. 1881년 일본에 파견된 조사시찰단(朝士視察團)의 일원이던 홍
영식(洪英植)의 수행원으로 일본에 다녀왔다. 1881년 8월 정사 조병호(趙秉鎬)가 일본을
방문하였을 때에 당상역관(堂上譯官)으로 수행하였다.

**43** 이용숙(李容肅) : 1818~?. 조선 말기의 정치가. 1866년 제너럴 셔먼호(General Sher-
man)가 정박하였을 때, 역관 정대식(丁大植)을 수행하여 입국사유에 대해서 물었다.
1876년 제1차 수신사 김기수(金綺秀)의 수행원으로 일본에 다녀왔다. 1879년 헌서재자관
(憲書賫咨官)으로 청나라에 파견되어 군사에 관련된 일에 대한 자문과 지원을 구하였다.
1880년 제2차 수신사 김홍집(金弘集)의 수행원으로 일본에 다녀왔고, 주일청국공사(駐日
淸國公使) 하여장(何如璋)과 통상, 외교 문제 등에 관해서 대화를 나누었다. 1881년 재자
관(賫咨官)으로 청나라에 다녀왔으며, 통상문제에 대해서 자문과 지원을 구하였다.

(軍官)으로서 전 낭청(郎廳) 김문식(金汶植)【상관】<sup>46</sup>과 전 판관(判官) 오현기(吳顯耆)【상관】<sup>47</sup>, 반당(伴倘)으로서 부사과 안광묵(安光默)【상관】<sup>48</sup>과 전 낭청 김상필(金相弼)【상관】<sup>49</sup>, 서기(書記) 2인(상관) 및 기타 중관 44명, 하관 18명 총 75명이 일본으로부터 대여한 증기선<sup>50</sup>을 타고 부산포

---

**44** 박영선(朴永善) : 조선 후기에 종두법(種痘法)을 도입한 인물. 1876년 수신사 김기수(金綺秀)의 서기(書記) 부사과(副司果)가 되어 일본으로 건너가서 도쿄의 준텐도(順天堂) 의원의 의사 오다키 도미조(大瀧富三)에게 종두법을 배우고, 구가 가쓰아키(久我克明)의 『종두귀감(種痘龜鑑)』을 가지고 돌아왔다. 이를 그의 제자인 지석영(池錫永)에게 전해줌으로써 한국 종두법 발전에 영향을 미쳤다. 1883년 강위(姜瑋)와 함께 박문국(博文局)을 세우고, 일본인 이노우에 가쿠고로(井上角五郎)를 고문으로 위임하여 한성순보(漢城旬報)를 간행하고 주필로 활약하였다.

**45** 김용원(金鏞元) : 1842∼1896. 조선 말기의 화원 화가. 1876년 제1차 수신사 김기수(金綺秀)의 수행원이자 화원(畫員)으로 일본에 다녀왔다. 김용원은 일본에 머물렀을 때 화원으로 활동하는 한편 기계·총포·아연 등의 구입을 담당하였다. 1881년 4월 조사시찰단(朝士視察團)의 일원으로 기선(汽船)의 운항을 시찰하였으며, 귀국 후 하나부사 요시모토(花房義質)의 권유로 부산에서 사진기술을 배웠다. 1882년에도 김옥균과 동행하여 일본에서 사진기술을 배웠다. 이후 1903년 천연당사진관(天然堂寫眞館)의 사진가가 되었다

**46** 김문식(金汶植) : ?∼?. 조선 말기의 문신. 1876년 제1차 수신사 김기수(金綺秀)가 파견되었을 때, 군관(軍官)으로 수행하였다. 수신사가 처음으로 외무성을 찾아가 외무경(外務卿) 데라시마 무네노리(寺島宗則) 등을 만났을 때, 김기수·이용숙(李容肅)·오현기(吳顯耆)와 함께 인사를 나누고 회사(回謝) 사절단으로 왔다는 의사를 전하는 자리에 참석하였다.

**47** 오현기(吳顯耆) : ?∼?. 조선 말기의 관리. 1876년 제1차 수신사 김기수(金綺秀)의 수행원으로 일본에 다녀왔다. 수신사가 처음 외무성을 찾아가 외무경(外務卿) 데라시마 무네노리(寺島宗則) 등을 만났을 때, 김기수·이용숙(李容肅)·김문식(金汶植)과 함께 인사를 나누어 회사(回謝) 사절단으로 왔다는 의사를 전하는 자리에 참석하였다.

**48** 안광묵(安光默) : ?∼?. 조선 말기의 관리. 1876년 반당(伴倘)이 되어 제1차 수신사 김기수(金綺秀)의 수행원으로 일본에 다녀왔다. 출항하기 직전 4월 27일 부산(釜山)에서 해신제(海神祭)를 지낼 때 제문을 짓고 초헌(初獻)도 하였다.

**49** 김상필(金相弼) : ?∼?. 조선 말기의 관리. 낭청(郎廳)을 지냈다. 1874년 오규선(吳奎善)·이조경(李祖庚) 등 수많은 경기도 유생들과 함께 화양서원(華陽書院)을 다시 설립해 줄 것을 청하는 상소를 올렸다. 1876년 반당(伴倘)이 되어 제1차 수신사 김기수(金綺秀)의 수행원으로 일본에 다녀왔다.

에서 발선했다.

시모노세키와 고베(神戶)의 여러 항구를 거쳐 29일 요코하마(橫濱)에
도착했다. 이후 기차로 입경하여 니시키마치(錦町)의 여관에 투숙했다.
아마도 증기선을 빌린 것은 전적으로 저 나라의 항해술이 졸렬해서 단
단한 함선이 없었기 때문일 것이다. 입경식(入京式)은 종전의 내빙과
비교하면 매우 간략했다.

정사 김기수는 메이지(明治) 9년(1876) 5월 29일 조선 사절로 입경하
여, 같은 해 6월 1일 궁내성(宮內省)을 방문했다. 그 후 해군과 육군의
조련 및 각 성에 설치된 서양 기계 등을 모두 역람하고, 같은 달 18일
도쿄를 떠나 조선에 다다랐다. 그 행렬과 의식을 상세히 기록하고, 또
일본에 헌상한 물품의 대략을 아래에 열거한다.

호피(虎皮), 표피(豹皮), 백면주(白綿紬), 백저포(白苧布), 색단선(色團
扇), 백면포(白綿布), 참빗[眞梳], 색접선(色摺扇), 붓[筆], 진묵(眞墨),
운한단(雲漢緞), 황촉(黃燭), 청서피(靑黍皮), 채화석(采花席), 경광지
(鏡光紙), 황밀(黃蜜).

김기수는 흑색 관에 담청색 도포를 입고 소교(小轎)를 탔다. 물색 차
양을 걸어놓았는데, 앞에는 영기(슈旗)【남색 목면에 붉은 글씨로 '슈' 자를
세로로 썼다】가 달린 검붉은 색의 6척 길이 되는 봉 및 삼지창을 지닌

---

**50** 일본으로부터 … 증기선 : 고류마루(黃龍丸)를 말한다. 고류마루는 1875년 이와사키
야타로(巖崎彌太郎)가 주주(株主)였던 해운회사(海運會社) 미쓰비시상회(三菱商會)가 관
리한 811톤의 기선이다. 1876년 4월 29일 제1차 수신사가 부산에서 시모노세키(下關)로
향할 때 탑승하였다.

자가 있었다. 또 나각·나팔·태평소·필률(篳篥)·세악(細樂)·동고(銅鼓)
·장고(長鼓)·태고(太鼓) 등의 악기를 연주하며 행진했다. 뒤에는 상관
등이 인력거를 타고 있었고, 좌우에는 보행하는 하관과 수종들이 따랐
다. 수신사가 신바시(新橋) 기차역에 도착하여 행렬에 맞추어 음악을
연주하며 입경하자, 서양인 등은 목소리를 높여 그 행렬 의식이 시세에
우원함을 비웃었다. 아아, 자국의 구례(舊例)를 고수하며 세계의 형세
를 통시하지 못할 때에는, 한갓 그 개화되지 못한 완고함과 비루함을
나타낼 뿐이구나! 조선에서 전대하는 직임을 맡아 일본에 내빙한 이
수신사 김기수가 견문한 바, 알맞은 때를 변해(辨解)하고, 국정을 개혁
하고, 과거의 잘못을 깨닫지 못한다면, 이후 독립국 체재를 온전히 갖
추지 못할 것은 필연이다. 우려하지 않을 수 있겠는가?

  예전에 조선 수교 사절이 우리나라에 내빙했을 때는 옛 쓰시마번(對
馬藩)의 지사(知事)가 알선해서 두 나라 사이에서 힘썼다. 분록쿠(文祿)
원년 임진년(1592) 전쟁의 단서를 열기 이전, 태합 히데요시(太閤秀吉)[51]
가 널리 일본 전토를 통일했다. 한편으로 다른 나라의 땅을 병합하려는
큰 뜻을 밝혔고, 곧 소 요시토시(宗義智)[52]에게 명하여 조선 사절의 내빙

---

51 태합 히데요시(太閤秀吉) : 도요토미 히데요시(豊臣秀吉, 1536~1598). 아즈치모모야
  마시대(安土桃山時代)의 무장·정치가. 1585년 관백(關白)에 임명된 이래 다조다이진(太
  政大臣)이 되었으며 천황으로부터 도요토미(豊臣)라는 성을 하사받아 도요토미 히데요시
  로 불리게 되었다. 16세기 오다 노부나가(織田信長)가 시작한 일본통일의 대업을 완수했
  고, 해외침략의 야심을 품고 조선을 침략하였다. 1592년 명나라로 가는 길을 내달라는
  구실로 임진왜란을 일으켰으며, 1596년 재차 조선을 침략하여 정유재란을 일으켰으나 뜻
  을 이루지는 못하였다. 1598년 전쟁과 후계자 문제 등 혼란 속에서 병사할 때까지 최고위
  직인 태합(太閤)을 지냈다. 히데요시의 전국통일 정책은 도쿠가와 이에야스(德川家康)에
  게 그대로 계승되어 도쿠가와막부시대의 기초가 되었다.

52 소 요시토시(宗義智) : 1568~1615. 쓰시마번의 초대 번주(藩主). 도요토미 히데요시

을 강력히 요청하게 했다. 인하여 소 요시토시는 가신 다치바나노 야스히로(橘康廣)[53]를 파견해 조선에 내빙을 구했다. 조선은 수로에 어둡다는 것을 이유로 거절하며 신사 파견을 허락하지 않았다. 그러나 태합의 명령이 엄하고 급했기 때문에 어쩔 수 없이 소 요시토시는 직접 소 장로(蘇長老, 승려)[54] 및 가신 야나가와 시게노부(柳川調信)[55]를 따라 조선

---

(豊臣秀吉)로부터 대륙 침략을 목표로 조선과 교섭하라는 지시를 받았으나, 조선 교역이 생명줄인 쓰시마번의 입장에서 조선과 전쟁을 벌일 수는 없었으므로, 외교승 게이테쓰 겐소(景轍玄蘇), 가로(家老)인 야나가와 시게노부(柳川調信), 도요토미 히데요시의 가신인 고니시 유키나가(小西行長) 등과 가능한 한 전쟁을 회피해 보려는 방침을 정했다. 임진왜란과 정유재란 및 이후의 조일 외교에 있어서 많은 역할을 했다. 1609년에 기유약조(己酉約條)가 체결되면서 조일무역이 재개되었고, 쓰시마번의 세견선(歲遣船) 파견과 개시(開市)의 부활 등을 조선으로부터 허락받기도 한다. 조선정부는 조일교류의 공적을 인정하여 사후 도서(圖書, 銅印)를 하사하였고, 특별히 사선(使船, 만송원 송사선) 파견을 허가하였다.

**53** 다치바나노 야스히로(橘康廣) : ?~?. 선조(宣祖)에게 통신사 파견을 요구하는 도요토미 히데요시(豊臣秀吉)의 국서를 휴대하고 조선에 파견되었던 일본국왕사(日本國王使). 일본명은 아부라타니가 야스히로(油谷康廣)로, '橘康廣'은 조선식 호칭이다. 소씨(宗氏)의 가신(家臣)이며, 1587년 9월 1일 도요토미 히데요시의 명에 따라 조선국왕 선조에게 통신사 파견을 요구하는 국서(國書)를 휴대하고 일본국왕사(日本國王使) 자격으로 도해하였다. 한양에서 환영을 받은 후 숙소에서 조선의 기강이 이미 허물어졌으니 곧 망할 것이라고 평했다.

**54** 소 장로(蘇長老) : 게이테쓰 겐소(景轍玄蘇, 1537~1611). 아즈치 모모야마 시대(安土桃山時代)부터 에도시대 초기의 임제종(臨濟宗) 중봉파(中峯派) 승려. 1580년 쓰시마도주 소 요시시게(宗義調)의 초빙을 받고 쓰시마로 건너가 일본국왕사(日本國王使)로서 조선외교를 담당했다. 1589년 도요토미 히데요시(豊臣秀吉)의 명을 받아 야나가와 시게노부(柳川調信)와 소 요시토모(宗義智)와 함께 조선에 와서 명을 치기 위해 길을 빌려달라는 요청을 하였다. 도쿠가와 막부가 수립된 후, 조선과의 수교를 회복하고자 하였는데, 1604년 조선 조정에서 손문욱(孫文彧) 승장(僧將) 유정(惟政)을 파견하여 조선인 포로 3,500명을 쇄환할 적에 겐소가 조선수문직(朝鮮修文職)에 있었다. 1607년 기유약조(己酉約條) 체결에 공로가 있어 조선 조정으로부터 센스도서(仙巢圖書)를 받았다.

**55** 야나가와 시게노부(柳川調信) : ?~1605. 조선 중기의 쓰시마인. 1579년 조선에 온 일본국왕사(日本國王使) 중에 사무역 관할관(私貿易管轄官)이었다. 쓰시마 소케(宗家)의 중신

에 도항하여 왕성에 들어가 통신의 사절을 요청했다. 오래도록 왕경(王京)의 동평관(東平館)에 우거하며 해를 넘기기에 이르렀다. 동평관은 종전의 일본 사신들을 접대하던 곳이었다. 이 무렵 조선에서 간신히 신사의 파견을 윤허하였고, 소 요시토시는 이에 사신을 접반하였다. (사신은) 일본 교토(京都)에 들어와 태합을 배알했다. 아아, 신사의 내빙이 쉽지 않았구나. 소 요시토시가 두 나라 사이에서 분주하게 주선했던 일을 보면, 태정(太政)의 유신 이후 수년간 통교가 정체되어 외무성의 관원 모리야마 시게루가 두 나라 사이에서 얼마나 힘겹게 수고했을지 실로 상상할 만하다.

임진병란 후 도쿠가와 이에야스(德川家康)[56]가 쇼군이 된 시대에 이르러 두 나라 사이가 평화로웠다. 조선 또한 신사 파견을 거절하지 않았다. (신사는) 혹은 화호를 닦았고 혹은 왕위 계승을 경하하거나 세자의 탄생을 축하했다. 이러한 일은 그 일부분으로 모두 선린우호의 예에 관계되지 않은 것이 없었다. 종전의 사절 인원은 때에 따라 다소간의 증감이 있었지만 대략 4~500명이 되었다. 배는 약 6척 정도로, 3척에

---

이 되어, 도요토미(豊臣), 도쿠가와(德川) 정권 아래에서 신임을 얻었다. 1600년 2월 소요시토시(宗義智), 고니시 유키나가(小西行長), 데라사와 마사나리(寺澤正成)와 함께 예조(禮曹)에 서계와 임진왜란 때 연행한 조선인 포로를 보내면서, 사신 파견을 요청하였다.
**56** 도쿠가와 이에야스(德川家康) : 1543~1616. 에도막부 초대 쇼군. 재위 1603~1605. 1561년 오다 노부나가(織田信長)와 동맹을 맺었으며, 1582년 혼노지의 변(本能寺の變) 이후 도요토미 히데요시(豊臣秀吉)와 화친하고 그의 천하통일에 협력하였으나, 조선 침략에는 참여하지 않았다. 1598년 히데요시의 사후(死後) 세키가하라 전투에서 승리하고 천하의 패권을 차지하게 되었다. 1603년 왕실로부터 정이대장군(征夷大將軍) 칭호를 부여받고 막부를 개설하여 초대 쇼군이 되었다. 1607년 회답겸쇄환사(回答兼刷還使)가 일본을 방문하였을 때, 도쿠가와 이에야스는 자신의 전용 어좌선(御座船) 5척을 조선사신에게 내주어 세이켄지(淸見寺) 앞 스루가만(駿河灣)을 관광하도록 하는 등 조선사신을 극진히 대접하였다.

는 정사·부사·종사관 삼사(三使)가 타고, 나머지 3척은 화물선이었다. 저 나라에서는 이것을 복선(卜船)이라고 한다. 정사의 배는 길이가 12길 반이고, 선체의 넓이는 5길 5척이며, 깊이는 1장이었다. 부사의 배는 길이가 12길 반이고, 선체의 넓이는 5길, 깊이는 1장이었다. 종사관의 배는 길이가 10길, 선체의 넓이는5길, 깊이는 1장이었다. 화물선은 이에 준하지 않았다. 덴와(天和) 2년(1682) 임술년에 통신사로써 증험해 본 것이며, 그 밖의 전후 사선(使船)의 길이와 규모 등도 이와 크게 다르지 않았다.

상고시대 조선의 내빙은 스진 천황(崇神天皇)[57] 65년 임나(任那)[58]의 입공을 시작으로 하여, 진구 황후(神功皇后)[59] 친정 이후 진구 황후 섭정 때에 백제와 신라가 입공하게 되었다. 또 요메이 천황(用明天皇)[60]·스슌 천황(崇峻天皇)[61]·스이코 천황(推古天皇)[62]의 세 조정에서 약 400년간 늘

---

**57** 스진 천황(崇神天皇) : 기원전 148~기원전 29. 일본의 10대 천황이자, 실존했을 가능성이 높은 일본 최초의 천황. 『일본서기』 스진 천황 65년 조에 '임나일본부(任那日本府)'라는 표현이 나오므로 일본인들에 의해 임나에 일본의 통치기관이 있었던 것처럼 역사를 왜곡하게 되었다.

**58** 임나(任那) : 금관가야의 이칭 또는 가야연맹체의 총칭. 임나라는 말이 가장 먼저 보이는 우리나라의 자료는 「광개토왕릉비(廣開土王陵碑)」이다. 광개토왕릉비에 기재된 '임나가라(任那加羅)'는 내용으로 보아 금관가야를 가리킨 것으로 생각된다. 그러나 고령을 중심으로 한 대가야를 가리킨 것으로 보기도 한다.

**59** 진구 황후(神功皇后) : 170?~269?. 주아이 천황(仲哀天皇)의 부인으로 일본의 삼한정벌설의 중심인물. 『일본서기』에 그녀가 임신한 채로 한반도에 출병하여 신라를 정벌하고, 이어 백제와 고구려도 복속시킨 뒤 돌아가 오진 천황(應神天皇)을 낳았다고 기록되어 있으나, 이야기 속 연대와 실제 신라의 연표를 비교했을 때 이 설이 왜곡된 것임을 알 수 있다.

**60** 요메이 천황(用明天皇) : ?~587. 일본의 31대 천황. 불교에 귀의하여 불교를 공인하였다.

**61** 스슌 천황(崇峻天皇) : 553~592. 일본의 32대 천황. 31대 요메이 천황(用明天皇)과는 배다른 형제이다. 588년 백제로부터 혜총을 비롯하여 사공, 노반박사(불탑의 상륜부를

끊임없이 통교한 일 등이 있었는데 제쳐두고 기록하지 않는다. 덴쇼(天正)[63], 분로쿠(文祿)[64] 연간에 조선 신사가 내빙한 일만을 추가 기록하는 것은 오늘날의 형세에 끌어다 활용하기에 실익이 적기 때문에, 덴쇼 18년(1590)부터 메이지 9년(1876) 5월에 이르기까지 약 19회 조선 신사가 일본에 내빙한 일에 대해서 연도와 전말을 들어 아래에 초록하여 후일의 참고가 되도록 대비한다.

## ○ 덴쇼 18년(1590) 경인. 조선 신사가 내빙하다

조선국왕 이연(李昖)[65]이 정사 황윤길(黃允吉)[66], 부사 김성일(金誠一)[67],

---

주조하던 기술자), 와박사(기와 전문 기술자), 화공 등이 일본에 파견되었다.

**62** 스이코 천황(推古天皇) : 554~628. 일본의 33대 천황이자 최초의 여성 천황. 607년 중국 수나라와 통교하여 5세기 말 이래 단절되어 있던 중국과의 외교관계를 재개하는 등 요메이·스슌·스이코 천황의 시대는 일본의 다국통교 시대였다.

**63** 덴쇼(天正) : 1573년 7월 28일~1592년 12월 8일의 일본 연호. 오오기마치 천황(正親町天皇)·고요제이 천황(後陽成天皇) 때의 연호이다.

**64** 분로쿠(文祿) : 1592년 12월 8일~1596년 10월 27일의 일본 연호. 고요제이 천황(後陽成天皇) 때의 연호이다.

**65** 이연(李昖) : 선조(宣祖, 1552~1608)의 본명이다.

**66** 황윤길(黃允吉) : 1536~?. 조선 중기의 문신. 1590년 통신정사(通信正使)로 선임되어 도요토미 히데요시(豊臣秀吉)을 만났다. 이듬해 그는 일본의 내침이 있을 것이며, 도요토미 히데요시는 담력과 지략이 있는 사람이라고 보고하였다. 그러나 김성일이 엇갈린 주장을 하여 일본의 침략에 대한 방비책에 통일을 가져오지 못하였다. 일본에서 돌아올 때 쓰시마에서 조총(鳥銃) 두 자루를 얻어가지고 돌아와 바쳤지만, 조정에서 그것을 실용화할 계획을 세우기도 전에 임진왜란이 일어났다. 벼슬은 병조판서에 이르렀다.

**67** 김성일(金誠一) : 1538~1593. 조선 중기의 문신·학자. 1590년 통신부사(通信副使)가 되어 오사카로 가 도요토미 히데요시(豊臣秀吉)를 만났다. 1591년 봄에 돌아와 국정을 보고할 때 도요토미 히데요시의 인물됨이 보잘것없고 외침의 기색을 보지 못했다고 주장

서장관 허성(許筬)[68]을 삼사로 파견하여 태합 히데요시에게 서한을 보내 일본 통일을 축하하고 인호를 닦았다. 쓰시마 번주 소 요시토시가 삼사를 접반했다. (조선 신사는) 소 장로【서한의 문안을 작성하는 승려】 및 가신 야나가와 시게노부를 따라 여름 5월 교토에 들어가 다이토쿠지(大德寺)[69]에 우거했다. 이때는 태합 히데요시(太閤秀吉)가 군대를 이끌고 도산도(東山道)를 정벌한지 몇 개월 뒤였다. 태합이 전쟁에서 이기고 돌아와서야 비로소 삼사를 주라쿠(聚樂)[70]에서 인견할 수 있었다. 삼사가 예를 마치고 돌아갈 때, 태합이 보낸 답장을 가지고 갔다. 그 답장의 내용은 다음과 같다.

---

을 하였다. 1592년 임진왜란이 일어나자, 이전의 보고에 대한 책임으로 파직되었다. 서울로 소환되던 중, 유성룡(柳成龍) 등의 변호로 직산(稷山)에서 경상우도초유사로 임명되어 다시 경상도로 향하였다. 의병활동을 고무하였고, 관군과 의병 사이를 조화시켜 전투력을 강화하는데 노력하였다. 또한 진주목사 김시민(金時敏)으로 하여금 의병장들과 협력하여 왜군의 침입으로부터 진주성을 보전하게 하였다. 1593년 경상우도순찰사를 겸해 도내 각 고을에 왜군에 대한 항전을 독려하다 병사하였다. 사행록으로 『해사록』이 있고, 1649년 『학봉집(鶴峯集)』이 간행되었다.

**68** 허성(許筬) : 1548~1612. 조선 중기의 문신. 1590년 통신사의 서장관(書狀官)이 되어 도요토미 히데요시(豊臣秀吉)를 만났다. 이때 쓰시마도주 소 요시토시(宗義智)가 호행(護行)하였다. 사행 중 김성일(金誠一)이 고쿠분지(國分寺)에서 왜인들의 무례와 조선사신의 지나친 겸양으로 인해 욕본 일에 대해 허성에게 보낸 답신이 그의 『해사록(海槎錄)』에 수록되어 있다. 선조대에 학문과 덕망으로 사림의 촉망을 받았으며, 성리학에 조예가 깊었고 글씨에도 뛰어났다. 저서로는 『악록집(岳麓集)』이 있다.

**69** 다이토쿠지(大德寺) : 현재 교토시(京都市) 기타구(北區) 무라사키노다이토쿠지초(紫野大德寺町)에 위치한 임제종(臨濟宗) 사원. 교토오산(京都五山) 중의 하나이다. 1607년, 1617년, 1624년 통신사행 때, 사신들이 이곳에서 묵었다.

**70** 주라쿠(聚樂) : 도요토미 히데요시가 교토에 건설한 성곽풍의 저택으로 1587년 완공되었다. 장엄하고 화려하며 모모야마(桃山) 시대의 문화를 드러내는 대표적인 건축물이었으나, 조카 도요토미 이에쓰구(豊臣秀次) 사후에 파괴되었다.

일본국 관백(關白)[71] 히데요시는 조선 국왕 합하(閤下)께 받들어 회답하오. 향을 피우고 재삼 전해 온 글을 되풀이하여 읽어보았소. 우리나라 60여 주(州)가 근년에 여러 국(國)으로 분리되어, 나라의 기강을 어지럽히고 세상의 예법을 폐기하며 조정의 정치에 따르지 않았기 때문에 내 격동하는 감정을 견딜 수 없어 3, 4년간에 걸쳐 반역한 신하를 정벌하고 도적의 무리를 토벌하여, 이역(異域) 먼 섬까지 다 내 손아귀 안에 들어왔다오. 삼가 내 사적을 생각해보면 비루한 소신이었소. 그렇지만 내 태아일 때 어머님께서 해가 품속에 들어오는 것을 꿈꾸셨는데, 관상쟁이가 이르기를, '햇빛이 미치는 곳 중 통치하지 않는 곳이 없을 것이오, 장년이 되어서는 반드시 전 세계에 어진 풍모가 들리고 사해(四海)가 명성을 받들게 될 것을 어찌 의심하리오.'라고 하였다오. 이 기이한 일이 있어서인지, 적이 되려고 마음을 먹은 자는 자연히 멸망하고, 싸우면 이기지 못하는 일이 없고 공격하면 빼앗지 못하는 것이 없었소. 천하를 크게 다스리고 백성들을 잘 돌보고 고아와 과부를 불쌍히 여겼으므로, 백성들은 부유해지고 재물은 풍족해져서 각 지방에서 바치는 공물(貢物)이 과거의 만 배나 되오. 본조가 개벽한

---

**71** 관백(關白) : 천황(天皇)을 대신하여 정치를 행하는 직책. 본래부터 율령에 규정된 관(官)은 아니며 영외관(令外官)이다. 실질적인 공가(公家)의 최고위직이며, 경칭은 전하(殿下)이다. 천황이 어리거나 병약하여 대권을 전면적으로 대항하는 섭정(攝政)과는 다르며, 관백의 경우 최종적인 결재자는 어디까지나 천황이다. 한편, 조선에서는 도요토미 히데요시가 관백에 오르고 난 이후 관백을 일본의 최고 통치자라는 의미로 사용했다. 이와 같은 현상은 조선 후기에도 이어져 에도시대의 실질적인 통치자였던 쇼군의 정이대장군(征夷大將軍)을 '일본국왕' 또는 '관백'이라고 부르는 것이 일반적이었다. 관백은 이른바 교린외교체제(交隣外交體制)에서 조선국왕의 상대역이 되었다.

이래 조정의 성대한 사업과 수도의 화려함이 오늘과 같은 적은 없었소. 사람이 세상에 태어나서 비록 오래 산다고 하더라도 백년을 채우지 못하여 왔는데, 어찌 답답하게 여기에 오래 머물러 있겠소? 나라가 멀고 바다와 산에 가로막혀 있는 것은 개의치 않소. 한 번 뛰어넘어 곧장 대명국(大明國)으로 들어가 우리나라 풍속으로 중국 400 주(州)를 바꾸어 놓고, 교토의 정치와 교화를 억만 년 토록 시행하는 것을 마음에 품고 있소. 그러니 귀국이 먼저 앞장서서 우리 조정에 들어온다면 먼 일에 대한 사려는 있겠지만 가까운 근심은 없을 것이오. 먼 나라 해양에 있는 작은 섬들과 뒤처진 자들은 용납하지 않을 것이오. 내가 대명국으로 들어가는 날에 (귀국의) 사졸들이 (우리) 군영에 임해있다면, 이웃 나라의 동맹을 더욱 닦을 수 있는 것이오. 내가 원하는 것은 다른 것이 아니라 다만 아름다운 이름을 세 나라에 드러내는 것뿐이라. 방물은 목록대로 받았소. 몸을 진중히 하고 아끼시오. 이만 줄이오.

덴쇼 18년 11월
일본국 관백 히데요시

위의 답장을 받은 다음 해 봄 정월 2일 삼사는 쓰시마로 돌아갔다. 소 요시토시는 곧 소 장로 및 가신 야나가와 시게노부로 하여금 (그들을) 조선에 호송하도록 했다고 한다.

## ○ 분로쿠 2년(1593) 계사. 조선 정벌 중에 명나라 사신이 내빙하다

명나라 사절은 사용재(謝用梓)·서일관(徐一貫)·심유경(沈惟敬)[72]을 삼사로 하여, 소 요시토시의 접반으로 히슈(肥州) 나고야(名護屋)에 도착했다. 사절은 태합을 배알하고 일본과 조선의 화평을 청했다. 돌아갈 때에 이르러 태합이 사절에게 준 몇 개 조의 문서를 가지고 갔다고 한다.

## ○ 분로쿠 3년(1594) 갑오. 심유경이 내빙하다

소 요시토시가 접반해 왔다. 곧 게이초(慶長) 원년(1596) 병신년 여름 4월 명나라 사절이 일본을 내빙할 때에 대한 선용(先容)이었다.

---

[72] 심유경(沈惟敬) : ?~1597. 임진왜란 때의 명나라 사신. 조승훈(祖承訓)이 명나라 원군(援軍)을 이끌고 조선에 들어올 때 유격장군(遊擊將軍)으로 임명되어 함께 왔다. 1592년 고니시 유키나가(小西行長)와 강화에서 고니시가 제의한 7개조의 조건을 가지고 명나라에 가서 대신을 속이고 조정의 승인을 얻어 이듬해 일본에 가려고 했으나 실패하였다. 그러나 1593년 벽제관에서 명나라가 패하자 다시 그를 보내어 화의를 청하게 하니 그는 사용자(謝用梓)·서일관(徐一貫)을 데리고 나고야(名古屋)에 가서 도요토미 히데요시(豊臣秀吉)와 회담, 차후에 다시 양국 간의 회담을 일본에서 열 것을 결정하고 귀국하였다. 이리하여 명나라는 1596년 이종성(李宗城)·양방형(楊方亨)을 일본에 보내도록 결정하자 유경은 부산(釜山)에서 종성을 위협, 스스로 부사(副使)가 되어 일본에 건너갔으나 화의는 결렬되었다. 정유재란이 발발하자 유경은 일본에 항복할 목적으로 경상도 의령(宜寧)까지 갔으나 명나라 장수 양원(楊元)에게 체포되어 사형 당하였다.

## ○ 게이초(慶長) 원년(1596) 병신. 명나라 및 조선 사절이 내빙하다

명나라 사절 양방형(楊方亨)[73] · 심유경이 왔다. 수행원은 400여명이 됐다. 소 요시토시가 접반하여 함께 후시미성(伏見城)[74]에 도착해 태합 히데요시(太閤秀吉)를 배알했다. 명나라는 처음에 이종성(李宗城)[75]을 정사로 하여 일본에 파견하려고 하였는데, 이종성이 연고가 있어 부산에서 도망갔다. 이로 인해 양방형을 정사로 하고 심유경을 부사로 벌충하여 내빙했다. 이때 태합 히데요시(太閤秀吉)를 봉해 일본국왕으로 칭하고, 금도장과 의복을 증정했다. 그러나 조선국왕 이연은 화의를 성실히 하지 않았다. (조선은) 사절 파견을 바라지 않았으나, 심유경이 종용하니 어쩔 수 없이 전라도 관찰사(觀察使) 황신(黃愼)[76]을 정사로 하

---

**73** 양방형(楊方亨) : 1574~1615. 운남성(雲南省) 출신의 명나라 관료. 국자감 조교, 교수 등을 역임했다.

**74** 후시미성(伏見城) : 교토시(京都市) 후시미구(伏見區) 모모야마초(桃山町)에 위치. 도요토미 히데요시(豊臣秀吉)가 자신의 은거 후 거처로 삼기 위해 1592년 시게쓰(指月)에 착공하여 1594년에 완공하였으며 시게쓰성(指月城)으로 불렸다. 1596년에 지진으로 무너지자, 500m 떨어진 고바타야마(木幡山)에 새로 축성하였고, 도요토미 히데요시가 이 성에서 1598년 사망하였다. 1600년 전투로 소실되었다가, 1602년 도쿠가와 이에야스(德川家康)에 의해 재건되었다. 이후 쇼군의 선하(宣下) 의식의 장소로 사용되었으나, 그 의식이 오사카성(大阪城)으로 옮겨가면서 1619년 폐성되었다.

**75** 이종성(李宗城) : 1560~1623. 명나라 때의 관리. 1592년 일본이 조선을 침범하자 병부상서 석성(石星)이 이종성을 도독첨사(都督僉事)로 추천하여 정사로 삼고, 양방형(楊方亨)을 부사로 삼았다. 황제로부터 도요토미 히데요시(豊臣秀吉)를 일본왕(日本王)으로 삼고, 병력을 철수시키라는 명령을 받았다. 조선 부산에 다다르니 왜적이 많고 또 겁이 나서 변복을 하고 달아났다. 이에 대해서는 심유경이 스스로 일본에 사신가기 위해 그를 위협한 것이라는 설도 있다. 그 죄로 하옥되고 변방에 유배되었다.

**76** 황신(黃愼) : 1560~1617. 조선 중기의 문신. 1595년 12월 명나라 장군 심유경(沈惟敬)이 일본에 대한 명의 책봉사(冊封使)에 조선의 배신(陪臣) 2명이 동행할 것을 요청하자,

고, 장관(將官) 박홍장(朴弘長)[77]을 부사로 하였다. (이들은) 명나라 사신과 함께 도해하여 후시미성에 이르렀다. 태합은 소씨(宗氏)의 가신 야나가와 시게노부로 하여금 황신과 박홍장을 엄격하게 꾸짖게 하고는 말하기를, "조선의 왕자가 와서 사죄해야만 하거늘 사신을 보내다니, 실로 무례하구나."라고 하며 감히 배알을 허락하지 않았다. 이에 조선 사절은 송구해하며 고니시 유키나가(小西行長)[78]에게 의뢰하여 간절히

이에 심유경의 접반관(接伴官)으로 있던 황신이 배신으로 정해졌다. 그 무렵 일본으로부터 통신사 파견 요청이 그치지 않자 1596년 8월 8일 황신은 정사가 되어 사행을 떠났다. 도요토미 히데요시(豊臣秀吉)와의 만남을 위해 사카이(堺)에 체류하였는데, 히데요시가 중국과의 통교(通交)를 방해하고 일본을 업신여기며 왕자를 동행하지 않았다는 이유를 들어 국서(國書)의 수령을 거부하자, 이에 굴하지 않고 귀국하여 일본의 재침략의 가능성을 조정에 보고하였다. 사행 임무를 제대로 수행하지 못하였다는 이유로 대간들의 탄핵이 있었으나, 선조는 오히려 노고를 인정하여 상을 내렸다. 1605년 임진왜란 때의 공이 인정되어 호성선무원종공신(扈聖宣武原從功臣)에 책록되었다.

**77** 박홍장(朴弘長) : 1558~1598. 조선 중기의 무신. 임진왜란 때는 조방장(助防將)이 되었으나 아버지의 상을 당하여 귀향하였다. 1595년 12월 명나라 장군 심유경(沈惟敬)이 일본에 대한 명의 책봉사(冊封使)에 조선의 배신(陪臣) 2명이 동행할 것을 요청하자, 대구부사(大邱府使)로 있던 박홍장은 유성룡(柳成龍)의 추천으로 통신부사(通信副使)가 되어 정사 황신과 함께 강화의 중책을 띠고 일본을 방문하였다. 도요토미 히데요시(豊臣秀吉)와의 만남을 위해 사카이(堺)에 체류하였지만, 히데요시가 중국과의 통교(通交)를 방해하고 일본을 업신여기며 왕자를 동행하지 않았다는 이유를 들어 국서(國書)의 수령을 거부하자, 그에 굴하지 않고 귀국하여 일본의 재침략의 가능성을 조정에 보고하였다. 돌아온 뒤 가자(加資)되었고, 순천부사·상주목사 등을 지냈다.

**78** 고니시 유키나가(小西行長) : 1558?~1600. 에도시대 전기의 무장(武將)·기독교도. 어렸을 때 세례를 받았다. 1580년경부터 부친과 함께 도요토미 히데요시(豊臣秀吉)에게 중용되었으며, 임진왜란·정유재란 때 조선에 출병하여 1번대(一番隊) 주장(主將)으로 2번대(二番隊) 가토 기요마사(加藤淸正)와 3번대(三番隊) 구로다 나가마사(黑田長政) 등과 함께 선봉이 되어 부산진 전투·동래성 전투 등에서 전공을 세웠으며, 가토 기요마사(加藤淸正)에 앞서 한양을 점령하였고, 평양성 전투에서 명군(明軍)을 격퇴하였다. 조선과 명(明)에 지속적으로 강화교섭을 통한 해결을 모색하였는데, 명(明)의 강화 담당자인 심유경(沈惟敬) 등과 공모하여 도요토미 히데요시에게는 명이 항복하는 것으로, 명에게는 도요토미 히데요시가 항복하는 것으로 속여 강화 체결을 추진하였다. 그러나 교섭은 결렬되

사죄했으나 태합이 또 배례를 허락하지 않았다. 황신과 박홍장은 사절의 임무를 완수하지 못하고 헛되이 조선에 돌아갔다. 야나가와 시게노부가 이별에 임해서 황신에게 "내년에 또 조선을 정벌할 것이라는 의논이 이미 정해졌습니다. 귀국 후에 반드시 왕자를 보내 사죄하게 해야 합니다." 등의 이야기를 했다. 황신이 크게 두려워하며 명나라 사신 심유경에게 애처로이 보고하니, 심유경은 거짓 공갈이라고 하며 신용하지 않았다. 태합이 책봉의 글을 듣더니 그 문자가 매우 예의를 벗어나므로, 크게 화내며 의관을 던지고 책문을 부셨다. 이로 인해 명나라 사신 또한 회답서를 받지 못한 채 서둘러 돌아갔다. 자세한 일은 역사에 기록되어 있으므로 여기에서는 쓸데없는 말로 번잡하게 하지 않는다.

## ○ 게이초(慶長) 7년(1602) 임인. 조선 사절이 내빙하다

도요토미 히데요시가 사망하고 도쿠가와 이에야스가 초대 쇼군(將軍)에 올랐다. 조선에서 첨지중추부사(僉知中樞府事) 전계신(全繼信)[79],

---

고 정유재란이 발생하여 다시 출병하였다. 칠천량해전에서 조선수군을 섬멸하고 남원성 전투 등 많은 공적을 올렸으나, 도요토미 히데요시의 죽음으로 일본으로 원활하게 돌아가기 위해 명군(明軍)과 교섭하였다.

**79** 전계신(全繼信) : 1563~1615. 조선 중기의 무신. 임진왜란 때 의병을 소집하여 의병장 권응수(權應銖)와 합력하여 여러 차례 적을 격파했고, 예천(醴泉), 경주(慶州), 인동(仁同), 흥해(興海)의 적을 격파하였다. 1602년에 이덕형(李德馨)의 추천으로 승려 유정(惟政)을 따라 사신으로 일본에 다녀왔다. 이때 일본 사신 다치바나 도모마사(橘智正)와 접촉하여 도쿠가와 이에야스(德川家康)의 첩지를 받아 조정에 올렸다. 이 공으로 첨지중추부사가 되었고, 선무원종1등공신(宣武原從一等功臣)에 책록되었다. 1609년 도쿠가와 이에야스가 조선과 화친을 꾀하여 통신사의 파견을 요구했을 때 일본의 사정을 알아보기 위한 사절로서 조선(趙瑄) 등과 함께 쓰시마에 건너가 일본 측의 의사를 타진하고 돌아왔

녹사(錄事) 손문욱(孫文彧)[80]을 파견하여, 통교의 가능성을 엿보고 일본의 형세와 정황을 살피게 했다.


## ○ 게이초 9년(1604) 갑신. 조선에서 강신사(講信使)로서 승려 유정(惟政)[81]과 손문욱 두 사신을 파견하다

분로쿠 임진년(1592)의 정벌 이후 교린이 점차 단절되었으므로 소 요

---

다. 그 후 첨지중추부사와 함안군수를 역임하였다.

**80** 손문욱(孫文彧) : ?~?. 조선 중기의 무신. 1592년 임진왜란이 일어나던 해 왜군의 포로가 되어 일본에 오랫동안 억류되었다가 돌아왔다. 일본 사정에 밝아 당시 당면하고 있던 군사·외교상의 전략에 많은 기여를 하였다. 1598년 노량해전 당시 이순신(李舜臣) 휘하에 참전, 이순신이 전사하자 임기응변으로 그의 죽음을 비밀에 붙인 다음 자신이 직접 갑판 위에 올라가 북을 치며 평상시와 다름없이 군사들을 지휘, 독전(督戰)함으로써 마침내 승전할 수 있게 하였다. 같은 해 12월 25일 올린 도원수의 장계에 의하면, 손문욱이 군사를 지휘하여 싸움을 독려한 공은 당상직을 제수하더라도 아까울 것이 없다고 하였다. 1600년 7월 왜중(倭中)에 포로가 된 경험이 있어 일본의 성지(城池)와 기계(機械)에 대해 상세히 알고 있기 때문에 역시 일본의 포로가 되었던 강항(姜沆)·정몽추(丁夢鰍)와 함께 북도(北道)의 성제(城制)를 왜성(倭城)처럼 개축하라는 명을 받았다. 1604년 승장(僧將) 유정(惟政)과 함께 일본에 건너가 조선인 포로 3,500명을 이끌고 돌아왔고, 2년 뒤 서장관(書狀官)으로 쓰시마에 파견되어 전란의 뒤처리를 위하여 노력하였다.

**81** 유정(惟政) : 사명대사(四溟大師, 1544~1610). 조선 중기의 고승·승병장. 1592년 임진왜란 때, 유점사(楡岾寺) 인근 아홉 고을의 백성들을 구출하였다. 이때 조정의 근왕문(勤王文)과 스승 휴정의 격문을 받고 승병을 모아 순안으로 가서 휴정과 합류하였다. 그곳에서 의승도대장(義僧都大將)이 되어 승병 2,000명을 이끌고 평양성과 중화(中和) 사이의 길을 차단하여 평양성 탈환의 전초 역할을 담당하였다. 1593년 1월 평양성 탈환의 혈전에 참가하여 혁혁한 전공을 세웠고, 그 해 3월 한양 근교의 삼각산 노원평(蘆原坪) 및 우관동 전투에서도 크게 전공을 세우자, 선조는 선교양종판사(禪敎兩宗判事)를 제수하였다. 그 뒤에도 전후 네 차례에 걸쳐 적진으로 들어가 가토 기요마사(加藤淸正)와 회담을 가졌다. 1604년 휴정의 부음을 받고 가던 중, 선조의 명에 따라 그 해 8월 일본으로 건너가 도쿠가와 이에야스(德川家康)와 강화를 맺고, 조선인 포로 3,500명을 인솔, 1605년 4월에 귀국하였다.

시토시가 두 나라 사이에서 분주히 화교(和交)의 일을 꾀했다. 이에 조
선의 두 사신이 쓰시마에 왔다는 것을 소 요시토시가 가신 야나가와
시게노부를 파견해 에도에 알렸다. 도쿠가와 이에야스는 곧 야나가와
시게노부에게 명령해 소 요시토시로 하여금 두 사신을 접반하여 수도
에 이르게 했다. 이듬해인 을사년(1605) 봄 2월, 도쿠가와 이에야스 및
세자 히데타다(秀忠)[82]가 함께 수도에 들어가 입궐한 후 후시미성에서
처음으로 두 사신을 인견했다.


○ 게이초 12년(1607) 정미. 조선 신사가 내빙하여 화교를
  강수(講修)하다

정사는 통정대부 여우길(呂祐吉)[83], 부사는 통훈대부 경섬(慶暹)[84]이었

---

**82** 히데타다(秀忠) : 도쿠가와 히데타다(德川秀忠, 1579~1632). 에도시대 전기의 막부
(幕府) 제2대 쇼군. 재위 1605~1623. 에도막부 초대 쇼군인 도쿠가와 이에야스(德川家康)
의 3남이다. 1605년 4월 부친으로부터 쇼군직을 물려받았으므로, 강신사(講信使) 유정와
손문욱이 방문한 1605년 2월에는 아직 세자였다. 재직기간 중 쇄국정책을 추구하여 외국
국적의 선박이 기항할 수 있는 항구를 히라도(平戶)·나가사키(長崎) 등으로 한정하였다.

**83** 여우길(呂祐吉) : 1567~1632. 조선 중기의 문신. 1606년 도쿠가와 이에야스(德川家
康)가 임진왜란 중 왕릉을 파헤친 범릉적(犯陵賊) 2명을 조선에 넘기며 화친할 것을 요청
하자, 이듬해인 1607년 양국의 우호를 다지고 임진왜란과 정유재란 때 잡혀간 피로인(被
虜人)을 데려오기 위해 회답겸쇄환사(回答兼刷還使)로 부사 경섬(慶暹)·종사관 정호관
(丁好寬) 등과 함께 일본에 건너가 포로 쇄환에 많은 공을 세웠다.

**84** 경섬(慶暹) : 1562~1620. 조선 중기의 문신. 1598년 진주사(陳奏使)의 정사인 최천건
(崔天健)을 따라 서장관(書狀官)으로 명나라에 다녀왔다. 1606년 도쿠가와 이에야스(德
川家康)가 임진왜란 중 왕릉을 파헤친 범릉적(犯陵賊) 2명을 조선에 넘기며 화친할 것을
요청하자, 이듬해 1607년 양국의 우호를 다지고 임진왜란과 정유재란 때 잡혀간 피로인
(被虜人)을 데려오기 위해 회답겸쇄환사(回答兼刷還使) 여우길(呂祐吉)과 함께 통신부사
(通信副使)가 되어 임진왜란 후 첫 번째 사절로 일본에 건너가 포로 1,340명을 데리고

다. 이 조선 사절의 행렬은 종전의 도쿠가와 쇼군 시대에 있어서 의식
이 엄정했고 인원도 많았기 때문에 고금을 통틀어 필사할 때에 참작된
다. 당시 헌상한 물품은 아래와 같다.

인삼 50근

대수자(大繻子) 10필

대단자(大緞子) 10필

백저포(白苧布) 30필

생저포(生苧布) 30필

백면주(白綿紬) 50필

흑마포(黑麻布) 30필

호피(虎皮) 15장

표피(豹皮) 20장

청서피(靑黍皮) 30장

어피(魚皮) 100장

색지(色紙) 30권

채화석(彩花席) 20장

각색 붓 50자루

진묵(眞墨) 50홀(笏)

황밀(黃蜜) 100근

청밀(淸蜜) 10기

매[鷹子] 20연(連)

---

돌아왔다.

준마(駿馬) 2필【안장을 갖춘 것】

종사관은 통훈대부(通訓大夫) 정호관(丁好寬)[85]이었다.


## ○ 겐와(元和) 3년(1617) 정사. 조선 사절이 내빙하다

게이초 19년(1614) 갑인년, 소 요시토시는 쇼군 도쿠가와 이에야스의 명을 받아 가신을 사신으로 하여 조선에 파견해 사절의 내빙을 구했다. 겐와 3년 7월, 사절이 쓰시마에 도착했는데, 이미 소 요시토시가 사망했기 때문에 후사인인 소 요시나리(宗義成)[86]가 접반했다. 같은 해 8월 20일 교토에 들어가, 후시미성에서 쇼군 도쿠가와 히데타다를 배알했다. 정사는 오윤겸(吳謙副)[87], 부사는 박재(朴榟)[88], 종사관은 이경직(李

---

**85** 정호관(丁好寬) : 1568~1618. 조선 중기의 문신. 1606년 도쿠가와 이에야스(德川家康)가 임진왜란 중 왕릉을 파헤친 범릉적(犯陵賊) 2명을 조선에 넘기며 화친할 것을 요청하자, 이듬해인 1607년 양국의 우호를 다지고, 임진왜란과 정유재란 때 잡혀간 피로인(被虜人)을 데려오기 위해 회답겸쇄환사(回答兼刷還使) 여우길(呂祐吉)과 함께 서장관(書狀官)이 되어 일본에 건너가 포로 1,340명을 데리고 돌아왔다.

**86** 소 요시나리(宗義成) : 1604~1657. 쓰시마번의 2대 번주. 1604년 초대 번주 소 요시토시(宗義智)의 장남으로 태어났다. 1635년 부친인 소 요시토시가 조선과 기유약조(己酉約條)를 체결할 때 국서(國書)를 위조했던 일이 막부에 발각되어 소씨는 개역(改易, 영지 몰수) 처분을 당할 위기에 처했다. 그러나 제3대 장군 도쿠가와 이에미쓰(德川家光)는 조선과의 연결통로로 소씨를 이용하는 것이 이익이라고 판단하고, 직접 재판하여 가로(家老)인 야나가와 시게오키(柳川調興) 등을 처벌하는 것으로 사건을 마무리하고, 소씨는 개역을 면하게 되었다. 이를 국서개작사건[柳川一件]이라 한다.

**87** 오윤겸(吳謙副) : 1559~1636. 조선 중기의 문신. 1592년 임진왜란이 일어나자 양호체찰사(兩湖體察使) 정철(鄭澈)의 종사관으로 발탁되었다. 1609년 7월부터 1610년 9월까지 두모포왜관 시기에 동래부사를 역임하였다. 1617년 회답겸쇄환사(回答兼刷還使)의 정사로서 부사 박재(朴榟)·종사관 이경직(李景稷)과 함께 사행원 400여 명을 이끌고 일본에

景稷)[89]이라고 칭했다. 이 사절은 아마도 (막부의) 오사카 평정과 국내
통일 축하한 것이었다.

## ○ 간에이(寬永) 원년(1624) 갑자. 조선 사절이 내빙하다

통정대부(通政大夫) 정립(鄭岦)[90]이 정사가 되고, 통훈대부 강홍중(姜
弘重)[91]이 부사가 되고, 통훈대부 신계영(辛啓榮)[92]을 종사관으로 삼았

---

가서 도쿠가와 이에야스(德川家康)의 오사카 평정을 축하하고 임진왜란과 정유재란 때
잡혀간 피로인(被虜人) 수백 명을 이끌고 돌아왔다. 사행 도중의 경험과 견문을 기록한
『동사상일록(東槎上日錄)』을 남겼다.

**88** 박재(朴梓) : 1564~1622. 조선 중기의 문신. 1617년 정사 오윤겸(吳允謙)·종사관 이
경직(李景稷)과 함께 회답겸쇄환사(回答兼刷還使)의 부사(副使)가 되어 사행원 400여 명
을 이끌고 일본에 가서 도쿠가와 이에야스(德川家康)의 오사카 평정을 축하하고 임진왜
란과 정유재란 때 잡혀간 피로인(被虜人) 수백 명을 이끌고 돌아왔다. 사행 중 학질(瘧疾)
에 걸려 고생하기도 하였다. 1618년 행호군(行護軍)이 되었고, 이어서 강릉부사를 역임하
였다.

**89** 이경직(李景稷) : 1577~1640. 조선 중기의 문신. 1617년 정사 오윤겸(吳允謙)·부사
박재(朴梓)와 함께 회답겸쇄환사(回答兼刷還使)의 종사관(從事官)이 되어 사행원 400여
명을 이끌고 일본에 가서 도쿠가와 이에야스(德川家康)의 오사카 평정을 축하하고 임진왜
란과 정유재란 때 잡혀간 피로인(被虜人) 수백 명을 이끌고 돌아왔다. 이때 사행일기 『부
상록(扶桑錄)』을 남겼다.

**90** 정립(鄭岦) : 1574~1629. 조선 중기의 문신. 1624년 2월 일본 도쿠가와 이에미쓰(德川
家光)의 습위식(襲位式)을 축하하고, 임진왜란과 정유재란 때 일본에 잡혀간 피로인(被虜
人)을 데려오기 위해 회답겸쇄환사(回答兼刷還使)로 부사 강홍중(姜弘重)·종사관 신계영
(辛啓榮)과 함께 통신정사(通信正使)가 되어 일본에 건너갔다. 사행 당시 형조참의(刑曹
參議)이었고, 피로인 백여 명 이상을 데리고 돌아와 공조참판 겸 도총관으로 승직되었다.

**91** 강홍중(姜弘重) : 1577~1642. 조선 중기의 문신. 1624년 도쿠가와 이에미쓰(德川家
光)의 습직(襲職)을 축하하고 임진왜란과 정유재란 때 잡혀간 피로인(被虜人)을 데려오기
위해 회답겸쇄환사(回答兼刷還使)로 일본을 방문하였을 때, 통신부사(通信副使)로서 정
사 정립(鄭岦)·종사관 신계영(辛啓榮) 등과 함께 일본에 다녀왔다. 이때 일본 쇼군이 금
은과 잡화 등을 폐백으로 주었으나 사양하였고, 피로인 백여 명 이상을 데리고 돌아왔다.

다. 9월 28일 부산포를 떠나 쓰시마에 도착했다. 소 요시나리가 접반하여 11월 18일 입경했다. 같은 달 25일 수도를 떠나서 12월 12일 에도(江戶)에 도착해, 도쿠가와 이에미쓰(德川家光)[93]의 계위를 축하하고 예를 마치자 돌아갔다.

## ○ 간에이(寬永) 13년(1636) 병자. 조선 사절이 내빙하다

간에이 원년(1624) 도쿠가와 이에미쓰의 쇼군 계위를 축하하기 위해 (조선 사절이) 왔었음에도 불구하고, 본국의 태평함이 오래 지속되는 것을 구실로 조선에 내빙을 청했다. 이에 통정대부 임광(任絖)[94]을 정사

---

일본의 화포술(火砲術)을 도입하여 군에 실용하도록 하였고, 사행록으로 『동사록(東槎錄)』을 남겼다. 1633년 후금(後金)의 침입에 대비하여 영병(營兵)에 일본 조총(鳥銃)을 공급하고, 화약을 지급할 것을 주청하였으며, 또 포수(砲手)의 훈련을 철저히 할 것을 주장하여 국방에 큰 공을 세웠다.

**92** 신계영(辛啓榮) : 1577~1669. 조선 중기 문신. 1624년 도쿠가와 이에미쓰(德川家光)의 습직(襲職)을 축하하고 임진왜란과 정유재란 때 잡혀간 피로인(被虜人)을 데려오기 위해 회답겸쇄환사(回答兼刷還使)로 일본을 방문하였을 때, 종사관(從事官)으로서 정사 정립(鄭岦)·부사 강홍중(姜弘重) 등과 함께 일본에 다녀왔다. 이때 일본 쇼군이 금은과 잡화 등을 폐백으로 주었으나 사양하였고, 피로인 백여 명 이상을 데리고 돌아왔다. 사행 당시 일본에서 겪은 감회를 읊은 기행시가 그의 시문집인 『선석유고(仙石遺稿)』의 대부분을 차지하고 있다.

**93** 도쿠가와 이에미쓰(德川家光) : 1604~1651. 에도시대 전기의 막부(幕府) 제3대 쇼군. 재위 1623~1651. 제2대 쇼군 히데타다(秀忠)의 차남. 1623년 조정으로부터 정이대장군에 임명되었으며, 은거한 히데타다가 오고쇼(大御所)로서 군사지휘권 등 정치실권을 장악하였기에 1632년 히데타다의 죽음 이후 실질적인 친정(親政)체제가 갖추어졌다.

**94** 임광(任絖) : 1579~1644. 조선 중기의 문신. 1635년 도쿠가와 이에미쓰(德川家光)가 조선과의 우호 증진을 위해 쓰시마도주 소 요시나리(宗義成)를 시켜 통신사를 요청하였고, 쓰시마도주 또한 그의 부관(副官) 야나가와 시게오키(柳川調興)와 서로 송사하는 일이 있어 통신사를 청함에 따라 이듬해 1636년 10월 통신정사(通信正使)가 되어 일본에

로 하고, 김세렴(金世濂)[95]을 부사로 하고, 황호(黃㦿)[96]를 종사관으로 하여, 10월 5일 쓰시마 사스우라(佐須浦)[97]에 도착했다. 소 요시나리가 접반하여 12월 6일 모두 에도에 도착했다. 이때 안도 우쿄노신 시게나가(安藤右京進重長)[98]와 와키자카 아와지노카미 야스모토(脇坂淡路守安元)[99]가 관반(館伴)이었다. 같은 달 13일 사신들이 성[100]에 올라 쇼군을

---

다녀왔다. 당시 사행 중의 기록을 『병자일본일기(丙子日本日記)』로 남겼다. 1642년 황해도관찰사·동지중추부사·도승지 등을 지내고, 이듬해 심양(瀋陽)에 볼모로 잡혀갔다가 환국하려는 소현세자(昭顯世子)를 수행하기 위해 청나라에 갔다가 1644년 그곳에서 타계하였다.

**95** 김세렴(金世濂) : 1593~1646. 조선 중기의 문신. 1635년 도쿠가와 이에미쓰(德川家光)가 조선과의 조선과의 우호 증진을 위해 통신사를 청하자, 1636년 10월 통신부사(通信副使)가 되어 일본에 건너갔다. 당시 사행 중의 기록을 『해사록(海槎錄)』과 『사상록(槎上錄)』으로 남겼다. 만년에는 경서 연구에 전력하였고, 문장과 시문에 능하였다. 저서로 『동명집(東溟集)』이 있다.

**96** 황호(黃㦿) : 1604~1656. 조선 중기의 문신. 1635년 도쿠가와 이에미쓰(德川家光)가 조선과의 우호 증진을 위해 통신사를 청하자, 이듬해 1636년 10월 종사관(從事官)이 되어 일본에 건너갔다. 당시 사행 중의 기록을 『동사록(東槎錄)』으로 남겼다. 1637년 돌아온 뒤 부수찬(副修撰)·교리(敎理)·대사성(大司成) 등을 역임하였다. 사은사(謝恩使) 이시백(李時白)의 부사로 연경에 다녀오기도 하였다. 저서로는 『만랑집(漫浪集)』이 있다.

**97** 사스우라(佐須浦) : 현재의 쓰시마시(對馬市) 가미아가타초(上縣町) 사스나(佐須奈)에 위치. 사스나우라(佐須奈浦)라고도 한다. 가미쓰시마(上對馬)의 서북부에 위치하고 있어 부산포와 가장 가까운 곳으로 통신사의 최초 입항지(入港地) 가운데 하나이며, 1672년에는 쓰시마도주 소씨(宗氏)의 조선무역의 개항장(開港場)이 되었다. 1607년·1636년·1655년·1682년·1711년 통신사행 때, 사신 일행이 이곳에 묵었다.

**98** 안도 우쿄노신 시게나가(安藤右京進重長) : 안도 시게나가(安藤重長, 1600~1657). 에도 시대 전기의 다이묘(大名). 제2대 쇼군 도쿠가와 히데타다 및 제3대 쇼군 도쿠가와 이에미쓰에게 종사했다. 오사카 전투에도 참여했다. 1636년 관반(館伴)으로서 통신사를 접대했고, 이후에도 막부에서 부교(奉行)·소자반(奏者番) 등을 역임했다.

**99** 와키자카 아와지노카미 야스모토(脇坂淡路守安元) : 와키자카 야스모토(脇坂安元, 1584~1654). 에도 시대 전기의 다이묘(大名). 하야시 라잔(林羅山)으로부터 유학을 배웠고, 무가(武家) 제일의 가인(歌人)으로 불렸다. 1636년 통신사가 일본을 방문하였을 때, 안도 시게나가(安藤重長)와 함께 무사시(武藏) 에도에서 조선사신 접대 임무를 맡았다.

배알했다. 같은 달 17일 삼사는 닛코(日光)[101]에 이르러 도쇼구(東照宮)[102]에서 숙배(肅拜)했다. 닛코의 사당에 숙배하는 것은 전례에 없던 일이었으므로 삼사는 거부하고 허락하지 않았는데, 소 요시나리의 가신 아리타 도시타다(有田智繩)[103]의 지모와 결단에 놀라 점차 허락하게 되었다. 동 29일 삼사 및 소 요시나리는 에도를 출발하여, 이듬해 봄 2월 14일 쓰시마에 도착했다. 같은 달 23일 발선하여 같은 달 25일 신사는 무사히 조선에 도착했다.

---

저서로는 『하관일기(下館日記)』·『재석초(在昔抄)』 등이 있다.

**100** 성 : 에도성(江戶城)을 말한다.

**101** 닛코(日光) : 현재의 도치기현(栃木縣) 닛코시(日光市)의 지명. 도쿠가와 이에야스(德川家康)를 봉안한 다이곤겐구(大權現宮), 즉 도쇼다이곤겐구(東照大權現宮)가 창건되어 도쿠가와막부의 정신적인 중심지로서의 역할을 하였다. 뒤에 이 닛코산에는 도쿠가와막부의 3대 쇼군인 이에미쓰(家光)의 묘당인 다이유인(大猷院)과 4대 쇼군 이에쓰나(家綱)의 원당인 겐유인(嚴有院)이 창건되었는데, 통신사 일행이 사행 중 실시하였던 일광산치제(日光山致祭)라고 하는 것은 위 세 곳에서 제(祭)를 행한 것을 말한다.

**102** 도쇼구(東照宮) : 에도막부의 초대 장군인 도쿠가와 이에야스(德川家康)를 모신 신사. 도치기현(栃木縣) 닛코시(日光市)의 닛코도쇼구(日光東照宮), 시즈오카시(靜岡市)의 그 노잔도쇼구(久能山東照宮), 도쿄도(東京都) 다이토구(臺東區)의 우에노도쇼구(上野東照宮) 등 각지에 도쇼구가 있는데, 이 글에서는 닛코도쇼구를 말한다. 1616년 4월 1일 도쿠가와 이에야스의 유언에 따라 닛코에 사당을 세워 제사지내게 되었으며, 사후에 천황으로부터 '도쇼다이곤겐(東照大權現)'이라는 신호(神號)를 받았다.

**103** 아리타 도시타다(有田智繩) : 아리타 모쿠베에(有田杢兵衛, ?~?). 조선에서는 '등지승(藤智繩)'으로 알려져 있다. 1636년 통신사를 호행하기 위해 차왜 우가와 시키부와 함께 서계를 지참하고 반종 8명, 격왜 40명, 수목선 격왜 10명을 이끌고 왔다. 같은 해 12월 11일에 소 요시나리(宗義成)의 명을 받들어 통신사에게 닛코산(日光山)에 행차할 것을 청하였다. 1637년 2월 차왜 우가와 시키부와 함께 반종 3명을 거느리고 통신사를 호환(護還)하기 위해 바다를 건너왔고, 이때 향접위관(鄕接慰官)의 접대를 받았다. 이밖에도 호행차왜(護行差倭)·재판차왜(裁判差倭) 등으로 대조선외교에 있어서 다양한 역할을 하였다.

## ○ 간에이(寬永) 20년(1643) 계미. 신사가 내하(來賀)하다

정사 통정대부 윤순지(尹順之)[104], 부사 통훈대부 조경(趙絅)[105], 종사관 통훈대부 신유(申濡)[106]를 삼사로 하는 통신사가 도쿠가와 이에쓰나(德川家綱)[107]의 탄신을 축하했다.

## ○ 메이레키(明曆) 원년(1655) 을미. 신사가 내빙하다

도쿠가와 이에쓰나의 쇼군 계위를 축하하기 위해 왔다. 정사는 통정대부 조형(趙珩)[108], 부사는 통훈대부 유창(兪瑒)[109], 종사관은 통훈대부

---

**104** 윤순지(尹順之) : 1591~1666. 조선 중기의 문신. 1643년 쓰시마도주 소 요시나리(宗義成)가 역관 홍희남(洪喜男)에게 글을 보내, 도쿠가와 이에미쓰(德川家光)의 아들 이에쓰나(家綱)의 탄생과 닛코산(日光山) 사당(社堂) 창건을 이유로 통신사를 요청하자, 윤순지는 통신정사(通信正使)가 되어 일본에 다녀왔다. 시(詩)·사(史)·서(書)·율(律)에 뛰어났고, 저서로는 『행명집(涬溟集)』이 있다.

**105** 조경(趙絅) : 1586~1669. 조선 중기의 문신. 1643년 막부에서 도쿠가와 이에미쓰(德川家光)의 아들 이에쓰나(家綱)의 탄생과 닛코산(日光山) 사당(社堂) 창건을 이유로 통신사를 요청하자, 조경은 통신부사(通信副使)가 되어 일본에 다녀왔다. 당시 사행 중의 기록을 『동사록(東槎錄)』으로 남겼다. 저서로는 『용주집(龍洲集)』이 있다.

**106** 신유(申濡) : 1610~1665. 조선 중기의 문신. 1643년 막부에서 통신사를 요청하자, 신유는 종사관(從事官)이 되어 일본에 다녀왔다. 당시 사행 중의 기록을 『해사록(海槎錄)』으로 남겼다. 소현세자(昭顯世子)를 따라 심양(瀋陽)에 다녀온 적이 있고, 글씨에 능하였다. 저서로는 『죽당집(竹堂集)』이 있다.

**107** 도쿠가와 이에쓰나(德川家綱) : 1641~1680. 에도시대 전기의 막부(幕府) 제4대 쇼군. 재위 1651~1680. 제3대 쇼군인 이에미쓰(家光)의 장남. 1651년 부친이 죽자 11세의 어린 나이로 대를 이어 쇼군직을 승계하였다. 어렸기 때문에 숙부인 호시나 마사유키(保科正之) 등의 보좌를 받았으며, 부친인 이에미쓰 이래 로주(老中)들의 합의에 의한 정치운영체제가 거의 확립되어 있었기 때문에 정치적 혼란은 거의 없었다. 1643년 정사 윤순지(尹順之)·부사 조경(趙絅)·종사관 신유(申濡)·제술관 박안기(朴安期) 등 통신사 일행이 도쿠가와 이에쓰나(德川家綱)의 탄생을 축하하기 위하여 일본을 방문하였다.

남용익(南龍翼)[110]이었다.


## ○ 덴와(天和) 2년(1682) 임술. 신사가 내빙하다

이 회차에는 조선에서 통정대부 이조참의(吏曹參議) 지제교(知製教) 윤지완(尹趾完)[111]을 정사로, 통훈대부 홍문관전한(弘文館典翰) 지제교

---

**108** 조형(趙珩) : 1606~1679. 조선 후기의 문신. 1655년 관백 도쿠가와 이에미쓰(德川家光)가 죽고 그 아들 도쿠가와 이에쓰나(德川家綱)가 그 자리에 올라 통신사를 요청하였다. 이에 같은 해 6월 정사가 되어 일본에 다녀왔다. 사행기록『부상일기(扶桑日記)』가 전한다.

**109** 유창(兪瑒) : 1614~1692. 조선 후기의 문신. 1655년 6월 통신부사(通信副使)가 되어 통신사 일행과 함께 도쿠가와 이에쓰나(德川家綱)의 습직(襲職)을 축하하기 위해 일본에 건너갔다. 같은 해 10월 에도에 머물고 있을 때, 유창은 장편시를 지어 이테이안(以酊菴)의 윤번승인 규간 주다쓰(九巖中達) 편에 이 시를 하야시 라잔(林羅山)에게 보냈는데, 이 장편시가『조선부사도춘증답시(朝鮮副使道春贈答詩)』에 수록되어 있다. 저서로는『추담집(楸潭集)』이 있다.

**110** 남용익(南龍翼) : 1628~1692. 조선 후기의 문신 겸 학자. 1655년 6월 종사관(從事官)이 되어 통신사 일행과 함께 도쿠가와 이에쓰나(德川家綱)의 습직(襲職)을 축하하기 위해 일본을 방문하였다. 사행 중 수많은 일본문사들과 교유하였고, 이때 주고받은 시문과 필담 등이 사행록과 필담창화집으로 남아 있다. 필담창화집 가운데 일례로『한사증답일록(韓使贈答日錄)』이 있는데, 10월 2일부터 11월 1일까지 에도 혼세이지(本誓寺)에서 묵으면서 일본문사들과 주고받은 시문과 필담 등이 수록되어 있다. 또한 남용익은 일본에서의 견문을『문견별록(聞見別錄)』과『부상록(扶桑錄)』으로 남기기도 하였다. 예조참의·대사성을 거쳐 여러 참판을 지냈으며, 잠시 외직으로 경상감사로 나갔다가 형조판서·예문관제학에 올랐다.

**111** 윤지완(尹趾完) : 1635~1718. 조선 후기의 문신. 1682년 도쿠가와 쓰나요시(德川綱吉)의 습직(襲職)을 축하하기 위해 정사가 되어 일본에 다녀왔다. 같은 해 9월 7일 에도에 있는 쓰시마도주 소 요시자네(宗義眞)의 저택에서 삼사신을 위한 잔치에 참석하여 원숭이놀이·마술놀이·땅재주 부리기 등을 관람하였고, 하야시 호코(林鳳岡)·히토미 지쿠도(人見竹洞) 등과 시를 주고받았다. 1683년 조선에 대한 일본의 교섭관계를 위임받고 있던 쓰시마도주와 왜관 거류자를 대상으로 왜관 거주 규율에 관한 전문 5개조에 달하는 계해

겸 경연(經筵) 이언강(李彦綱)[112]을 부사로, 통훈대부 홍문관교리(弘文館校理) 지제교 박경후(朴慶後)[113]를 종사관으로 하여, 도쿠가와 쓰나요시(德川綱吉)[114]의 계위를 축하했다.

## ○ 쇼토쿠(正德) 원년(1711) 신묘. 조선 사절이 내빙하다

정사 조태억(趙泰億)[115], 부사 임수간(任守幹)[116], 종사관 이방언(李邦

---

약조(癸亥約條)를 체결하고, 이것을 한문과 일문(日文)으로 각각 비석에 새겨 조선은 수문(守門) 안에, 일본은 왜관의 경계지역에 세워서 알리게 하였다. 비석 이름은 약조제찰비(約條製札碑)이다. 이후 경상도관찰사, 병조판서, 평안도관찰사 등을 지냈다.

**112** 이언강(李彦綱) : 1648~1716. 조선 후기의 문신. 1682년 도쿠가와 쓰나요시(德川綱吉)의 습직(襲職)을 축하하기 위해 부사(副使)가 되어 일본에 다녀왔다. 1681년 가을에 쓰시마 차사(差使) 후지 가즈마사(藤一政)가 건너와 경하사(慶賀使)를 요청하므로, 윤지완을 통신사로 차정하면서 이언강을 종사관으로 삼았으나 1682년 정월에 이언강이 4품직에 승직되었기 때문에 올려서 부사로 삼고, 대신 박경후를 종사관으로 삼았다. 이후 동지사(冬至使)의 정사로 청나라에 다녀오기도 했다.

**113** 박경후(朴慶後) : 1644~1706. 조선 후기의 문신. 1682년 도쿠가와 쓰나요시(德川綱吉)의 습직(襲職)을 축하하기 위해 종사관(從事官)이 되어일본에 다녀왔다. 1681년 가을에 통신사를 차정하면서 이언강을 종사관으로 삼았으나, 1682년 정월에 이언강이 4품직에 승직됨에 따라 부사로 등급을 올리고 대신 박경후가 종사관이 되었다. 1692년 청나라에서 사신이 오자 접반사(接伴使)로 활약하였으며, 이어 병조참판에 올랐다. 글씨를 잘써서 당대에 이름이 있었다.

**114** 도쿠가와 쓰나요시(德川綱吉) : 1646~1709. 에도 막부(幕府) 제5대 쇼군. 재위 1680~1709. 제3대 쇼군인 도쿠가와 이에미쓰(德川家光)의 4남. 1680년 형(兄)인 제4대 쇼군 이에쓰나(家綱)가 죽자 쇼군 직에 취임하였다. 도쿠가와 쓰나요시는 취임 후 정치개혁을 추진하여 막정(幕政)의 주도권을 장악하였다. 1682년 정사 윤지완(尹趾完)·부사 이언강(李彦綱)·종사관 박경후(朴慶後) 등 통신사 일행이 도쿠가와 쓰나요시(德川綱吉)의 습직(襲職)을 축하하기 위해 일본을 방문하였다.

**115** 조태억(趙泰億) : 1675~1728. 조선 후기의 문신. 1710년 8월 20일 원래는 통신정사(通信正使)로 이제(李濟)가 차송(差送)되었는데, 뒤에 조태억으로 바뀌었다. 1711년 통신정사가 되어 도쿠가와 이에노부(德川家宣)의 습직(襲職)을 축하하기 위해 일본에 다녀왔다.

彦)<sup>117</sup>이 와서 도쿠가와 이에노부(德川家宣)<sup>118</sup>의 쇼군 계위를 축하했다.

---

조태억은 아라이 하쿠세키(新井白石)를 만나 필담을 나누었고, 얼마 뒤 이 필담을『강관
필담(江關筆談)』으로 엮었다. 또한 벳슈 소엔(別宗祖緣)·하야시 호코(林鳳岡) 부자 등
일본문사들과 교유하였고, 이때 주고받은 시가 여러 필담창화집에 수록되어 있다. 1712년
귀국 후 쓰시마도주의 간계에 속아 일본에서 가지고 온 국서(國書)가 격식에 어긋났다는
이유로 임수간·이방언과 함께 관작이 삭탈되고 문외출송(門外黜送)되었다가 이듬해 풀
려났다. 그의 문집『겸재집(謙齋集)』에는 사행기록인「동사록(東槎錄)」이 수록되어 있고,
그 밖에도 일본인에게 지어준 명(銘)과 찬(贊) 등이 수록되어 있다.

**116** 임수간(任守幹) : 1665~1721. 조선 후기의 문신. 1711년 통신부사(通信副使)가 되어
도쿠가와 이에노부(德川家宣)의 습직(襲職)을 축하하기 위해 일본에 다녀왔다. 사행 중
정사 조태억 등과 함께 아라이 하쿠세키(新井白石)·벳슈 소엔(別宗祖緣)·하야시 호코(林
鳳岡) 부자 등 일본문사들과 교유하였다. 또한 당시 사행 중의 기록을『동사일기(東槎日
記)』로 남겼다. 1712년 귀국 후 쓰시마도주의 간계에 속아 일본에서 가지고 온 국서(國書)
가 격식에 어긋났다는 이유로 조태억·이방언과 함께 관작이 삭탈되고 문외출송(門外黜
送)되었다가 이듬해 풀려났다. 저서로는『돈와유집(遯窩遺集)』이 있다.

**117** 이방언(李邦彦) : 1675~?. 조선 후기의 문신. 사행에 앞서, 삼사신은 숙종으로부터
통신사가 가지고 갈 예단(禮單) 중 인삼에 대해 특별히 그 품질과 진위에 문제가 없도록
검속하라는 명을 받았고, 이방언은 통신사가 타고 갈 배의 돛을 면포(綿布)로 만들 것을
아뢰어 허락을 받기도 하였다. 1711년 통신부사(通信副使)가 되어 도쿠가와 이에노부(德
川家宣)의 습직(襲職)을 축하하기 위해 일본에 건너갔다. 사행 중 정사 조태억 등과 함께
아라이 하쿠세키(新井白石)·벳슈 소엔(別宗祖緣)·하야시 호코(林鳳岡) 부자 등 일본문
사들과 교유하였다. 일본 도모노우라(鞆ノ浦)의 후쿠젠지(福禪寺)에 있는 대조루(對潮
樓)에서 본 조망을 '日東第一形勝'이라고 상찬(賞贊)하였고, 그 친필 현판이 지금까지 대
조루에 걸려 있다. 1712년 귀국 후 쓰시마도주의 간계에 속아 일본에서 가지고 온 국서(國
書)가 격식에 어긋났다는 이유로 조태억·임수간과 함께 관작이 삭탈되고 문외출송(門外
黜送)되었다가 이듬해 풀려났다.

**118** 도쿠가와 이에노부(德川家宣) : 1662~1712. 에도 막부(幕府) 제6대 쇼군. 재위 1709~
1712. 고후번(甲府藩) 번주인 도쿠가와 쓰나시게(德川綱重)의 장남(양자). 1680년 제4대
쇼군인 도쿠가와 이에쓰나(德川家綱)가 중태에 빠졌을 때 아들이 없었기 때문에 도쿠가와
쓰나요시(德川綱吉)가 제5대 쇼군으로 추대되었다. 그러나 제5대 쇼군인 쓰나요시의 적
자(嫡子)인 도쿠마쓰(德松)가 5세의 어린 나이로 죽자, 1704년 이에노부(家宣)가 쓰나요
시의 양자가 되어 제6대 쇼군으로 결정되었으며, 1709년 쇼군에 정식 취임하였다. 이에노
부는 마나베 아키후사(間部詮房)·유학자인 아라이 하쿠세키(新井白石) 등을 등용하여 문
치정치를 추진하였지만 재위 3년 후인 1712년 사망하였다.

## ○ 교호(享保) 4년(1719) 기해. 조선 사절이 내빙하다

정사 홍치중(洪致中)[119], 부사 황선(黃璿)[120], 종사관 이명언(李明彦)[121]
이 쇼군 도쿠가와 요시무네(德川吉宗)[122]의 계위를 축하했다.

## ○ 엔쿄(延享) 5년(1748) 무진. 사절이 내빙하다

조선에서 홍계희(洪啓禧)[123], 남태기(南泰耆)[124], 조명채(曹命采)[125]를 삼

---

**119** 홍치중(洪致中) : 1667~1732. 조선 후기의 문신. 1719년 도쿠가와 이에노부(德川家
宣)가 사망하고 그의 아들 도쿠가와 이에쓰구(德川家繼)가 그 자리를 계승하였으나 얼마
안 되어 죽고 아들이 없으므로 종실(宗室) 기이국(紀伊國) 기슈번주(紀州藩主) 도쿠가와
요시무네(德川吉宗)가 대신 그 자리에 올라 통신사를 요청하였다. 이에 홍치중이 통신정
사(通信正使)가 되어 일본에 다녀왔다. 영조 즉위 후 예조판서로 발탁, 병조와 형조의
판서를 지냈다. 사행록 『해사일록(海槎日錄)』이 있다.
**120** 황선(黃璿) : 1682~1728. 조선 후기의 문신. 1719년 통신부사(通信副使)가 되어 도쿠
가와 요시무네(德川吉宗)의 습직(襲職)을 축하하기 위해 일본에 다녀왔다. 사행에 앞서
왜인들에게 수색을 당하는 일이 있으니 돌아올 때 흔히 사들여오던 검은빛의 물소뿔인
흑각(黑角)을 사들여오지 말라는 명을 내리도록 건의하였고, 왜와의 교섭을 신중히 해야
함을 아뢰었다.
**121** 이명언(李明彦) : 1674~?. 조선 후기의 문신. 1719년 종사관(從事官)이 되어 도쿠가와
요시무네(德川吉宗)의 습직(襲職)을 축하하기 위해 일본에 다녀왔다. 사행 당시 병조정랑
(兵曹正郞)이었다.
**122** 도쿠가와 요시무네(德川吉宗) : 1684~1751. 에도 막부(幕府) 제8대 쇼군. 재위 1716~
1745. 도쿠가와 이에야스(德川家康)의 증손자. 1705년 부친과 형들이 잇달아 병사(病死)
하여 요시무네가 대를 이어 기슈번 도쿠가와가(德川家) 제5대 번주에 취임하였다. 1716년
제7대 쇼군 도쿠가와 이에쓰구(德川家繼)가 8세의 어린 나이로 죽자 후계자 문제가 발생
하였는데, 요시무네가 제8대 쇼군직을 계승하게 되었다. 요시무네는 금은(金銀) 등 귀금
속의 해외 유출을 막고 수입품의 국산화를 위한 산업정책을 추진하였는데, 인공재배가
곤란하였던 조선인삼 재배를 20여 년에 걸친 시행착오 끝에 국산화하는데 성공하기도
하였다.
**123** 홍계희(洪啓禧) : 1703~1771. 조선 후기의 문신. 1748년 일본 막부의 제9대 장군 도쿠

사로 하는 신사를 파견하여 도쿠가와 이에쓰구(德川家繼)[126]의 계위를
축하했다.


## ○ 호레키(寶曆) 13년(1763) 계미. 조선 사절이 오다

도쿠가와 이에하루(德川家治)[127]의 계위를 축하했다. 정사는 조엄(趙

---

가와 이에시게(德川家重)의 습직(襲職)을 축하하기 위해 통신상사(通信上使)가 되어 통
신사 일행 500여 명을 이끌고 일본에 다녀왔다. 사행 중 하야시 류코(林榴岡, 林信充)
·하야시 류탄(林龍潭, 林信愛) 등 수많은 일본문사들과 교유하였다. 특히 오사카에서 사
쿠라 료칸(櫻良翰)·세오 고레노리(瀨尾維德) 등과 만나 시문을 주고받았고, 그 시문이
필담창화집『선린풍아(善隣風雅)』에 수록되어 있다.
**124** 남태기(南泰耆) : 1699~1763. 조선 후기의 문신. 1748년 일본의 제9대 쇼군 도쿠가와
이에시게(德川家重)의 습직(襲職)을 축하하기 위해 통신부사(通信副使)가 되어 일본에
다녀왔다. 이듬해 1748년 2월 16일 남태기가 탄 배가 와니우라(鰐浦)에서 화재가 발생하
여 인삼·무명 등 예물로 가져간 물건이 불에 타고 사상자가 10여 명에 이르는 사고가
발생하였다. 사행 중 하야시 류코(林榴岡, 林信充)·하야시 류탄(林龍潭, 林信愛) 등 수많
은 일본문사들과 교유하였다. 1762년 예조판서 겸 내의원제조가 되었으나 동생 태회(泰
會)로 인하여 대간의 지탄을 받고 사직, 고향에 돌아가 제자들을 가르쳤다. 사행록으로
『사상기(槎上記)』가 있으나 현전하지 않으며, 『속대전(續大典)』을 수찬하였고, 문집『죽
리집(竹裏集)』이 남아 있다.
**125** 조명채(曺命采) : 1700~1764. 조선 후기의 문신. 1748년 도쿠가와 요시무네(德川吉
宗)가 연로하여 그의 아들 도쿠가와 이에시게(德川家重)에게 전위(傳位)하고 통신사를
요청하므로, 조명채는 종사관(從事官)이 되어 일본에 다녀왔다. 사행 중 수많은 일본문사
들과 교유한 기록이 여러 필담창화집에 남아있다. 일본에서의 견문을 일기체로 적은 사행
기록『봉사일본시문견록(奉使日本時聞見錄)』이 전한다.
**126** 도쿠가와 이에쓰구(德川家繼) : 1709~1716. 에도 막부 7대 쇼군. 재위 1713~1716.
제6대 쇼군 도쿠가와 이에노부(德川家宣)의 셋째 아들로 형제가 모두 어린 나이로 죽었
다. 이에쓰구 역시 만4세에 즉위하여 7세라는 어린 나이로 사망한다. 그의 승습에 대한
통신사가 파견되지도 못한 상태였다.
**127** 도쿠가와 이에하루(德川家治) : 1737~1786. 에도 막부 10대 쇼군. 재위 1760~1786.
9대 쇼군인 도쿠가와 이에시게(德川家重)의 장남. 정치보다는 그림, 장기 등의 취미에

曒)[128], 부사는 이인배(李仁培)[129], 종사관은 김상익(金相翊)[130]이었다.


## ○ 분카(文化) 8년(1811) 신미. 사절이 내빙하다

정사 김이교(金履喬)[131], 부사 이면구(李勉求)[132]가 쇼군 도쿠가와 이에

---

몰두하였기에 실질적인 정치는 로쥬들의 손에 의해 이루어졌다.

**128** 조엄(趙曮) : 1719~1777. 조선 후기의 문신. 사행 이전인 1758년 동래부사로 재임했다. 1763년 통신정사(通信正使)가 되어 도쿠가와 이에하루(德川家治)의 습직(襲職)을 축하하기 위해 일본에 다녀왔다. 사행에 앞서 7월 24일 영조(英祖)가 조엄·이인배·김상익 등을 만나보고, 교린이 중대한 일임을 일깨우면서 칙교(飭敎)를 써서 내리기를, 약조를 어기고 조정에 수치를 끼치는 자, 기이하고 교묘한 물건을 사서 은밀히 많은 이익을 노리는 자, 일본인들과 술을 마시어 감히 나라의 법금(法禁)을 어기는 자는 모두 사신으로 하여금 먼저 목을 베고 나서 아뢰도록 하였다. 한편 사행 중 아사쿠사(淺草) 히가시혼간지(東本願寺)에서 하야시 호코쿠(林鳳谷, 林信言)·하야시 류탄(林龍潭, 林信愛) 등과 시를 주고받았고, 오사카에서는 오에 겐포(大江玄圃)가, 에도에서는 마쓰모토 오키나가(松本興長)가 조엄에게 시를 지어주었다. 사행을 마치고 돌아올 때 쓰시마에서 고구마 종자를 가지고와 그 보장법(保藏法)과 재배법을 아울러 보급, 구황식물로 널리 이용하게 하였다. 문장에 능하여 통신사로 일본을 내왕하며 견문한 것을 기록한 『해사일기(海槎日記)』를 남겼다.

**129** 이인배(李仁培) : 1716~1774. 조선 후기의 문신. 1763년 통신부사(通信副使)가 되어 도쿠가와 이에하루(德川家治)의 습직(襲職)을 축하하기 위해 일본에 다녀왔다. 사행 중 아사쿠사(淺草) 히가시혼간지(東本願寺)와 오사카 등지에서 일본 문사들과 시문을 나눈 것이 여러 필담창화집에 실려 있다. 사행에서 돌아온 뒤 정사 조엄·종사관 김상익 등과 함께 영조의 부름을 받고 일본의 풍속과 인물에 대한 영조의 물음에 답을 하였다. 말년에 예조참의를 거쳐 1768년 대사간에까지 올랐다.

**130** 김상익(金相翊) : 1721~?. 조선 후기의 문신. 1763년에는 통신사의 종사관(從事官)이 되어 도쿠가와 이에하루(德川家治)의 습직(襲職)을 축하하기 위해 일본에 다녀왔다. 사행 중 아사쿠사(淺草) 히가시혼간지(東本願寺)와 오사카 등지에서 일본 문사들과 시문을 나눈 것이 여러 필담창화집에 실려 있다. 사행에서 돌아온 뒤 정사 조엄·종사관 김상익 등과 함께 영조의 부름을 받고 일본의 풍속과 인물에 대한 영조의 물음에 답을 하였다.

**131** 김이교(金履喬) : 1764~1832. 조선 후기의 문신. 1810년 10월 10일 통신사(通信使)에 임명되었다가 12월 호조판서 심상규(沈象圭)를 탄핵한 일로 체포되어 통신사도 교체되었으나 같은 달 16일에 다시 재임명되었다. 1811년 2월 12일 임금의 명을 받고 출발해 5월

나리(德川家齊)[133]의 계위를 축하했다.


## ○ 메이지(明治) 9년(1876) 5월. 조선에서 수신사가 내빙하다

예조참의 김기수(金綺秀)가 정사로서 도쿄에 왔는데 수행 인원은 약 70여 명이었다. 일본 정부는 외국 공사와 동등한 예로써 접대했다. 6월 1일 외무관원은 신사를 동반하여 입궐하였다. 김기수는 백의당관(白衣唐冠)을 한 채로 소교(小轎)에 올랐다. 상상관과 상관 13명, 중관 28명, 기타 하관은 각각의 행렬을 정리하고 궁내성(宮內省)을 찾았다. 궁내성 어문 내 좌우에는 근위병이 정렬하고서 신사 통행 시에 봉총(捧銃)의 예식을 행했다. 김기수는 오쿠루마요세(御車寄)[134]에서 내렸고, 전(殿)

---

22일 부사(副使) 이면구(李勉求)와 함께 쓰시마후추(對馬府中)의 객관(客館)에서 도부상사(東武上使) 오가사와라 다다카타(小笠原忠固, 源忠岡)와 부사 와키사카 야스타다(脇坂安董, 藤安薫)에게 국서전명(國書傳命)을 거행하고 공사예단(公私禮單)을 전달하였다. 1811년 6월 쓰시마 객관에서 막부의 유관(儒官) 고가 세이리(古賀精里)와 시를 주고받았으며, 이테이안(以酊菴)의 승려 쇼인(樵隱)과도 시를 주고받다. 1812년에도 쓰시마에 건너가 국서를 전달하였다. 사행록으로『신미통신일록(辛未通信日錄)』이 있고, 문집으로『죽리집(竹裏集)』이 있다. 시호는 문정(文貞)이다.

**132** 이면구(李勉求) : 1757~1818. 조선 후기의 문신. 1811년 역지통신(易地通信) 때 도쿠가와 이에나리(德川家齊)의 습직(襲職)을 축하하기 위해 부사(副使)가 되어 일본 쓰시마에 다녀왔다. 사행 기간 동안 쓰시마 객관에서 막부의 유관(儒官) 고가 세이리(古賀精里)와 시를 주고받았으며, 이테이안(以酊菴)의 승려 쇼인(樵隱)과도 시를 주고받았다.

**133** 도쿠가와 이에나리(德川家齊) : 1773~1841. 에도 막부 제11대 쇼군. 재위 1786~1837. 1781년에 제10대 쇼군 도쿠가와 이에하루(德川家治)의 계승자가 되었고, 1786년 이에하루가 사망하자 이에나리는 14살의 나이로 쇼군 자리를 계승했다. 에도 시대에 막부가 주도한 3대 개혁 중 하나인 관정개혁(寬政改革)을 주도했다. 1811년의 통신사는 쓰시마에서 국서를 교환했기 때문에 도쿠가와 이에나리를 직접 만나지는 못했다.

**134** 오쿠루마요세(御車寄) : 전(殿)에 오르는 것을 허락받은 자가 정식으로 궁중에 오를

에 오를 때 식부 관원이 그를 맞이해 임시로 마련된 대기실로 이끌었다. 김기수는 이곳에서 의관을 갈아입었다. 그 후 외무경(外務卿)[135], 궁내경(宮內卿)[136], 식부두(式部頭)[137]가 각각 대기실에서 인접했다. 곧 식부두가 신사에게 입궐의 뜻을 알렸고 천황이 출어하였다. 신사를 부를 때는 식부두가 외무경에게 알렸고, 외무경이 김기수를 인도해 어전에 나아갔다. 김기수는 백의에 석대(石帶)를 하고 당관을 쓴 정복 차림으로 자리에 나아가서 먼저 자리 앞에서 엎드려 절하고 머리를 조아리는 예를 행했다. 다음으로 자리 옆에서 엎드려 절하고 또 어전에 나아가 외무경과 식부두의 중앙에서 엎드려 절했다. 이때 외무경이 김기수의 이름을 공표했는데, 일어선 채로 묵도(默禱)했다. 또 김기수는 자리 옆으로 돌아갔고 또 다시 원래대로 자리 앞에서 엎드려 절하여, 도합 5번 머리를 조아리는 예를 행했다. 대기실에서 차와 과자를 주었다. 오전 11시 30분경 돌아갔다.

신사가 가져온 국서의 도장은 중국에서 준 '조선국왕지인(朝鮮國王之印)'이 적힌 옥새를 사용한 것이 아니라, '위정이덕(爲政以德)'이라는 4글자가 적힌 옥새를 사용한 것이었다. 종전의 옥새를 이번 국서에도 사용한 것인지는 모르겠으나, 저 나라의 풍습과 문자에 자국에 대한 존중과 타국에 대한 폄하가 나타나는 일은 왕왕 있었다. 조선의 사무에 종사하는 이는 주의해야 한다.

조선응접기사 끝

---

때의 현관을 말한다.

[135] 외무경(外務卿) : 당시의 외무경은 데라시마 무네노리(寺島宗則)였다.

[136] 궁내경(宮內卿) : 당시의 궁내경은 도쿠다이지 사네쓰네(德大寺實則)였다.

[137] 식부두(式部頭) : 당시의 식부두는 보조 도시타다(坊城俊政)였다.

# 朝鮮應接紀事*

長崎縣 蘇我總八郎纂次

夫レ朝鮮修信使ノ來聘スル一朝一夕ノ故ニ非ス。其來歷ヲ考ル
ニ、曾シ太政ノ維新ニ際會シ對馬舊藩知事朝廷ノ命ヲ奉シ大修使【大
ニ隣好ヲ修ムルノ義】ヲ遣ハシ日本ノ世運前古ニ復シ、我カ皇上綱紀ヲ
更張シ、萬機ヲ親裁シ、王フノ一大變革ヲ告グ。然ニ彼レ舊式ニ異
ナルヲ論シ、拒テ受ケズ。其後朝廷ヨリ外務官員森山茂・廣津弘信
等ヲ遣シ、兩國ノ隣誼ヲ敦フセンコトヲ謀ルヤ年旣ニ久シ。

明治六年十二月、廟堂頻ニ征韓ノ論起リ。西鄕・板垣・後藤・江
藤・副島ノ諸公之ヲ主張セリ。此頃木戶・大久保ノ諸公ハ使命ヲ全シ
テ海外ヨリ歸リ非征論ヲ唱フ。是ニ於テ乎內閣ノ議論大ニ岐レ。勅裁
ヲ以テ遂ニ非征ニ決スルニ至リ、征韓ヲ主張スル西鄕以下ノ諸公ハ
一時ニ內閣ヲ退キタリ。自夫以後問罪ノ師ヲ臺灣ニ發スルニ當リ、朝
鮮我カ軍威ヲ畏レ前非ヲ謝シ、殆ンド和交ノ端緒ニ就クニ向ントス。
故ニ森山權大丞ハ寺島外務卿及ビ宗外務大丞ノ書翰ヲ齎ラシ釜山浦
ノ草梁館ニ到リシガ、彼亦タ背約シテ其書ヲ受ズ。朝鮮ノ我ガ朝ニ

---

* 원문의 일본식 한자는 한국식 한자로 수정하였으며, 문장부호 및 문단 구성은 번역문에
준하도록 수정하였다.

禮敬ヲ欠キ信義ヲ失フ。豈ニ淺少トランヤ。

又夕明治八年九月十二日、我カ軍艦雲揚號長崎ヲ發シ朝鮮海ヲ航シ全羅道濟州島ノ傍ヲ過ギ支那牛莊ニ赴カントスルノ際、同十九日朝鮮京畿ノ咽喉ナル江華島ノ沖ヲ通行セシヲ以テ、地方ヨリ三里許ノ所ニ錨ヲ投シ、小舸ヲ浮ベ、本艦ノ位置ヲ撿シ、港罋ノ淺深ヲ測リ。素リ薪水ノ貯モ乏シケレバ、夫レヨリ陸地ニ上リテ石炭ノ有無ヲ問ヒ水ヲ汲ミ入ル丶ノ便ヲ謀ラント欲シ。第一砲臺ノ前ヲ過ギ第二第三砲臺ノ前ヲ乘リ通ラントセシガ、俄カニ我カ小舸ニ向テ砲擊セリ。止ムコトヲ得ズ我カ小舸ヨリモ亦夕之ニ應シテ小銃ヲ發シ、暫ク戰鬪シテ本艦ニ退キタリ。

翌廿日艦長衆ニ謀テ曰、"其罪ヲ責メズシテ退艦スベキヤ否ヤ"ト。衆皆ナ奮テ曰ク、"彼レ一應ノ訊問ナクシテ我ガ帝國ノ旗章ニ向ヒ不意ノ砲擊ヲナセリ。我其故ヲ責メズシテ退艦スルトキハ誠ニ我軍艦ノ恥辱ナリ。豈ニ本艦ヲ進メ彼ノ罪ヲ討伐セサル可ケンヤ"ト。是ニ於テ艦長令ヲ下シ直ニ進擊セントスレトモ、江華灣ハ京城ヲ環流スル漢江ノ河口ニシテ殊ニ水勢急遽ナルヲ以テ、驀入ニ便ナラサレバ、遙ニ沖ヨリ柘榴彈ニ丸ヲ檣ニ臺場ニ打込ミタレトモ、此閒ノ浦淹遠淺ニシテ余程懸隔ナルニ因リ故ニ勝敗ヲ決シ難ク。且ツ舟攻ニ便ナラサルヲ以テ二里許モ東南ニ引下リ永宗城ノ襲擊ヲ謀リ。

翌日黎明ニ小笠原中尉角田少尉ノ士官ヲ初メ海兵水夫共ニ合シ三十二人、二艘ノ小舸ニ載リ、永宗城東門ノ下ニ漕ギ付ケ直ニ進デ、塀柵ヲ越ヘ東門ヲ排シ奮戰シテ、遂ニ其城ヲ攻メ落セリ。卽チ艦長井上少佐モ上陸シ城中ヲ調査スルニ、大礮三十六門其外鎗・刀・弓矢・鳥銃・太鼓・喇叭・書冊等ナリ。悉ク分捕シテ之ヲ本艦ニ運送ス丶。此擧ヤ十分ノ勝利ナレバ、雲揚艦ハ甲板上ニ酒宴ヲ開キ、永宗城兵燹ノ炎焰ヲ下物トシ。時々凱聲ヲ發シタリ。

　既ニ其日モ暮レ翌廿二日ニナリシカドモ、土人遁伏シテ兵馬拒戰ノ景狀少シモ無ケレバ、詮方ナク雲揚艦ハ廿三日早曉同所ヲ發艦シ海程六日ヲ經テ、同廿九日長崎ニ著艦シ、速ニ電信ヲ以テ其事由ヲ東京ニ稟報セリ。是ノ時森山理事官ハ釜山浦ヨリ歸リ、既ニ長崎迄來着シタリシガ、圖ラズ右ノ事件ニ及ビ。又タ春日艦ニ乘リ再ビ釜山浦ニ赴クベキトノ命ヲ奉ジ、十月一日午前第四時長崎ヲ發ジ、彼地ニ向ヘリト云フ。

　夫レ雲揚艦ノ江華ニ砲擊セラレシ凶報アルヨリ世論囂々。或ハ征韓ヲ主張シ憤然腕ヲ扼シ怒髮冠フ衝キ、直ニ楫ヲ朝鮮海ニ鼓シ、馬ニ鴨綠江ニ飲マシメントスルノ形狀アリ。或ハ又タ非征ヲ唱ルノ識者ハ內治未ダ浹洽ナラズ、金穀未ダ欠乏ノ憂ヲ免レザルヲ以テ、大ニ利害ヲ論駁シ、虛失ヲ比較シ、飽クマデ不問ノ策ヲ述ベ、征韓論者ニ抗對セリ。木戶公ノ如キハ少ク固持ノ非征論ヲ變ジ、人心ノ擧動ヲ察シ政府ノ保護ヲ務メ、既往ノ征ス可カラザル所以ト、今日ノ不問ニ屬ス可カラサル所以ト論ジ、奏疏セラレタリシカ、政府ソノ措置ノ宜キヲ參酌シ。

　明治八年十二月十三日陸軍中將兼參議開拓長官黑田淸隆公ヲ特命全權辨理大臣トメ朝鮮國ヘ差遣セラルヽノ命アリ。

　同廿七日議官井上馨君ヲ特命副全權辨理大臣トシテ同國ヘ差遣セラルヽノ命アリ。

　卽チ九年一月六日ヲ以テ辨理大臣其他隨行ノ諸官員ハ品川海ヲ解纜セラレ、神戶・下ノ關・對馬ノ諸港ヲ經テ、同十五日朝鮮國釜山浦ニ到着アリ。

　次テ同十九日參議陸軍卿兼中將近衛都督山縣有朋公及ビ會計監督川崎祐名・福島行中等ノ諸君ハ、橫濱ヨリ三菱郵船玄海丸ニ乘組ミ、長州下ノ關ニ出張セラレ軍備ノ模樣アリ。

　同廿三日既ニ辨理大臣ノ本艦玄武丸ヲ初メ、日進・孟春・驕龍・鳳翔・高雄・箱館七艘ノ船隻ハ堂々タル國威ヲ振ヒ釜山浦ヲ發シ。

　同廿五日諸艦一同ニ華料島[1]ニ着シ。

　同廿九日大阜島ニ移レリ。此所ハ江華灣ニ近クシテ遙ニ永宗城ヲ望ム由ナリ、ソレヨリ彼國ノ擧動ヲ伺ヒ其機ノ緩急ヲ察シ。

　二月四日諸艦舳ヲ列シ一同江華島ノ傍ナル頂山島[2]ニ轉移シ。

　同十日黒田・井上兩大臣ハ隨員ヲ引率シ、各々大禮服ニテ海軍兵之ヲ護送シ、江華府ニ上陸セラレ。午後三時半頃ニ副帥營ノ公館ニ着セラレタリ。時ニ東萊ノ訓導玄昔運・差備官李瀛秀ノ兩人ハ早速公館ニ來リ兩大臣ノ着駕ヲ賀ス。夫ヨリ兩大臣ハ隨員一二名ニテ海軍兵ニ護送セラレ。沙都通判衙門ニ到リ第一門ニ入リ。第二門ノ外ニ海軍兵半隊ヲ留メ半隊ヲ率ヒテ、正階ノ下ニ到リ。兵ヲ一列ニ立テ留メ置キテ、兩大臣ハ直ニ館内ニ進メリ。是ノ時、朝鮮ノ大臣判中樞府事申櫶トイヘル一品官ト副大臣都總府副總管尹滋承ト云ル二品官ノ兩人出迎シテ、互ニ名刺ヲ取替シ一通ノ挨拶アリテ椅子ニ倚リ茶ヲ喫シ。是ノ日ハ直ニ副帥營ノ公館ニ歸ラレタリ。又夕朝鮮ノ兩大臣モ粉紅團領トイヘル貴人ノ衣服ヲ着シ【白衣ノ袍ニシテ胸前ニ赤帶ヲ橫へ、我カ邦ノ舊衣冠ニ似タリ。冠ハ雙纓四翼ニテ俗ニ唐冠トイフナリ】、一隊ノ兵士ニ警護セラレ、音樂ヲ奏シナカラ行列シテ辨理大臣ノ公館ニ來リ。副帥營ノ外門ニテ奏樂ヲ止ム。第一門ヲ過グルトキ我兵隊ヨリハ棒銃ノ禮ヲ爲シ喇叭ヲ吹ク。第二門ニ到リ轎子ヲ下リ左右ニ助ケラレテ階ヲ登リ。正廳ニテ我ガ兩大臣ニ面會シ、先刻ノ答禮ニ來リタルナリト、互ニ丁寧ノ挨拶アリ。茶菓煙草等ヲ出サレタリシガ、暫クシテ左樣ナラハ御機

---

1　華料島 : '桃李島'의 오기이다.
2　頂山島 : '項山島'의 오기이다.

嫌能トイヒ、公館ヲ歸リタリシカ。

　翌十一日西門ノ内練武堂ニテ、午後一時ヨリ談判始マリ、五時ニシテ終ル。其時彼大臣ノ饗應アリテ、音樂ヲ奏シタリ。是レ周代ノ古樂ナリト、實ニ然ルヤ否ヤ。抑モ辨理大臣ノ江華ニ到着セラルヽヨリ、其近傍ニ居住スル土民等ハ老幼婦女悉ク、皆ナ山谷ノ間ニ遁伏シ、大ニ畏怖ノ情況ヲ現ハセリト。且又永宗城ハ雲揚艦ノ攻擊ニ逢ヒ、其他ノ人民壯男ニシテ兵役ニ堪ユル者ハ多ク死亡シ、殘ル所ハ孤寡老稚ノミニテ、實ニ憐然見ルニ忍ヒザルノ有樣ナリト云フ。黑田・井上ノ兩大臣ハ此機會ニ乘シ彼國ノ大臣ニ向テ應接談判ヲ初メラレ。

　翌十二日午後一時ヨリ執事廳トイフ官廨ニテ談判アリシカ、五時四十五分退出セラレ。十一日十二日共ニ兵隊ノ警衛モ無ク僅ニ隨從二三名ノミナリ。此日ヨリ彼ノ懇請ニ因リ十日ノ間ハ談判ヲ猶豫スルコトニ定リタレトモ、同ク十三日又タ故アリテ會同セラレシガ、此ノ日ハ格別ノ事件ニアラズ、午後三時ニ早ク歸館セラレタリ。

　夫ヨリ十日ノ間ヲ待ツ内ニ彼ヨリ段々掛合アリテ。

　同廿日ニ至リ、彼ノ云ヘルニハ遂ニ我ガ大臣ノ意見ニ協ハズト。故ニ此夜マタ使者ヲ遣シ、彼ノ大臣ニ會同ノ事ヲ通知セラレ。夜七時半頃俄ニ執事廳ニ於テ談判アリテ、十二時後ニ歸館セラル。此夜如何ノ談判アリシカ、翌廿一日諸荷物ヲ諸艦碇泊セシ所ノ頂山島ニ搬ビ返シ。

　廿二日黑田・井上ノ兩大臣ハ副帥營ノ公館ヲ發行セラレントスルニ、彼ノ大臣申・尹兩氏自ラ公館ニ來リ、我ガ兩大臣ニ數日ノ滯留ヲ乞ヘトモ、許容セス終ニ頂山島碇留ノ本艦ニ歸ラレタリ。然ルニ我ガ大臣モ猶ホ四日間ハ待ツベキニテ篤ト思慮セラレ。留置タル隨員ヨリ相談アル可シト云ヒ殘サレタレハ、彼ノ申・尹兩大臣モ大ニ周章

シテ速ニ留置レタル隨官ニ相談シ、我ガ兩大臣ニ請フ所アリケル
ガ、兩國和交ノ事、漸ク順便ニ歸シ。我ガ兩大臣モ再ビ副帥營ノ公
館ニ到レリ。夫談判始マルヨリ僅ニ十七日間ニノ我ガ兩大臣卓絶ノ
才識ヲ以テ緩急機ヲ失ハス十分ニ全權辨理ノ委任ヲ盡力セラレ。

　同廿七日午前第九時三十五分練武堂ニテ和交ノ談判始テ、整ヒ十
二條ノ盟約ヲ締レタリ。則チ之ヲ左ニ擧グ。


## 修好條規

大日本國

　大朝鮮國ト素ヨリ友誼ニ敦ク、年所ヲ歷有セリ。今兩國ノ情意未タ
洽ネカラザルヲ視ルニ因テ、重テ舊好ヲ修メ、親睦ヲ固セント欲ス。
是ヲ以テ、日本國政府ハ特命全權辨理大臣陸軍中將兼參議開拓長
官黑田淸隆、特命副全權辨理大臣議官井上馨ヲ簡ミ、朝鮮國江華府
ニ詣リ。朝鮮國政府ハ判中樞府事申櫶、都總府副總管尹滋承ヲ簡
ミ。各奉スル所ノ諭旨ニ遵ヒ議立セル條款ヲ左ニ開列ス。

　第一款。朝鮮國ハ自主ノ邦ニシテ日本國ト平等ノ權ヲ保有セリ。嗣
後兩國和親ノ實ヲ表セント欲スルニハ、彼此互ニ同等ノ禮義ヲ以テ
相接待シ、毫モ侵越猜疑スル事アルベカラズ。先ヅ從前交情阻塞ノ
患ヲ爲シ、諸例規ヲ悉ク革除シ務メテ、寬裕弘通ノ法ヲ開擴シ以テ雙
方トモ安寧ヲ永遠ニ期スベシ。

　第二款。日本國政府ハ今ヨリ十五個月ノ後、時ニ隨ヒ使臣ヲ派出
シ、朝鮮國京城ニ到リ禮曹判書ニ親接シ、交際ノ事務フ商議スルヲ
得ベシ、該使臣或ハ留滯シ、或ハ直ニ歸國スルモ、共ニ其時宜ニ
任スベシ。朝鮮國政府ハ何時ニテモ、使臣ヲ派出シ日本國東京ニ
至リ外務卿ニ親接シ交際事務ヲ商議スルヲ得ベシ、該使臣或ハ留滯

シ或ハ直ニ歸國スルモ亦其時宜ニ任スベシ。

第三款。嗣後兩國相往復スル公用文ハ日本ハ其國文ヲ用ヒ、今ヨリ十年間ハ添ユルニ譯漢文ヲ以テシ、朝鮮ハ眞文ヲ用ユベシ。

第四款。朝鮮國釜山ノ草梁頂ニハ日本公館アリテ、年來兩國人民通商ノ地タリ。今ヨリ從前ノ慣例及歳遣船等ノ事ヲ改革シ、今般新立セル條款ヲ標準トシ、貿易事務ヲ措辨スベシ。且又朝鮮國政府ハ第五款ニ載スル所ノ二口ヲ開キ日本人民ノ往來通商スルヲ准聽スベシ。右ノ場所ニ就キ地面ヲ賃借シ家屋ヲ造營シ、又ハ所在朝鮮人民ノ屋宅ヲ賃借スルモ、各其隨意ニ任スベシ。

第五款。京圻·忠淸·全羅·慶尙·咸鏡五道ノ沿海ニテ通商ニ便利ナル港口二個所ヲ見立タル後、地名ヲ指定スベシ。開港ノ期ハ日本曆明治九年二月ヨリ朝鮮曆丙子年正月ヨリ、共ニ數ヘテ二拾個月ニ當ルヲ期トスベシ。

第六款。嗣後日本國船隻朝鮮國沿海ニ在リテ、或ハ大風ニ遭ヒ、又ハ薪粮ニ窮竭シ、指定シタル港口ニ達スル能ハサル時ハ、何レノ港灣ニテモ船隻ヲ寄泊シ、風波ノ險ヲ避ケ、要用品ヲ買入レ、船具ヲ修繕シ柴炭類ヲ買求ムルヲ得ベシ。勿論其供給費用ハ總テ船主ヨリ賠贖スベシト雖モ、是等ノ事ニ就テハ地方官人民トモニ其困難ヲ體察シ眞實ニ憐恤ヲ加ヘ、救援至ラザル無ク、補給敢テ各惜スル無ルヘシ。倘又兩國ノ船隻大洋中ニテ破壞シ乘組人員何レノ地方ニテモ漂着スル時ハ、其地ノ人民ヨリ卽刻救助ノ手續ヲ施シ、各人ノ性命ヲ保全セシメ、地方官ニ屆出、該官ヨリ各本國ヘ護送スルカ、又ハ其近傍ニ在留セル本國ノ官員ヘ引渡スベシ。

第七款。朝鮮國ノ沿海島嶼巖礁從前審撿ヲ經ザレバ極メテ危險トナスニ因リ、日本國ノ航海者自由ニ海岸ヲ測量フルヲ准シ、其位置淺深ヲ審ニシ圖誌ヲ編製シ、兩國船客ヲシテ危險ヲ避ケ安穩ニ航通

スルヲ得セシムベシ。

第八款。嗣後日本國政府ヨリ朝鮮國指定各口ヘ時宜ニ隨ヒ、日本商民ヲ管理スルノ官ヲ設ケ置クヘシ。若シ兩國ニ交渉スル事件アル時ハ該官ヨリ其所ノ地方長官ニ會商シテ辨理セン。

第九款。兩國旣ニ通好ヲ經タリ、彼此ノ人民各自己ノ意見ニ任セ貿易セシムヘシ。兩國官吏毫モ之レニ關係スルコトナシ。又貿易ノ限制ヲ立テ或ハ禁沮スルヲ得ズ。倘シ兩國ノ商民欺罔衒賣又ハ貸借償ハサルコトアル時ハ、兩國ノ官吏嚴重ニ該逋商民ヲ取糺シ、債欠ヲ追辨セシムベシ。但シ兩國ノ政府ハ之ヲ代償スルノ理ナン。

第十款。日本國人民朝鮮國指定ノ各口ニ在留中若シ罪科ヲ犯シ、朝鮮國人民ニ交渉スル事件ハ總テ日本國官員ノ審斷ニ歸スヘシ。若シ朝鮮國人民罪科ヲ犯シ日本人民ニ交渉スル事件ハ均ク朝鮮國官員ノ査辨ニ歸スベシ。尤モ雙方トモ各其國律ニ據リ裁判シ、毫モ回護袒庇スルコトナク務メテ、公平允當ノ裁判ヲ示スベシ。

第十一款。兩國旣ニ通好ヲ經タレバ、別ニ通商章程ヲ設立シ、兩國商民ノ便利ヲ與フベシ。且現今議立セル各款中更ニ細目ヲ補添シテ以テ遵照ニ便ニスベキ條件共自今六個月ヲ過ズシテ兩國別ニ委員ヲ命ジ朝鮮國京城又ハ江華府ニ會シテ商議定立セン。

第十二款。右議定セル十一款ノ條約、此日ヨリ兩國信守遵行ノ始トス。兩國政府復之ヲ變革スルヲ得ズ以テ永遠ニ及ボシ、兩國ノ和親ヲ固スベシ。之レガ爲ニ此約書二本ヲ作リ、兩國委任ノ大臣各鈐印シ相互ニ交付シ以テ、憑信ヲ昭ニスルモノナリ。

大日本國紀元二千五百三十六年明治九年二月二十六日
大日本國特命全權辨理大臣陸軍中將兼參議開拓長官黑田淸隆印
大日本國特命副全權辨理大臣議官井上馨印

大朝鮮國開國四百八十五年丙子二月初二日
大朝鮮國大官判中樞府事申櫶印
大朝鮮國副官都總府副總管尹滋承印


　右ノ條約ヲ結ビ互ニ鈐印シテ之ヲ交換セラレタリ。此日ハ我ガ兩大
臣ヲ始トシ隨行ノ奏任官ハ皆ナ大禮服ヲ着シ。其座ニ臨マレ護衛ノ
儀仗兵モ禮服ニテ隨從セリ。彼國ノ樂隊ハ練武堂ノ前ニ於テ左右ニ
整列シ音樂ヲ奏ス。饗應ノ食物ハ十一日談判ノ初會ト同樣ニテ茶・ク
ワスリ・生栗・乾柿・色餅・藥菓・煠鷄卵・鷄南蠻ノ蕎麥等ナリ。我
ガ兩大臣ハ是ノ禮式宴享ヲ受ケ、直チニ練武堂ヲ退出セラレ、十一
時半頃鎭海門トイヘル所ヨリ脚船ニ乘リ。小蒸氣船ニ引カセ、頂山島
碇泊ノ本艦玄武丸ヘ歸リ。

　首尾好二十八日彼ノ地ヲ拔錨シ、三月一日午後三時ニ長州下ノ關
ヘ着港アリ、直ニ電線ヲ以テ、東京ヘ申報セラレ。

　翼二日同所ヲ發艦シ豊後佐賀ノ關ヨリ土州沖ヲ廻リ遠州洋通航ノ時
ハ、風順殊ニ宜ク水火夫ハ十分ニ働キテ火力ヲ盛ニシタセバ、行程
モ意外ニ早クシテ、四日黎明ニ相州三浦ノ岬ニ到リ、同日午前十時
八分ニハ品川沖ニ歸着シ、直ニ上陸セラレタリ。

　同五日午前九時頃、更ニ新橋汽車ステーションニ於テ出迎ノ式ア
リテ、府下一般旭日ノ國旗ヲ揚ゲ之ヲ祝ス。太政大臣及ビ式部頭其
外ノ官員ハ出迎ヒ。儀仗兵トシテ步兵一大隊騎兵一小隊ヲ整列シテ
待受アリ。正副辨理大臣竝ニ奏任官五人ノ人々ハ改テ新橋ノステー
ションニ到リ出迎ノ禮式ヲ受ラレ。夫ヨリ太政大臣正副辨理大臣ノ三公
ハ御料ノ馬車ニテ正院ヘ參上セラレ。騎兵ハ途中ヲ護送シ嚴重ナ
ルコトニテ臨御門ハ乘車ノマヽ參入シ、正院前庭ニ下車セラル。主
上ハ正廳階上ニ於テ大臣・參議・宮內卿・侍從・大史・式部頭ヲ率

ヒ、辨理大臣ヲ迎ヘ玉ヒ。夫ヨリ誘ヒテ内閣ニ入ラセラレ御對面アリテ、勅語ヲ賜ハリタリ。其勅語曰ク、"朕汝淸隆・馨等ヲ朝鮮國ニ派遣スルヤ、負ハシムルニ重任ヲ以ス、汝等電勉克ク其使命ヲ全ウシ、新ニ條約ヲ互換シ以テ兩國ノ好ミヲ爲セリ、朕甚ダ之ヲ嘉ミス。"ト更ニ又タ出御アリテ辨理大臣ヲ召シ。大臣・參議・外務・内務・大藏・陸海軍各省ノ長官ヲ班列シテ、其復命ヲ聞シ召サレ。儀式終リテ辨理大臣ニ祝酒ヲ賜ハリタリ。

同年五月廿二日朝鮮ヨリ修信使トシテ禮曹參議金綺秀【正三品】・別遣堂上嘉善太夫玄昔運【上々官】・上判事前參奉玄濟舜【上官】・副司果高永喜【上官】・別遣堂上嘉義太夫李容肅【上々官】・書寫官副使[3]果朴永善【上官】・畫員司果金鏞元【上官】・軍官前郎廳金汶植【上官】・前判官吳顯者【上官】・伴倘副司果安光默【上官】・前郎廳金相弼【上官】・書記二名【上官】・其他中官四十四名、下官十八名、總計七十五名、日本ヨリ貸與ノ蒸氣船ニ乘リ釜山浦ヲ發シ。

下ノ關神戶ノ諸港ヲ經テ廿九日橫濱ヘ着シ。夫ヨリ汽車ニテ入京シ錦町ノ旅館ニ投ス。蓋シ蒸氣船ヲ貸與タルハ、全ク彼國ノ航海術ニ拙ク、且ツ堅牢ノ船艦ナキ故ナリ。其入京ノ式ハ從前ノ來聘ニ比スレバ大ニ輕便ナリ。

正使金綺秀ハ明治九年五月廿九日朝鮮ノ使節入京シ、同六月一日宮內省ニ參內シ。夫ヨリ海陸軍ノ調練ヨリ各省設置ノ西洋器械等悉ク歷觀シ、同十八日東京ヲ發軔シ朝鮮海ニ赴ケリ。其行列儀式ヲ詳錄シ、又ク日本ヘ獻上品物ノ概略ヲ左ニ揭ク。

虎皮、豹皮、白綿紬、白苧布、色團扇、白綿布、眞梳、色摺扇、筆、眞墨、雲漢緞、黃燭、靑黍皮、采花席、鏡光紙、黃蜜。

---

3　使：'司'의 오기로 보인다.

黑色ノ冠、縹色ノ袍ヲ着シ、小轎ニ乘リ。水色ノ蓋ヲサシ掛ケサ
セ。前ニハ令旗【藍色ノ木綿ニ赤ノ令ノ字ヲ縱フナリ】赭色ノ六尺棒及ビ三
枝鎗[4]ヲ持スル者アリ。又タ音樂ハ螺角・喇叭・太平簫・篳篥・細
樂・銅鼓・長鼓・太鼓ノ諸樂器ヲ行々奏スルナリ。後ニハ上官等人
力車ニ乘リ、左右ニハ何レモ歩行ノ下官隨從セリ。既ニ修信使ノ新
橋汽車ステーションニ着シ、行列ヲナシ、音樂ヲ奏シ、入京スル
ニ、西洋人等聲ヲ發シ其行列儀式ノ時勢ニ迂遠ナルヲ嗤笑スト。嗚
呼、自國ノ舊例ヲ墨守シ、世界ノ形勢ヲ通視セサルトキハ、徒ニ其
不開化ノ頑陋ヲ現ハスノミ。朝鮮ヨリ專對ノ任ヲ受ケ日本ニ來聘スル
コノ修信使金綺秀ニシテ其見聞スル所ノ時機ヲ辨解シ國政ヲ釐革シ
前非ヲ悔悟セサルトキハ、爾來十分ニ獨立國ノ體裁ヲ全スルコト能
ハサル必然ナリ。恐レサル可ケンヤ。

嘗テ朝鮮修交ノ使節、我ガ國ニ來聘スルヤ、對馬ノ舊藩知事斡旋
シテ、力ヲ兩國ノ間ニ盡ス。文祿元年壬辰兵端ヲ開クノ前、太閤秀吉
公奄ニ日本全土ヲ一統シ。且ツ他邦ノ地境ヲ併呑スルノ大志ヲ發
シ、即チ宗義智君ニ命シ、朝鮮信使ノ來賀ヲ强請セシム。仍テ宗義
智君其家臣橘康廣ヲ遣ハシ、朝鮮ノ來聘ヲ求ム。朝鮮答フルニ、水
路ノ迷晦ヲ以テ辭トナシ、信使差遣ノ請ヲ許サス。然ト雖モ太合ノ命
嚴急ナルヲ以テ、又タ止ヲ得ズ宗義智君躬ラ蘇長老【僧侶】及ビ家臣
柳川調信ヲ從ヘ朝鮮ニ航シ王城ニ入リ、通信ノ事ヲ請議シ。久シク
王京ノ東平館ニ寓シ年ヲ經ルニ至ル。東平館ハ是レ從前日本ノ諸使
ヲ接待スル所ナリ。其時朝鮮漸ク信使ノ發遣ヲ允許シ、宗義智君乃
チ信使ヲ接伴シ、日本京都ニ入リ太閤ニ拜謁セリ。嗚呼、信使ノ來聘
容易ナラズ。宗義智君ノ兩國間ニ奔走周旋ノ事アルヲ以テ、太政維

---

4 鎗 : '槍'의 오기로 보인다.

新以來數年通交ノ澁滯シテ、外務省ノ官員森山茂君兩國ノ間ニ勞勘艱苦セル、實ニ想像ス可キ而已。

　漸ク壬辰兵亂ノ後、德川將軍ノ時代ニ至リ兩國和平。朝鮮モ亦タ信使ノ差遣ヲ拒マズ。或ハ和好ノ誼ヲ修メ、或ハ繼位ノ賀ヲ述べ世子ノ嘉誕ヲ祝ス。是レ其大略ニシテ悉ク皆ナ善隣ノ禮典ニ係ラザルハナシ。夫レ從前信使ノ人員時ニ隨ヒ些少ノ增減アリト雖モ、大概四五百名ナリ。其駕船ハ略六隻ニシテ、三隻ハ正使副使從事官ノ三使之ニ乘リ、三隻ハ荷物船ナリ。彼國ニテ之ヲト船トイフ。正使ノ船隻ハ長サ拾二尋半、胴ノ廣サ五尋五尺、深サ壹丈。副使ノ船隻ハ長サ拾二尋半、胴ノ廣サ五尋、深サ壹丈。從事官ノ船隻ハ長サ十尋、胴ノ廣サ五尋、深サ壹丈。荷物船ハ之ニ準ズ。是レ天和二年壬戌ノ信使ニ就テ驗スル所ナレトモ、其他前後ノ使船其ノ長短廣狹等ハ、大ニ異ナラザル可シ。

　夫レ上古朝鮮ノ來聘ハ崇神帝ノ六十五年任那ノ入貢ヲ始トシ、次テ神功皇后ノ親征アラセ玉ヒシヨリ、以後皇后攝政ノ時ニ當リ百濟新羅ヲシテ入貢セシメラレ。又タ用明・崇峻・推古三帝ノ朝、凡ソ四百年間ハ常ニ絕ズシテ通交セラレシ等ノ事アレトモ、措テ書セズ。只々天正・文祿以下ノ年代ニ就テ來聘スルノ信使ヲ追錄セル者ハ、今日ノ形勢ニ引證活用ノ實益少キヲ以テナリ、故ニ天正十八年ヨリ明治九年五月ニ至ル迄、凡ソ十九回信使ノ日本ニ來聘スル所ノ年度顚末ニ擧ゲ、之ヲ左ニ抄錄シテ以テ、後日ノ參考ニ備フ。


　○ 天正十八年庚寅朝鮮ノ信使來聘ス。

　朝鮮國王李昖ヨリ正使黃允吉・副使金誠一・書狀官計篪之[5]ノ三使ヲ遣ハシ、書翰ヲ太閤秀吉公ニ贈リ、日本一統ノ賀ヲ申べ、隣好ノ誼

ヲ修ム。對馬守宗義智君三使ヲ接伴シ。蘇長老【書翰ノ文案ヲ作僧侶ナリトゾ】及ビ家臣柳川調信ヲ從ヘ夏五月京都ニ入リ大德寺ニ寓ス。此ノ時太閣秀吉公兵陳フ率ヒ東山道ヲ征討シ數月ノ後。太閣凱旋シテ始メテ三使ヲ聚樂ニ引見スルコトヲ得タリ。三使禮畢リテ歸去ノ時太閣與フルニ返簡ヲ以テス、則チ其返簡ノ文ヲ擧クル左ノ如シ。

### 日本國關白 秀吉 奉復

朝鮮國王閣下

雁書薰讀。卷舒再三。抑

本朝雖爲六十餘州。比年諸國分離。亂國綱。廢世禮。而不聽

朝政。故予不勝感激。三四年之間。伐叛臣。討賊徒。及異域遠島。悉歸掌握。竊按予事蹟。鄙陋小臣也。雖然予當于托胎之時。慈母夢日輪入懷中。相士曰。日光所及。無不照臨。壯年必八表聞仁風。四海蒙威名者。其何疑乎。有此奇異。作敵心者。自然摧滅。戰則無不勝。攻則無不取。旣天下大治。撫育百姓。憐愍孤獨。故民富財足。土貢萬倍千古矣。

本朝開關以來。

朝廷盛事。洛陽壯麗。莫如此日也。夫人生于世也。雖歷長生。古來不滿百年。焉鬱々久居此乎。不屑國家之隔山海之遠。一超直入大明國。易吾

朝風俗於四百餘州。施京都政化於億萬斯年者。在方寸中。

貴國先驅而入朝。依有遠慮無近憂者乎。遠邦小島在海中者。後進

---

5 計箋之 : '許箋'의 오기이다.

者不可許容也。予入大明之日。將士卒。臨軍營。則彌可修隣盟也。
予願無他。只顯佳名於三國而已。方物如目錄領納。珍重保嗇不宣。

　　　　　　　　　　　　　　　　　天正十八年仲冬日

　　　　　　　　　　　　　　　　　日本國關白秀吉


　右ノ返簡ヲ受ケ、翌年春正月二日三使對馬ニ歸ル。宗義智君乃チ
蘇長老及ヒ家臣柳川調信ヲシテ朝鮮ニ護送セシムト云フ。


## ○ 文祿二年癸巳、朝鮮征伐中明使來聘ス。

　明ノ使節ハ謝用梓・徐一貫・沈惟敬ノ三使是レナリ、宗義智君接
伴シテ肥州名護屋ニ到ル。使節太閤ニ拜謁シ日本朝鮮ノ和平ヲ請
フ。歸ルニ及ヒ太閤使節ニ投與スルニ數ケ條ノ書ヲ以テセリト云フ。


## ○ 同三年甲午沈惟敬來聘ス。

　宗義智君接伴シテ來ル。是レ乃チ慶長元年丙申夏四月明國ノ使節
本邦ニ來聘スルノ先容ナリ。


## ○ 慶長元年丙申明國竝朝鮮ノ使節來聘ス。

　明國ノ使節楊方亨・沈惟敬來ル。隨員四百餘名ナリ。宗義智君接
伴シテ共ニ伏見城ニ到リ太閤秀吉公ニ拜謁ス。明國初メ李宗城ヲ以
テ正使トナシ日本ニ遣ハサントス、宗城故アリテ釜山ヨリ逃ゲ歸ル。
故ニ楊方亨ヲ正使トナシ沈惟敬ヲ副使ニ充テ來聘センム。此時太閤
秀吉公ヲ封シ日本國王ト稱シ金印衣冠ヲ贈ル。然ニ朝鮮國王李昖ハ

和議ヲ信トゼス。故ニ使節ヲ遣ハスコトヲ欲セサリシカ、沈惟敬ノ慫
慂ニ因リ、止ヲ得ズ全羅道ノ觀察使黃愼ヲ正使トナシ將官朴弘長ヲ副
使トナシ、明使ト共ニ海ヲ超ヘ伏見城ニ至ル。太閤嚴ク宗氏ノ家臣
柳川調信ヲシテ黃愼朴弘長ヲ譴メシメテ曰ク、"朝鮮ノ王子來謝ス可ク
シテ、其使臣ヲ馳ス、固ニ無禮ナリ"ト。敢テ拜謁ヲ許サス。是ニ於テ
朝鮮ノ使節恐縮シテ小西行長ニ依賴シ懇謝ヲナセトモ太閤又タ拜禮
ヲ許サズ。黃愼朴弘長ハ使節ノ委任ヲ全クスルコトヲ得ズシテ空シク
朝鮮ニ歸ル。柳川調信別ニ臨ミ黃愼ニ語ニ、"來歲又タ朝鮮再征ノ議
已ニ定ル。吾子歸國ノ後、必ズ王子ヲシテ來謝セシムベキ。" 等ノコ
トヲ以テス。黃愼大ニ懼レ明使沈惟敬ニ哀告ス、沈惟敬之ヲ虛喝トナ
シテ信用セザリシガ、太閤封冊ヲ讀ヲ聞クニ其文字甚タ不禮ニ涉ル
ヲ以テ、大ニ怒リ衣冠ヲ擲チ冊文ヲ破ル。故ニ明使モ亦回書ヲ受ル
コト能ハズ蒼黃シテ歸ル。詳ニ歷史ニ在レバ玆ニ贅言ヲ煩ハサス。


## ○ 同七年壬寅朝鮮ノ使節來聘ス。

豊臣氏亡ビ德川將軍ノ初代ニ及ビ。朝鮮ヨリ僉知中樞府事金繼
信[6]·錄事孫文彧ヲ遣シ、通交ノ誠否ヲ伺ヒ、日本ノ形勢情況ヲ察セシ
ム。


## ○ 同九年甲辰朝鮮ヨリ講信使トシテ釋惟政·孫文彧ノ兩使ヲ
遣ハス。

文祿壬辰ノ征伐以來隣交暫ク中絶シ故ニ宗義智君兩國ノ間ニ奔走

---

6　金繼信：'全繼信'의 오기이다.

シ和交ノ事ヲ謀ル。爰ニ於テ朝鮮ノ兩使對馬ニ來ル、義智君卽チ家臣柳川調信ヲ遣シ江戸ニ啓聞ス。德川家康公直ニ柳川調信ニ命シ、義智ヲシテ兩使ヲ接伴シ京洛ニ登ラシム。翌年乙巳春二月、德川家康公竝嗣子秀忠公共ニ京ニ入リ參內ノ後、伏見城ニ於テ初テ兩使ヲ引見ス。

## ○ 同十二年丁未朝鮮ノ信使來聘シ和交ヲ講修ス。

正使ハ通政太夫呂祐[7]・副使ハ通訓太夫慶暹。是ノ朝鮮使節ノ行列ハ從前德川將軍ノ時代ニ係リ其儀式モ整嚴、其人員モ多衆ナリ、故ニ古今兩ナガラ抄筆シ其參酌ニ供ス。其時獻上ノ品物則チ左如シ。

| | |
|---|---|
| 人參五拾筋 | 大繻子一拾匹 |
| 大緞子一拾匹 | 白苧布三拾匹 |
| 生苧布三拾匹 | 白綿紬五拾匹 |
| 黑麻布三拾匹 | 虎皮拾五張 |
| 豹皮二拾張 | 青黍皮三拾張 |
| 魚皮一百張 | 色紙三拾卷 |
| 彩花席二拾張 | 各色筆五拾柄 |
| 眞墨五拾笏 | 黃蜜一百筋 |
| 淸蜜一十器 | 鷹子二拾連 |

駿馬二匹【鞍具】
從事ハ通訓太夫丁好寬ナリ。

---

7  呂祐：'呂祐吉'을 나타내는 것으로 '吉' 자가 생략되어 있다.

○ 元和三年丁巳朝鮮ノ使節來聘セ。

慶長十九年甲寅宗義智君ハ將軍德川家康公ノ命ヲ受ケ、家使ヲ朝鮮ニ遣ハシ、使節ノ來賀ヲ求ム。元和三年七月使節對馬ニ着ス、既ニ義智君ノ逝去セルヲ以テ、嗣子義成君接伴シ。同年八月廿一日京都ニ入リ、伏見城ニ於テ秀忠將軍ニ拜謁ス。正使ハ吳允謙・副使ハ朴梓・從事ハ李景稷卜稱ス。是ノ使節ハ蓋シ大坂平定シ國內一統ノ賀ヲナサシムルナリ。

○ 寬永元年甲子朝鮮ノ使節來聘ス。

通政太夫鄭屄[8]正使トナリ、通訓大夫姜弘重副使トナリ、通訓大夫辛啓榮ヲ從事トナシ。九月廿八日釜山浦ヲ發シ對馬ニ來着ス。宗義成君接伴シ、十一月十八日入京シ。同月廿五日同所ヲ發シ、十二月十二日江戶ニ到リ、德川家光公ノ繼位ヲ賀シ、禮畢テ歸ル。

○ 同十三年丙子朝鮮ノ使節來聘ス。

寬永元年家光將軍ノ繼位ヲ來賀スト雖モ、本邦昇平ノ久ヲ以テ朝鮮ノ來聘ヲ請フ。茲ニ於テ通政大夫任絖正使トナリ、金世濂副使トナリ、黃㞫從事官トナリ、十月五日對馬ノ佐須奈浦ニ着ス。宗義成君接伴シ十二月六日俱ニ江戶ニ到ル。此時安藤右京進重長・脇坂淡路守安元館伴タリ。同十三日三使營ニ登リ將軍ニ拜謁ス。同十七日三使日光ニ赴キ東照宮ニ肅拜ス。蓋シ日光ノ廟拜曾テ前例ナキヲ以テ三使拒デ許サズ、依テ宗氏ノ家臣有田智繩ノ知謀決斷ニ出テ三使ノ

---

膽ヲ奪ヒ、漸クニシテ許容セシナリ。同廿九日三使及ビ宗義成君江戸
ヲ發軔シ、翌年春二月十四日對馬ニ着シ。同廿三日信使發船シテ同
廿五日事ナク朝鮮ニ歸着セリ。

### ○ 同二十年癸未信使來賀ス。

正使通政大夫尹順之、副使通訓大夫趙絅、從事通訓太夫申濡ノ三
使德川家綱公ノ弄璋ヲ賀ス。

### ○ 明曆元年乙未信使來聘ス。

家綱公將軍ノ繼位ヲ賀スルガ爲ニ來ル。正使ハ通政大夫趙珩、
副使ハ通訓大夫兪瑒、從事ハ通訓大夫南龍翼ナリ。

### ○ 天和二年壬戌信使來聘ス。

這回朝鮮ヨリ通政大夫吏曹參議知製教尹趾完ヲ正使トナシ、通訓
大夫弘文館典翰知製教兼經筵李彦綱ヲ副使トナシ、通訓大夫弘文館
校理知製教朴慶俊[9]ヲ從事トナシ、德川綱吉公ノ繼位ヲ賀ス。

### ○ 正德元年辛未[10]朝鮮使來聘ス。

正使趙泰億、副使任守幹、從事官李邦彦來ツテ、德川家宣將軍ノ

---

9　朴慶俊：'朴慶後'의 오기이다.
10　辛未：'辛卯'의 오기이다.

繼位ヲ賀ス。


○ **享保四年己亥朝鮮ノ使節來聘ス。**

正使洪致中、副使黃璿、從事官李明彦、將軍德川吉宗公ノ繼位ヲ
賀ス。


○ **延享五年戊辰使節來聘ス。**

朝鮮ヨリ洪啓禧・南泰耆・曹命采ノ三使ヲ遣ハシ、德川家繼公ノ繼
位ヲ賀ス。


○ **寶曆十三年癸未朝鮮ノ使節來ル。**

是レ德川家治公ノ繼位ヲ賀ス。正使ハ趙曮、副使ハ李仁培、從事
ハ金相翊ナリ。


○ **文化八年辛未使節來聘ス。**

正使金履喬、副官李勉求、將軍德川家齊公ノ繼位ヲ賀ス。


○ **明治九年五月朝鮮ヨリ修信使來聘ス。**

禮曹參議金綺秀ハ正使トシテ東京ニ來レリ、隨從ノ人員凡七十餘
名ナリ。日本政府ハ接待スルニ外國ノ公使同等ノ禮ヲ以セリ。六月
一日外務官員ハ信使ヲ同件シテ參內セリ。金綺秀ハ白衣唐冠ニテ小

轎ニ乘リ。上々官上官ハ十三名、中官ハ二十八名、其他下官ノ銘々
行列ヲ整ヘ宮內省ヘ罷出シカ、宮內省御門內ノ左右ニハ近衛兵整
列シ、信使通行ノ時ニハ捧銃ノ禮式ヲ行ヒ。金綺秀ハ御車寄ニテ下
乘シ、昇殿ヲナセシニ、式部ノ官員之ヲ迎ヘ假扣所ニ誘レタリ。金綺
秀ハ此所ニ於テ衣冠ヲ着替ヘ。夫ヨリ外務卿宮內卿式部頭別ノ扣所
ニ引接セラレ。卽チ式部頭ヨリ信使參內ノ旨ヲ言上アリテ出御アラセ
至ヒ。信使ヲ召セ至フニハ式部頭ヨリ外務卿ニ告ゲ、外務卿金綺秀
ヲ誘引シテ御前ニ進マセラル。金綺秀ハ白衣石帶唐冠ノ正服ニテ御
席ニ進ニ、先ヅ御座敷ロニ拜伏シテ叩頭ノ禮フナシ。次ニ御座敷側
ニ拜伏シ又タ御前ニ進ミ外務卿ト式部頭ノ中央ニ於テ拜伏シ。此時外
務卿ヨリ金綺秀ノ名ヲ披露セラレシガ、立御ニテ御默答アラセ至マ
ヒ。又タ金綺秀ハ御座敷側ニ戻リ、又再ビ原ノ御座敷ロニテ拜伏
シ、都合五度叩頭ノ禮ヲ行ヒタリ。扣所ニテ茶・菓子ヲ賜ハリ。午前
十一時三十分頃退出セリトゾ。

　信使ノ齋シ來ル國書ノ印信ハ、支那ヨリ與タル'朝鮮國王之印'ト云
ル印璽ヲ用ヒズシテ、'爲政以德'ト云ヘル四字ノ印璽ヲ用ユト。這回
ノ國書ハ矢張リ從前ノ印璽ナルヤ否ヤ、彼國ノ風習文字上ニ於テ、
自國ヲ尊ビ他國ヲ貶ス等ノコト往々コレアリ。朝鮮ノ事務ニ從事スル
者、注意セザル可ケンヤ。

　　　　　　　　　　　　　　　　　　朝鮮應接紀事終

【영인자료】

# 朝鮮國修信使金道園關係集
## 조선국수신사김도원관계집

# 東游艸 / 東游續艸
## 동유초 / 동유속초

# 朝鮮應接紀事
## 조선응접기사

版權　免許　明治九年六月廿六日

著者

第五大區二小區

淺草西鳥越町甲ノ二番地寄留

長崎縣士族

蘇我總八郎

發兌

第一大區六小區

日本橋通二丁目四番地

小林鉄次郎

版主

書肆

彫師渡辺栄藏

定價拾五錢

70

蘇我總八郎著

朝鮮應接紀事

全

1

朝鮮應接紀事 全

蘇我總八郎 著

東京　延壽堂發兌

2

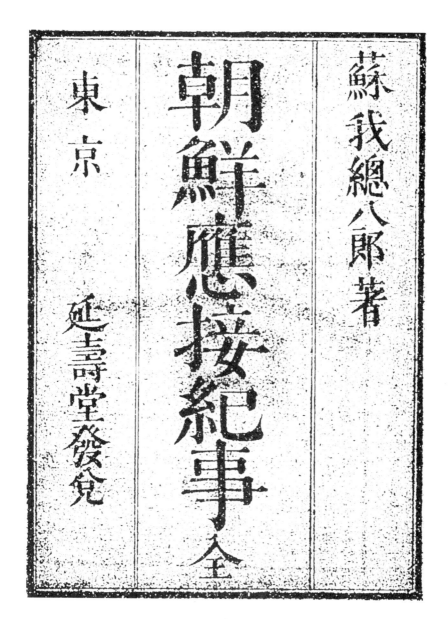

蘇我總八郎著

朝鮮應接紀事　全

東京

延壽堂發兌

4

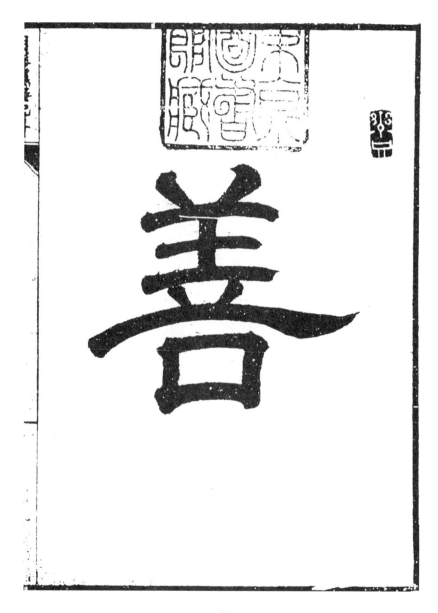

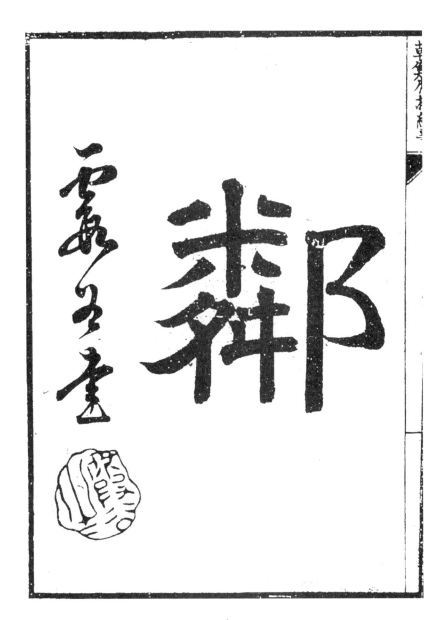

6

朝鮮應接紀事

長崎縣

蘇我總八郎纂次

明治九年圖書局交付

夫レ朝鮮修信使ノ來聘スル一朝一夕ノ故ニ非ス其来歷ヲ考ルニ。曾テ太政ノ維新ニ際會シ對ニ藩知事朝廷ノ命ヲ奉シ大修使ヲ遣ハシ日本ノ世運前古ニ復シ我カ皇上綱ヲ紀ヲ更張シ萬機ヲ親裁シ玉フノ一大変革ヲ告グ。然ニ彼レ旧式ニ異ナルヲ論シ。拒テ受ケズ。其後朝廷ヨリ外務官貞森山茂廣津弘信等ヲ遣シ。

両國ノ隣誼ヲ敦フセンコトヲ謀ルヤ年既ニ久シ。明治六年十二月。廟堂頻ニ征韓ノ論起ル。西郷。板垣後藤江藤副島ノ諸公之ヲ主張セリ。此頃木戸大久保ノ諸公ハ使命ヲ全シテ。海外ヨリ歸リ。非征論ヲ唱フ。是ニ於テ予內閣ノ議論大ニ岐レ。勅裁ヲ以テ遂ニ非征ニ決スルニ至リ征韓ヲ主張スル西郷以下ノ諸公ハ一時ニ內閣ヲ退キタリ。自夫以後問罪ノ師ヲ台湾ニ發スルニ當リ朝鮮我カ軍威ヲ畏レ前非ヲ謝シ殆ント和交ノ端緒ニ就クニ向ントス。故ニ森山權大丞ハ寺島外

務卿及ビ宗外務大丞ノ書翰ヲ齎ラシ釜山浦ノ

草梁館ニ到リシガ。彼亦々昔約シテ其書ヲ受ズ

朝鮮ノ我ガ朝ニ禮敬ヲ欠キ信義ヲ失フ豈ニ淺

少ナランヤ。又タ明治八年九月十二日我カ軍艦

雲揚号長崎ヲ發シ朝鮮海ヲ航シ全羅道濟州島

ノ傍ヲ過ギ支那牛莊ニ赴カントスルノ際ホ同十

九日朝鮮京畿ノ咽喉ナル江華島ノ沖ヲ通行セ

シヲ以テ地方ヨリ三里許ノ所ニ錨ヲ投シ。小舸

ヲ浮べ。本艦ノ位置ヲ撿シ港器ハ浅深ヲ測リ素

リ薪水ノ貯モ乏シクレバ。夫レヨリ陸地ニ上ガリ

9

朝鮮應接紀事

テ石炭ノ有無ヲ問ヒ水ヲ汲ミ入ルヽノ便ヲ謀

ラント欲シ。第一砲臺ノ前ヲ過ギ第二第三砲臺

ノ前ヲ乗リ通ラントセシガ。俄カニ我カ小舸ヨリモ

向テ砲撃セリ止ムコトヲ得ズ我カ小舸ニ

亦タ之ニ應シテ小銃ヲ發シ暫ク戰闘シテ本艦

ニ退キタリ翌廿日艦長衆ニ謀テ曰ク「其罪ヲ責

メヾシテ退艦スベキヤ否ヤト」衆皆十奮テ曰ク

彼レ一應ノ訊問ナクシテ我ガ帝國ノ旗章ニ向

ヒ不意ノ砲撃ヲナセリ我其故ヲ責メズシテ退

艦スルハ誠ニ我軍艦ノ恥辱ナリ豈ニ本艦ヲ

10

進メ彼ノ罪ヲ討伐セサル可ケンヤト是ニ於テ
艦長令ヲ下シ直ニ進撃セントスレ圧江華湾ハ
京城ヲ環流スル漢江ノ河口ニシテ殊ニ水勢急
遠ナルヲ以テ蕎入ニ便ナラサレバ遙ニ沖ヨリ
拓榴弾ニ九ヲ慥ニ臺塲ニ打込ミタレ圧此間ノ
浦港遠浅ニシテ余程懸隔ナルニ因リ故ニ勝敗
ヲ決シ難ク且ツ舟攻ニ便ナラサルヲ以テ二里
許モ東南ニ引下リ永宗城ノ襲撃ヲ謀リ翌日黎
明ニ小笠原中尉角田少尉ノ士官ヲ初メ海兵水
夫共ニ合シテ三十二人。二艘ノ小舸ニ載リ。永宗

11

城東門ノ下ニ漕ギ付ケ直ニ進デ。塀柵ヲ越ヘ東

門ヲ排シ奮戦シテ遂ニ其城ヲ攻メ落セリ。即チ

艦長井上少佐モ上陸シ城中ヲ調査スルニ大礟

三十六門其外鎗刀弓矢鳥銃太鼓喇叭書冊等ナ

リ悉ク分捕シテ之ヲ本艦ニ運送ス此挙ヤナ

分ノ勝利ナレバ雲揚艦ハ甲板上ニ酒宴ヲ開キ

永宗城兵燹ノ炎焔ヲ下物トシ。時々凱声ヲ発シ

タリ既ニ其日モ暮レ翌廿二日ニナリシカドモ

土人猶伏シテ兵馬拒戦ノ景状。少シモ無ケレバ

詮方ナク雲揚艦ハ廿三日早曉同所ヲ発艦シ海

程六日ヲ經テ同廿九日長崎ニ着艦シ速ニ電信
ヲ以テ其傳殖ヲ東京ニ禀報セリ是ノ時森山理
事官ハ釜山浦ヨリ歸リ。既ニ長崎近来着シタリ
シガ圖ラズ右ノ事件ニ及ビ。又タ春日艦ニ乗リ
再ビ釜山浦ニ赴クベキトノ命ヲ奉ジ十月一日
午前第四時長崎ヲ発シ。彼地ニ向ヘリト云フ。夫
レ雲揚艦ノ江華ニ砲撃セラレシ凶報アルヨリ
世論囂々或ハ征韓ヲ主張シ憤然腕ヲ扼シ怒髪
冠ヲ衝キ直ニ楫ヲ朝鮮海ニ鼓シ。駛ニ鴨緑江ニ
飲マシメメントスルノ形状アリ或ハ又タ非ジヲ

唱フルノ識者ハ內治未ダ洽洽ナラズ。金穀未ダ欠

之ノ憂ヲ免レザルヲ以テ。大ニ利害ヲ論駁シ。虛

實ヲ比較シ。飽クマデ不問ノ策ヲ述べ。征韓論者

ニ抗對セリ。木戸公ノ如キハ少ク固持ノ非征論

ヲ變ジ。人心ノ舉動ヲ察シ政府ノ保護ヲ務メ既

往ノ征ス可カラザル所以トゝ。今日ノ不問ニ屬ス

可カラサル所以トヲ論ジ。之ヲ奏疏セラレタリ

シカ政府ノ措置ノ宜キヲ參酌シ。明治八年十

二月十三日陸軍中將兼參議開拓長官黑田淸隆

公ヲ特命全權辨理大臣トメ朝鮮國ヘ差遣セラ

全權辨理大臣トシテ同國ハ差遣セラルヽノ命
アリ。即チ九年一月六日ヲ以テ辨理大臣其他隨ヒ
行ノ諸官員ハ品川海ヲ解纜セラレ。神戸下ル關
對馬ノ諸港ヲ經テ同十五日朝鮮國釜山浦ニ到ル
著アリ。次テ同十九日参議陸軍卿兼中將近衛都
督山縣有朋公及ヒ會計監督川崎祐名福島行中
等ノ諸君ハ。横濱ヨリ三菱郵船玄海丸ニ乘組ミ。
長州下ノ關ニ出張セラレ軍備ノ摸樣アリ。同世
三日既ニ辨理大臣ノ本艦玄武丸ヲ初メ日ヲ進孟

ヽ、ノ命アリ。同世七日　議官井上馨君ヲ特命副

15

春驕龍鳳翔高雄。箱館七艘ノ船隻ハ堂々タル國
威ヲ振ヒ。釜山浦ヲ發シ。同廿五日諸艦一同ニ華
料島ニ著シ同廿九日大阜島ニ移レリ此所ハ江
華灣ニ近クシテ遙ニ永宗城ヲ望ム由ナリ。ソレ
ヨリ彼國ノ舉動ヲ伺ヒ其機ノ緩急ヲ察シ。二月
四日諸艦舳ヲ列シ一同江華島ノ傍ナル頂山島
二轉移シ同十日黑田井上兩大臣ハ隨員ヲ引率
シ。各々大禮服ニテ海軍兵之ヲ護送シ。江華府ニ
上陸セラレ。午後三時半頃ニ副帥營ノ公館ニ著
セラレタリ。時ニ東萊ノ訓導玄昔運差備官李瀜

16

秀ノ両人ハ早速公館ニ來リ両大臣ノ着駕ヲ賀
ス。夫ヨリ両大臣ハ隨員一二名ニテ海軍兵二護
送セラレ。沙都通判衙門ニ到リ第一門ニ入リ第
二門ノ外ニ海軍兵半隊ヲ留メ半隊ヲ率ヒテ。正
階ノ下ニ到リ兵ヲ一列ニ立テテ。留メ置キテ。両大
臣ハ直ニ館内ニ進メリ是ノ時朝鮮ノ大臣判中
樞府事申櫶トイヘル一品官ト副大臣都總府副
總管尹滋承ト云ル二品官ノ両人出迎シテ互ニ
名刺ヲ取替シ一通ノ挨拶アリテ椅子ニ倚リ茶
ヲ喫シ是ノ日ハ直ニ副帥營ノ公館ニ歸ラレタ

18

リ。又タ朝鮮ノ両大臣モ粉紅團領トイヘル貴人ノ衣服ヲ着シヘカ邪ノ旧衣冠ハ一隊ノ兵士ニ警護セラレ音樂ヲ奏シナガラ行列シテ辨理大臣ノ公館ニ来リ副帥營ノ外門ニテ奏樂ヲ止ム第一門ヲ過グルキ我兵隊ヨリハ捧銃ノ禮ヲ為シ喇叭ヲ吹ク。第二門ニ到リ轎子ヲ下リ左右ニ助ケラレテ階ヲ登リ正廳ニテ我ガ両大臣ニ面會シ先刻ノ答禮ニ来リタルナリト。互ニ丁寧ノ挨拶アリ。茶菓煙草等ヲ出サレタリシガ。暫クシテ左様ナラハ

唐冠トイフ被リ一片双纓四翼ニテ裕ニ胸前ニ赤帶ヲ横ヘ冠ハ自衣ノ袍ニシ

御機嫌㐧トイヒ。公館ヲ帰リタリシカ、翌十一日

西門ノ内。練武堂ニテ。午後一時ヨリ談判始マリ。

五時ニシテ終ル。其時彼ノ大臣ノ饗應アリテ。音樂

ヲ奏シタリ。是レ周代ノ古樂ナリト。實ニ然ルヤ

否ヤ。抑モ辧理大臣ノ江華ニ到着セラルヽヨリ。

其近傍ニ居住スル土民荅ハ老幼婦女恐ク皆ナ

山谷ノ間ニ逃伏シ。大ニ畏怖ノ情況ヲ現ハセリ。

ト且又永宗城ハ雲揚艦ノ攻撃ニ遘ヒ。其地ノ人

民壯男ニシテ。兵役ニ堪ユル者ハ多ク死凶シ。殘

ル所ハ孤寡老稚ノミニテ。實ニ憐然見ルニ忍ヒ

ザルノ有様ナリト云フ。黒田井上ノ両大臣ハ此ノ
機會ニ乗シ彼國ノ大臣ニ向テ應接談判ヲ初メ
ラレ。翌十二日午後一時ヨリ執事廳トイフ官廰
ニテ。談判アリシカ五時四十五分退出セラレ十
一日十二日共ニ兵隊ノ警衛モ無ク僅ニ随従ニ
三名ノミナリ。此日ヨリ彼ノ懇請ニ因リ十日ノ
間ハ談判ヲ猶豫スルコトニ定リタレ圧。同ク十
三日ヌタ故アリテ。會同セラレシカ此ノ日ハ格
別ノ事件ニアラズ。午後三時ニハ早ク帰館セラ
レタリ。夫ヨリ十日ノ間ヲ待ツ内ニ彼ヨリ段々

掛合アリテ。同廿日ニ至リ。彼ノ云ヘルニハ遂ニ
我ガ大臣ノ意見ニ協ハズト。故ニ此夜マタ使者
ヲ遣シ。彼ノ大臣ニ會同ノ事ヲ通知セラレ夜ヒ
時半頃俄ニ執事廳ニ於テ談判アリテ。十二時後
ニ帰館セラル。此夜如何ノ談判アリシカ。翌廿一
日諸荷物ヲ諸艦破砲セシ所ノ頂山島ニ搬ビ返
シ。廿二日黑田井上ノ両大臣ハ副帥營ノ公館ヲ
発行セラレントス。彼ノ大臣申シテ両氏自ラ
公館ニ來リ我ガ両大臣ニ數日ノ滯留ヲ已ヘヒ
許容セス終ニ頂山島碇留ノ本艦ニ帰ラレタリ

日羊艦安己事
乙

草魁月接紀事、

然ルニ我ガ大臣モ猶ホ四日間ハ待ツベキニテ

篤ト思慮セラレ留置タル隨員ヨリ相談アル可

シト云ヒ殘サレタレハ彼ノ申尹兩大臣モ大ニ

周章シテ速ニ留置レタル隨官ニ相談シ我ガ兩

大臣ニ請フ所アリケルガ。兩國和交ノ事。漸ク順

便ニ歸シ。我ガ兩大臣モ再ビ副帥營ノ公館ニ到

レリ。夫談判始マルヨリ僅ニ二十七日間ニノ我ガ

兩大臣卓絶ノ才識ヲ以テ緩急機ヲ失ハス十分

ニ全權辨理ノ委任ヲ盡力セラレ同廿七日午前

第九時三十五分練武堂ニテ和交ノ談判始テ整

十二條ノ盟約ヲ締レタリ則チ之ヲ左ニ掲グ

修好條規

大日本國

大朝鮮國ト素ヨリ友誼ニ敦ク。年所ヲ歴有セ

リ。今両國ノ情意未ダ洽ネカラザルヲ視ルニ

因テ。重テ舊好ヲ修メ。親睦ヲ固セント欲ス。是

ヲ以テ。日本國政府ハ特命全權辨理大臣陸軍

中將兼參議開拓長官黒田清隆特命副全權辨

理大臣議官井上馨ヲ簡ミ朝鮮國江華府ニ詣

リ朝鮮國政府ハ判中樞府事申櫶。都總府副總

管尹滋承ヲ簡ニ各奉スル所ノ　論旨ニ遵ト

議立セル條欸ヲ左ニ開列ス

第一欸　朝鮮國ハ自主ノ邦ニシテ日本國ト平

等ノ權ヲ保有セリ。嗣後兩國和親ノ實ヲ表セン

ト欲スルニハ。彼此互ニ同等ノ禮義ヲ以テ相接

待シ。毫モ侵越猜疑スル事アルベカラズ。先ヅ從

前交情阻塞ノ患ヲ爲シ。諸例規ヲ悉ク革除シ。務

メテ。寬裕弘通ノ法ヲ開擴シ以テ雙方トモ安寧

ヲ永遠ニ期スベシ

第二欸　日本國政府ハ今ヨリ十五個月ノ後。時

26

二隨ヒ。使臣ヲ派出シ。朝鮮國京城ニ到リ禮曹判

書ニ親接シ。交際ノ事務ノ商議スルヲ得ベシ。該

使臣或ハ留滯シ。或ハ直ニ歸國スルモ共ニ其時

宜ニ任スベシ。朝鮮國政府ハ何時ニテモ使臣ヲ

派出シ日本國東京ニ到リ外務卿ニ親接シ交際

事務ヲ商議スルヲ得ベシ。該使臣或ハ留滯シ或

ハ直ニ歸國スルモ亦其時宜ニ任スベシ

第三欵　嗣後兩國相往復スル公用文ハ日本ハ

其國文ヲ用ヒ今ヨリ十年間ハ添ユルニ譯漢文

ヲ以テシ朝鮮ハ眞文ヲ用ユベシ

第四款 朝鮮國釜山ノ草梁項ニ八日本公館ア
リテ年來兩國人民通商ノ地タリ今ヨリ從前ノ
慣例及歳遣船等ノ事ヲ改革シ今般新立セル條
欵ヲ標準トシ貿易事務ヲ措辨スベシ且又朝鮮
國政府八第五欵ニ載スル所ノ二口ヲ開キ日本
人民ノ往來通商スルヲ准聽スベシ右ノ場所ニ
就キ地面ヲ賃借シ家屋ヲ造營シ又ハ所在朝鮮
人民ノ屋宅ヲ賃借スルモ各其隨意ニ任スベシ

第五欵 京圻忠清全羅慶尚咸鏡五道ノ沿海ニ
テ通商ニ便利ナル港口ニ二個所ヲ見立タル後地

名ヲ指定スベシ。開港ノ期ハ。日本曆明治九年二

月ヨリ朝鮮曆丙子年正月ヨリ共ニ數ヘテ二拾

個月ニ當ルヲ期トスベシ

第六欵　嗣後日本國船隻朝鮮國沿海ニ在リテ

或ハ大風ニ遭ヒ。又ハ薪粮ニ窮竭シ。指定シタル

港口ニ達スル能ハサル時ハ。何レノ港灣ニテモ

船隻ヲ寄泊シ風波ノ險ヲ避ケ。要用品ヲ買入レ。

船具ヲ修繕シ柴炭類ヲ買求ムルヲ得ベシ。勿論

其供給費用ハ總テ船主ヨリ賠贘スベシト雖モ。

是等ノ事ニ就テハ地方官人民トモニ其困難ヲ

體察シ真實ニ隣恤ヲ加ヘ。救援至ラザル無ク。補

給敢テ吝惜スル無ルヘシ倘又両國ノ船隻大洋ノ

中ニテ破壊シ乗組人員何レノ地方ニテモ漂着

スル時ハ其地ノ人民ヨリ即刻救助ノ手續ヲ施

シ各人ノ性命ヲ保全セシメ地方官ニ届出該官

ヨリ各本國ヘ護送スルカ又ハ其近傍ニ在留セ

ル本國ノ官員ヘ引渡スベシ

第七欵 朝鮮國ノ沿海島嶼岩礁從前審撿ヲ經

ザレバ極メテ危險トナスニ因リ。日本國ノ航海

者自由ニ海岸ヲ測量スルヲ准シ其位置淺深ヲ

審ニシ圖誌ヲ編製シ、兩國船客ヲシテ危險ヲ避

ケ安穩ニ通航スルヲ得セシムベシ

第八款　嗣後日本國政府ヨリ朝鮮國指定各口

ヘ時宜ニ隨ヒ。日本商民ヲ管理スルノ官ヲ設ケ

置クベシ。若シ兩國ニ交渉スル事件アル時ハ該

官ヨリ其所ノ地方長官ニ會商シテ辨理セン

第九款　兩國既ニ通好ヲ經タリ。彼此ノ人民各

自己ノ意見ニ任セ貿易セシムベシ。兩國官吏毫

モ之レニ關係スルコトナシ。又貿易ノ限制ヲ立テ

或ハ禁沮スルヲ得ズ。倘シ兩國ノ商民欺罔衒賣

又ハ貸借償ハサルコトアルハ時ハ兩國ノ官吏嚴重ニ該連商民ヲ取糺シ債欠ヲ追辨セシムベシ但シ兩國ノ政府ハ之ヲ代償スルノ理ナシ

第十款　日本國人民朝鮮國指定ノ各口ニ在留中若シ罪科ヲ犯シ朝鮮國人民ニ交渉スル事件ハ總テ日本國官員ノ審斷ニ歸スヘシ若シ朝鮮國ノ民罪科ヲ犯シ日本人民ニ交渉スル事件ハ均ク朝鮮國官員ノ査辨ニ歸スベシ尤モ雙方トモ各其國律ニ據リ裁判シ毫モ回護祖庇スルコトナク務メテ公平允當ノ裁判ヲ示スベシ

第十一款　両國既ニ通好ヲ經タレバ。別ニ通商

章程ヲ設立シ。両國商民ノ便利ヲ興フベシ。且現

今議立セル各款中更ニ細目ヲ補添シテ以テ遵

照ニ便ニ入ベキ條件共自今六個月ヲ過ズシテ

両國別ニ委員ヲ命ジ朝鮮國京城又ハ江華府ニ

會シテ商議定立セン

第十二款　右議定セル十一款ノ條約此日ヨリ

両國信守遵行ノ始トス両國政府復之ヲ變革ス

ルヲ得ズ以テ永遠ニ及ボシ。両國ノ和親ヲ固ス

ベシ。之ガ為ニ此約書二本ヲ作リ両國委任ノ

大臣各鈴印シ相互ニ交付シ以テ憑信ヲ照ニス

ルモノナリ

大日本國紀元二千五百三十六年明治九年二月二十六日

大日本國特命全權辨理大臣陸軍中將兼參議開拓長官黒田清隆印

大日本國特命副全權辨理大臣　議官　井上馨印

大朝鮮國開國四百八十五年丙子二月初二日

大朝鮮國大臣判中樞府事申櫶印

大朝鮮國副官都總府副總管尹滋承印

右ノ條約ヲ結ビ互ニ鈴印シテ之ヲ交換セラレ

タリ此日ハ我ガ両大臣ヲ始トシ隨行ノ奏任官

ハ皆ナ大禮服ヲ着シ其座ニ臨マレ護衞ノ儀仗

兵モ禮服ニテ隨従セリ。彼國ノ樂隊ハ練武堂ノ

前ニ於テ左右ニ整列シ音樂ヲ奏ス饗應ノ食物

八十一日談判ノ初會ト同様ニテ茶ヲクワス。生

栗乾柿色餅藥菓。燻鶏卵鷄南蠻ノ蕎麥等ナリ。我

ガ両大臣ハ是ノ禮式宴享ヲ受ケ。直チニ練武堂

ヲ退出セラレ。十一時半頃鎮海門トイヘル所ヨ

リ脚船ニ乗リ小蒸気船ニ引カセ。頂山島碇泊ノ

本艦玄武九ヘ帰リ。首尾好ニ二十八日彼ノ地ヲ抜

錨シ。三月一日午後三時ニ長州下ノ関へ着港ア

リ直ニ電線ヲ以テ。東京ヘ申報セラレ。翌二日同
所ヲ発艦シ豊後佐賀ノ關ヨリ土州沖ヲ廻リ遠
州洋通航ノ時ハ。風順殊ニ宜ク水火夫ハ十分ニ
働キテ火力ヲ盛ニシタレバ。行程モ意外ニ早ク
シテ。四日黎明ニ相州三浦ノ岬ニ到リ同日午前
十時八分ニハ品川沖ニ帰着シ直ニ上陸セラレ
タリ。同五日午前九時頃更ニ新橋汽車ステーシ
ヨンニ於テ出迎ノ式アリテ府下一般旭日ノ國
旗ヲ掲グ之ヲ祝ス。太政大臣及ビ式部頭其外ノ
官員ハ出迎ヒ。儀仗兵トシテ。歩兵一大隊騎兵一

小隊ヲ整列シテ待受アリ。正副辨理大臣并ニ奏任官五人ノ人々ハ改テ新橋ノステーションニ到リ出迎ノ禮式ヲ受ラレ。夫ヨリ太政大臣正副辨理大臣ノ三公ハ御料ノ馬車ニテ。正院ヘ参上セラレ。騎兵ハ途中ヲ護送シ嚴重ナルコトニテ臨御門ハ乗車ノマヽ。参入シ。正院前庭ニ下車セラル。主上ハ正廳階上ニ於テ大臣參議宮内卿。侍従。大史式部頭ヲ率ヒ。辨理大臣ヲ迎ヘ玉ヒ。夫ヨリ誘ヒテ。内閣ニ入ラセラレ。御對面アリテ。勅語ヲ賜ハリタリ。其勅語ニ曰ク朕汝清隆馨等ヲ

朝鮮國ニ派遣スルヤ。願ハシムルニ重任ヲ以ス。

汝等黽勉克ク其使命ヲ全ウシ。新ニ條約ヲ互換

シ以テ両國ノ好ミヲ為セリ。朕甚ダ之ヲ嘉ミス

ト更ニ又出御アリテ辨理大臣ヲ召シ。大臣参

議。外務内務大藏陸海軍各省ノ長官ヲ班列シテ

其復命ヲ聞シ召サレ儀式終リテ。辨理大臣ニ祝

酒ヲ賜ハリタリ」同年五月廿二日朝鮮ヨリ修信

使トシテ禮曹参議金綺秀(正三品)別遣堂上嘉善

太夫玄昔運(上々官)上判事前参奉玄濟舜(上官)副

司果高永喜(上官)別遣堂上嘉義太夫李容肅(上々

官書寫官副使果朴永善（上官）書員司果金鏞元（上

官軍官前郎廳金汝植（上官）前判官吳顕者（上官）伴

倘副司果安光黙（上官）前郎廳金相弼（上官）書記二

名（上官）其他中官四十四名。下官十八名總計七十

五名。日本ヨリ貸與ノ蒸氣船ニ乗リ釜山浦ヲ發

シ、下ノ關神戸ノ諸港ヲ經テ廿九日横濱ヘ着シ

夫ヨリ瀧車ニテ入京シ錦町ノ旅館ニ投ス。蓋シ

蒸氣船ヲ貸與タルハ。全ク彼國ノ航海術ニ拙ク

且ツ堅牢ノ船艦ナキ故ナリ。其入京ノ式ハ従前

ノ來聘ニ比スレバ。大ニ軽便ナリ正使金綺秀ハ

明治九年五月廿九日朝鮮ノ
使節入京シ同六月一日
宮内省ニ參内シ夫ヨリ
海陸軍ノ調練ヨリ各省
設置ノ西洋器械等ヲ
ク歴觀シ同十八日東
京ヲ發軻シ朝鮮海ニ
赴ケリ其行列儀式ヲ
詳録シ又ク日本ヘ献上
シ品物ノ概畧ヲ左ニ揭ク

月羊雋姜巳事

虎皮　豹皮
白綿紬　白苧布
色圍扇　白綿布
真梳　色摺扇
筆　真墨
雲漢緞　黄燭
青泰皮　采花席
鏡光紙　黄蜜

黒色ノ冠。縹色ノ袍ヲ着シ。小轎ニ乗リ。水色ノ蓋

フサヲ掛ケサセ。前ニハ令旗（藍色ノ木綿ニ赤ノ令ノ字ヲ縫フ）ナリ

赭色ノ六尺棒及ビ三枝鎗ヲ持スル者アリ。又タ

音樂ハ螺角。喇叭。太平簫。篳篥。細樂。銅鼓。長鼓。太鼓

ノ諸樂器ヲ行々奏スルナリ。後ニハ上官等人力

車ニ乗リ。左右ニハ。何レモ歩行ノ下官隨従セリ。

既ニ修信使ノ新橋汽車ステーションニ着シ行

列ヲナシ。音樂ヲ奏シ。入京スルニ西洋人等声ヲ

発シ其行列儀式ノ時勢ニ迂遠ナルヲ嘲笑スト。

嗚呼自國ノ旧例ヲ墨守シ。世界ノ形勢ヲ通視セ

サルガ徒ニ其不開化ノ頑陋ヲ現ハスノミ朝鮮ヨリ專對ノ任ヲ受ケ日本ニ來聘スル。コノ修信使金綺秀ニシテ。其見聞スル所ノ時機ヲ辨解シ國政ヲ釐革シ前非ヲ悔悟セザルトキハ尔來十分ニ独立國ノ体裁ヲ全スルコト能ハサル必然ナリ。恐レサル可ケンヤ。嘗テ朝鮮修交ノ使節。我ガ國ニ來聘スルヤ對馬ノ旧藩知事幹旋シテ。カヲ兩國ノ間ニ尽ス。丈禄元年壬辰兵端ヲ開ク／前。太閤秀吉公奄ニ日本全土ヲ一統シ。且ッ他ノ地境ヲ併呑スルノ大志ヲ發シ。卽チ宗義智

君ニ命シ朝鮮信使ノ来賀ヲ強請セシム仍テ宗
義智君其家臣橘康廣ヲ遣ハシ。朝鮮ノ来聘ヲ求
ム朝鮮答フルニ水路ノ迷晦ヲ以テ辭トナシ。信
使差遣ノ請ヲ許サス。然ト雖モ。太閤ノ命嚴急ナ
ルヲ以テ又タ止ヲ得ズ。宗義智君躬ラ蘇長老侶僧
及ビ家臣柳川調信ヲ従ヘ朝鮮ニ航シ王城ニ入
リ。通信ノ事ヲ請議シ。久シク王京ノ東平館ニ寓
シ。年ヲ經ルニ至ル。東平館ハ是レ従前日本ノ諸
使ヲ接待スル所ナリ。其時朝鮮漸ク信使ノ發遣
ヲ允許シ宗義智君乃チ信使ヲ接伴シ日本京都

ニ入リ。太閤ニ拜謁セリ。嗚呼、信使ノ来聘容易ナ
ラズ。宗義智君ノ両國間ニ奔走周旋ノ事アルヲ
以テ。太政維新以来数年通交ノ渋滞シテ。外務省
ノ官員森山茂君両國ノ間ニ勞勳艱苦セル。實ニ
想像ス可キ而已。漸ク壬辰兵乱ノ後徳川將軍ノ
時代ニ至リ。両國和平。朝鮮モ亦タ信使ノ差遣ヲ
拒マズ。或ハ和好ノ誼ヲ修メ或ハ継位ノ賀ヲ述
べ。世子ノ嘉誕ヲ祝ス。是レ其大畧ニシテ悉ク皆
ナ善隣ノ禮典ニ係ラザルハナシ。夫レ従前信使
ノ人員。時ニ隨と些少ノ増減アリト虽モ。大概四ヽ

五百名ナリ。其駕船ハ署ク六隻ニシテ。三隻ハ正使

副使從事官ノ三使之ニ乘リ。三隻ハ荷物船ナリ。

彼國ニテ之ヲトハ船トイフ正使ノ船隻ハ長サ拾

二尋半。胴ノ廣サ五尋五尺深サ壹丈副使ノ船隻

ハ長サ拾二尋半。胴ノ廣サ五尋。深サ壹丈。從事官

ノ船隻ハ長サ十尋。胴ノ廣サ五尋。深サ壹丈。荷物

船ハ之ニ準ズ。是レ天和二年壬戌ノ信使ニ就テ

驗スル所ナレ氏。其他前後ノ使船其ノ長短廣狹

等ハ大ニ異ナラザル可シ。夫レ上古朝鮮ノ來聘

ハ崇神帝ノ六十五年任那ノ入貢ヲ始トシ次イ

朝鮮應接紀事

テ神功皇后ノ親征アラセ玉ヒシヨリ以後

皇后摂政ノ時ニ當リ。百濟新羅ヲシテ入貢セシ

メラレ。又タ用明崇峻推古三帝ノ朝。凡ソ

四百年間ハ。常ニ絶ズシテ通交セラレシ等ノ事

アレ圧。措テ書セズ。只々天正文禄以下ノ年代ニ

就テ來聘スルノ信使ヲ追録セル者ハ今日ノ形ヲ

勢ニ引證活用ノ實益少キヲ以テナリ。故ニ天正

十八年ヨリ明治九年五月ニ至ル迄凡ソ十九回

信使ノ日本ニ來聘スル所ノ年度顛末ニ挙グ之

ヲ左ニ抄録シテ以テ後日ノ参考ニ備フ

○天正十八年庚寅朝鮮ノ信使来聘ス

朝鮮國王李昖ヨリ正使黃允吉。副使金誠一

書狀官計筭之ノ三使ヲ遣ハシ。書翰ヲ太閤

秀吉公ニ贈リ。日本一統ノ賀ヲ申べ。隣好ノ

誼ヲ修ム。對馬守宗義智君三使ヲ接伴シ。蘇

長老ル書翰ノ文案ヲ作及ビ家臣柳川調信ヲ

從ヘ夏五月京都ニ入リ。大德寺ニ寓ス。此ノ

時太閤秀吉公兵陳ヲ率ヒ東山道ヲ征討シ

數月ノ後。太閤凱旋シテ始メテ三使ヲ聚樂

ニ引見スルコトヲ得タリ三使禮畢リテ帰

去ノ時太閤與フルニ返簡ヲ以テス則チ其
返簡ノ文ヲ擧クル左ノ如シ

日本國關白　秀吉　奉復

朝鮮國王閣下
雁書薰讀卷舒再三。抑

本朝雖爲六十餘州。比年諸國分離亂國綱廢
世禮而不聽。

朝政。故予不勝感激。三四年之間。伐叛臣。討賊
徒。及異域遠島悉歸掌握。竊案予事蹟。鄙陋
小臣也。雖然予當干托胞之時。慈母夢日輪

入懐中。相士曰。日光所及。無不照臨。壯年必

八表聞仁風。四海蒙威名者。其何疑乎。有此

奇異作敵心者。自然摧滅戦則無不勝。攻則

無不取。既天下大治。撫育百姓。憐愍孤獨。故

民富財足土貢萬倍千古矣。

本朝開闢以来。

朝廷盛事洛陽壮麗莫如此日也。夫人生于世

也。虽歴長生。古来不満百年焉。欝々久居此

乎。不屑國家之隔山海之遠。一超直入大明

國。易吾

朝風俗ヲ於二四百餘州一。施二京都政化ヲ於二億萬斯年一

者。在二方寸中一。

貴國先驅而入朝。依有二遠慮一無二近憂一者乎。遠

邦小島在二海中一者。後進者不レ可レ許レ容也。予入二

大明之日一。將二士卒一臨二軍營一則弥可レ修二隣盟一也。

予願無レ他。只顯二佳名於三國一而已。方物如レ目

録。領二納珍重一保二嗇不一レ宜。

天正十八年仲冬日

日本國關白　秀吉

右ノ返簡ヲ受ケ翌年春正月二日三使對馬

ニ歸ル宗義智君乃チ蘇長老及ヒ家臣柳川

調信ヲシテ朝鮮ニ護送セシムト云フ

○文禄二年癸巳。朝鮮征伐中。明使来聘ス

明ノ使節ハ謝用梓徐一貫。沈惟敬ノ三使是

レナリ宗義智君接伴シテ肥州名護屋ニ到

ル。使節太閤ニ拝謁シ日本朝鮮ノ和平ヲ請

フ。歸ルニ及ヒ太閤使節ニ投與スルニ数ヶ

條ノ書ヲ以テセリト云フ

○同三年甲午沈惟敬敬来聘ス

宗義智君接伴シテ来ル是レ乃チ慶長元年

丙申夏四月明國ノ使節本邦ニ来聘スルノ

先容ナリ

○

慶長元年丙申明國並朝鮮ノ使節来聘ス

明國ノ使節楊方亨沈惟敬来ル。隨員四百餘

名ナリ。宗義智君接伴シテ共ニ伏見城ニ到

リ太閤秀吉公ニ拜謁ス。明國初メ李宗城ヲ

以テ正使トナシ。日本ニ遣ハサントス。宗城

故アリテ釜山ヨリ逃ゲ帰ル。故ニ楊方亨ヲ

正使トナン沈惟敬ヲ副使ニ充テ来聘セン

ム此時太閤秀吉公ヲ封シ日本國王ト称シ

金印衣冠ヲ贈ル。然ニ朝鮮國王李昖ハ和議ヲ信トセス。故ニ使節ヲ遣ハスコトヲ欲セサリシカ。沈惟敬ノ懲患ニ因リ。止ヲ得ズ。全羅道ノ觀察使黄慎ヲ正使トナシ將官朴弘長ヲ副使トナシ明使ト共ニ海ヲ超ヘ伏見城ニ至ル太閤嚴ク宗氏ノ家臣柳川調信ヲシテ黄慎朴弘長ヲ譴メシメテ曰ク「朝鮮ノ王子来謝ス可クシテ。其使臣ヲ馳ス。固ニ無禮ナリ」ト敢ラ拜謁ヲ許サス是ニ於テ朝鮮ノ使節恐縮シテ小西行長ニ依賴シ懇謝ヲ

ナセ圧太閤又タ拜禮ヲ許サズ。黄慎朴弘長

八使節ノ委任ヲ全フスルコトヲ得ベシテ。

空シク朝鮮ニ帰ル。柳川調信別ニ臨ミ黄慎

二語ニ来歳又タ朝鮮再征ノ議已ニ定ル吾

子帰國ノ後必ズ王子ヲシテ来謝セシムベ

キ等ノコトヲ以テス。黄慎大ニ懼レ。明使沈

惟敬ニ哀告ス。沉惟敬之ヲ虛喝トナシテ信シ

用セザリシガ太閤封冊ヲ讀ヲ聞ク二。其文

字甚タ不禮二澁ルヲ以テ。大二怒リ。衣冠ヲ

擲チ冊文ヲ破ル。故二明使モ亦回書ヲ受ル

○同九年甲辰朝鮮ヨリ講信使トシテ釋惟政孫
文彧ノ兩使ヲ遣ハス
文禄壬辰ノ征伐以來隣交暫ク中絶シ故ニ

○同七年壬寅朝鮮ノ使節來聘ス
豊臣氏凶ビ德川將軍ノ初代ニ及ビ。朝鮮ヨ
リ僉知中樞府事金繼信錄事孫文彧ヲ遣シ。
通交ノ誠否ヲ伺ヒト日本ノ形勢情況ヲ察セ
シム

コトハズ蒼黄シテ帰ル。詳ニ歷史ニ在レ
バ。兹ニ贅言ヲ煩ハサス。

月洋集娑己事

宗義智君両國ノ間ニ奔走シ。和交ノ事ヲ謀ル

爰ニ於テ朝鮮ノ両使對馬ニ来ル義智君顕

ヲ家臣柳川調信ヲ遣シ江戸ニ啓聞ス。徳川

家康公直ニ柳川調信ニ命シ義智ヲシテ両

使ヲ接伴シ京洛ニ登ラシム。翌年乙巳春ニ

月徳川家康公並嗣子秀忠公共ニ京ニ入リ

参内ノ後伏見城ニ於テ初テ両使ヲ引見

ス

○同十二年丁未朝鮮ノ信使来聘シ和交ヲ講修

正使ハ通政太夫呂祐。副使ハ通訓太夫慶遉

57

是ノ朝鮮使節ノ行列
八従前徳川将軍ノ時
代ニ係リ其儀式モ整
厳其人員モ多衆ナリ
故ニ古今両ナガラ抄
筆シ其参酌ニ供ス其
時献上ノ品物則チ左
如シ

人参五拾觔
大綢子一拾匹

大緞子一拾匹
白苧布三拾匹

生苧布三拾匹　白綿紬五拾匹

黒麻布三拾匹　虎皮拾五張

豹皮二拾張　青黍皮三拾張

魚皮一百張　色紙三拾巻

来花席二拾張　各色筆五拾柄

真墨五拾笏　黄蜜一百觔

清蜜二十器　鷹子三拾連

駿馬二匹鞁具

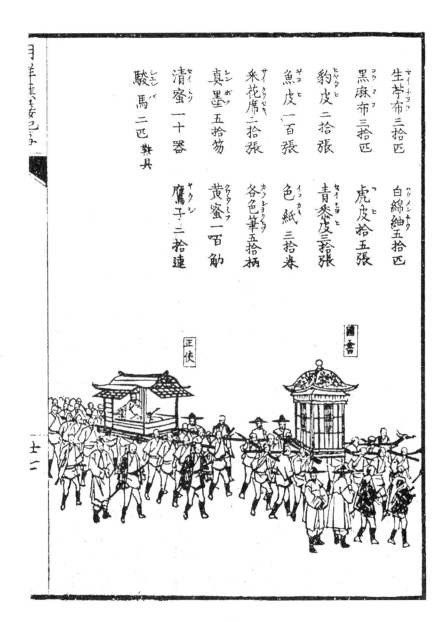

○元和三年丁巳朝鮮ノ使節来聘ス

慶長十九年甲寅宗義智君ハ將軍德川家康
公ノ命ヲ受ケ家使ヲ朝鮮ニ遣ハシ使節ノ
来賀ヲ求ム。元和三年七月使節對馬ニ着ス。
既ニ義智君ノ逝去セルヲ以テ嗣子義成君
接伴シ。同年八月廿一日京都ニ入リ。伏見城
ニ於テ。秀忠將軍ニ拜謁ス。正使ハ吳允謙。副
使ハ朴梓。從事ハ李景稷ト稱ス。是ノ使節ハ
盖シ大坂平定シ國内一統ノ賀ヲナサシム

從事ハ通訓太夫丁好寛ナリ

〇ルナリ

〇寛永元年甲子朝鮮ノ使節來聘ス

通政太夫鄭屋正使トナリ通訓大夫姜弘重

副使トナリ。通訓文夫辛啓栄ヲ従事トナシ。

九月廿八日釜山浦ヲ発シ。對馬ニ来着ス。宗

義成君接伴シ。十一月十八日入京シ。同月廿

五日同所ヲ発シ十二月十二日江戸ニ到リ。

徳川家光公ノ継位ヲ賀シ。禮畢テ帰ル

〇同十三年丙子朝鮮ノ使節来聘ス

寛永元年家光将軍ノ継位ヲ来賀スト虽モ。

61

本邦昇平ノ久ヲ以テ。朝鮮ノ来聘ヲ請フ。茲
二於テ通政大夫任絖正使トナリ。金世濂副
使トナリ。黄床従事官トナリ十月五日對馬
ノ佐須奈浦二着ス。宗義成君接伴シ十二月
二江戸二到ル此時安藤右京進重長。
脇坂淡路守安元館伴タリ。同十三日三使營
二登ル。將軍二拜謁ス同十七日三使日光二
赴キ東照宮二肅拜ス。盖シ日光ノ廟拜曾テ
前例ナキヲ以テ三使拒デ許サズ。依テ宗氏
ノ家臣有田智縄ノ知謀決断二出デ。三使ノ

六日倶二

膽ヲ奪ヒ。漸クニシテ許容セシナリ。同廿九日三使及ビ宗義成君江戸ヲ發輹シ。翌年春二月十四日對馬ニ着シ。同廿三日信使發船シテ同廿五日事ナク朝鮮ニ帰着セリ

○同二十年癸未信使來賀ス

正使通政大夫尹順之、副使通訓大夫趙絅從事通訓太夫申濡ノ三使德川家綱公ノ弄璋ヲ賀ス。

○明暦元年乙未信使來聘ス

家綱公將軍ノ継位ヲ賀スルガ為ニ来ル。正

使ハ通政大夫趙珩、副使ハ通訓大夫俞瑒從
事ハ通訓大夫南龍翼ナリ

○
天和二年壬戌信使来聘ス
這回朝鮮ヨリ通政大夫吏曹參議知製教尹
趾完ヲ正使トナシ。通訓大夫弘文館典翰知
製教兼経筵李彦綱ヲ副使トナシ。通訓大夫
弘文館校理知製教朴慶俊ヲ從事トナシ。德
川綱吉公ノ継位ヲ賀ス。

○
正德元年辛未朝鮮使来聘ス
正使趙泰德、副使任守幹、從事李邦彦来ツテ

徳川家宣　將軍ノ継位ヲ賀ス

○享保四年己亥朝鮮ノ使節來聘ス
正使供致中。副使黄璿。從事李明彦。將軍德川
吉宗公ノ継位ヲ賀ス。

○延享五年戊辰使節来聘ス
朝鮮ヨリ洪啓禧。南泰耆。曹命采ノ三使ヲ遣
ハシ德川家継公ノ継位ヲ賀ス。

○寶暦十三年癸未朝鮮ノ使節來ル
是レ德川家治公ノ継位ヲ賀ス　正使ハ趙曮。
副使ハ李仁培。從事ハ金相翊ナリ

○文化八年辛未使節來聘ス

正使金履喬。副官李勉求。將軍德川家齊公ノ

繼位ヲ賀ス

○明治九年五月朝鮮ヨリ修信使來聘ス

禮曹參議金綺秀ハ正使トシテ東京ニ來レ

リ。隨從ノ人員凡七十餘名ナリ。日本政府ハ

接待スルニ外國ノ公使同等ノ禮ヲ以セリ。

六月一日外務官員ハ信使ヲ同伴シテ參内

セリ。金綺秀ハ白衣唐冠ニテ小轎ニ乘リ。上

々く官上官八十三名。中官八二十八名。其他下

官ノ鎗々行列ヲ整ヘ宮内省ヘ罷出シカ宮

内省御門内ノ左右ニハ近衛兵整列シ信使

通行ノ時ニハ。捧銃ノ禮式ヲ行ヒ。金綺秀ハ

御車寄ニテ下乗シ昇殿ヲナセシニ。式部ノ

官員之ヲ迎ヘ假ニ邪ニ誘レタリ。金綺秀ハ

此邪ニ於テ衣冠ヲ着替ヘ。夫ヨリ外務卿宮

内卿式部頭別ノ邪ニ引接セラレ。即チ式

部頭ヨリ信使參内ノ旨ヲ言上アリテ出御

アラセ玉ヒ。信使フニハ式部頭ヨ

リ外務卿ニ告ケ。外務卿金綺秀ヲ誘引シテ

御前ニ進マセラル金綺秀ハ白衣石帶唐冠
ノ正服ニテ御席ニ進ニ先ヅ御座敷ロニ拜
伏シテ叩頭ノ禮ノナシ。次ニ御座敷側ニ拜
伏シ又タ御前ニ進ミ外務卿ト式部頭ノ
央ニ於テ拜伏シ此時外務卿ヨリ金綺秀ノ
名ヲ披露セラレシガ。立御ニテ御黙答アラ
セ王マヒ又タ金綺秀ハ御座敷側ニ戻リ・又
再ビ原ノ御座敷ロニテ拜伏シ都合五度叩
頭ノ禮ヲ行ヒタリ。扣所ニテ茶菓子ヲ賜ハ
リ午前十一時三十分頃退出セリトゾ

朝鮮應接紀事 終

信使ノ齎シ来ル國書ノ印信ハ支那ヨリ與
タル（朝鮮國王之印）ト云ヘル印璽ヲ用ヒズシ
テ（爲政以德）ト云ヘル四字ノ印璽ヲ用ユト。
這回ノ國書ハ矢張リ従前ノ印璽ナルヤ否
ヤ彼國ノ風習文字上ニ於テ。自國ヲ尊ビ。他
國ヲ貶ス等ノコト往々コレアリ。朝鮮ノ事
務ニ従事スル者。注意セザル可ケンヤ

靈威百刧護琳瑯有福幾人開寶藏賴有水田津筏在。

拈香萬里古經堂。

有人逃睡隱先生事粹成一截。

海上看羊數式微中郎老去未懷歸我來好覓仙鄉睡。

無碍東西一布衣。族祖隱公沈氏歷壬辰之難被擄洋內日本十九年。僑舊常地。有海上君洋…

兖。

古懽堂□艸卷之二十三

三一一

倚欄夜夜聽吹簫。

畢竟尊王大義明。楠公祠宇□崢嶸嗚呼不是詞臣筆。嗚呼忠臣之墓。

滿路行人口裏聲。楠子之墓。

雨夜漫成

刁騷篁雨響虛堂酒後公然客緒長非爲老年偏少睡。

每懷時事太無方。鄭甫峯購貝器械延諸歡酊之策果面日人不肯貸費來學生從果

生無好興偶思濯足到搏桑。

西京智恩寺訪徹定上人。

魚騫綠浪連空碧鳥背青天撥渺茫悵悢一俱吾無覺理難久長

太華西南古洞天禽魚花竹擁金仙別尋富貴人天外。

白首來參徹頂禪。

8

賣畫以資客遊寓于神戶華商章韻洲家以書

來求交且贈山水一幀自題絕句並皆佳妙兼

求書畫詩章率占一絕以應。

荊關畫筆隱侯詩勝挾他家十萬貲四海縱遊無不得。

鷄林亦有繡君絲。

有馬郡湯泉和鄭南皋　來夏。

三山烟霧翠霏霏薈蔚到靈源洗浴歸石壁空靑通鳥道

溪光淨綠染人衣櫻園蕣蕣新花發板屋森森老竹圍。

最是東人功德事嚴泉引到萬家飛。

大阪城

豐臣古壘尚岧嶤淀水縈廻帶一條三百六橋明月下。

三一

古懽堂詩草卷二十五　　二一

毫替口耳邃令季子歡觀　止毉金擊石樂一絡扔雅揚

風談四始自我學藝論文無此人我如二豪君伯倫寸

心未降徒自苦俯仰世界如微塵逞逞異趣在同席須

眉相去無一尺以神相遇無遠近九萬里天連空鷺如

今海面禁初開八水三山幸至哉四海求才來徘徊高

才不能數數見有一孫先生不見用誰爲天下惜高才

神戸有金江氏北先朝鮮人也業造本國古劍砂

器獻茶盞其臺二坐志不忘本也賦咏以贈

記曾驅馬過遼陽蜀黍胡麻接渺茫獨有高麗莊外路

水田如絣見思鄉　遼東大野無水田惟高麗莊前有之

浙江布衣徐訥字善侯號認庵善六法詩詞亦工

6

只將意氣許相同。文墨多慚老未通。假使毛錐能盡技。
雕蟲原不筭英雄。
次韻酬孫靏人 士希

教長靏人者金陵人客游長
崎爲縣學教長偕豐山來訪以春柳詩十二首。
見示清調雅韻無減新城。
靏人先生之詩無定泒老氣崢嶸九州儉靏人先生之
人有定品荔爲衣餐沅邍四齋皆識先生名辭求 刻陰 至候補知縣 不能供仕云
志氣翮清 附舟曾到辰韓界拙毫意
欲交舉英相視邈如風牛馬同文難憑今天下。鞮譯象
寄安所施揮斥無由一字寫搏桑之國接人寰邇來冠
蓋交什還自然鍼芥有相投得與先生承玉顏三寸雞

二一

古懽堂詩草卷之十三

釜山港乘船

嶠裝到老不知休。再上滄溟萬里舟。季札常懷觀國顧
陳湯豈解出關愁。蒼涼日出搏桑外。窈窕花開鐵樹頭
寄語麻姑留眼在。看吾騎馬過瀛州

長崎舟中見家兒書余間蒙　天恩授繕工監假
監役之命感　恩含涕牽成一絕

七十山翁一命啣。忽聞涕淚滿征衫。羞門近業傳弓馬
儒素　恩光分外覃。以來家初科第以武賦

余家自曾祖君壓臨門宦名賦

永松豐山長崎之醫長也贈詩求和

普天宜笑不宜嗔。況我交情是近鄰。一見便談當世務
知君與亞會中人。

古歡堂收艸卷之十五

天水　姜瑋　慈屺　著
完山　李建昌　寗齋　校
蓬萊　鄭萬朝　懋亭　編

東游續艸

道中和同伴

吾鄉多善士志氣少如君。眼納三千界才優二十分節
頭淪海日天際太行雲此行須博學天下未同文。

主屹關

百折谿流萬疊山。孤城一片在雲間龍蛇往轍分明在。
早派英雄鎮此關。

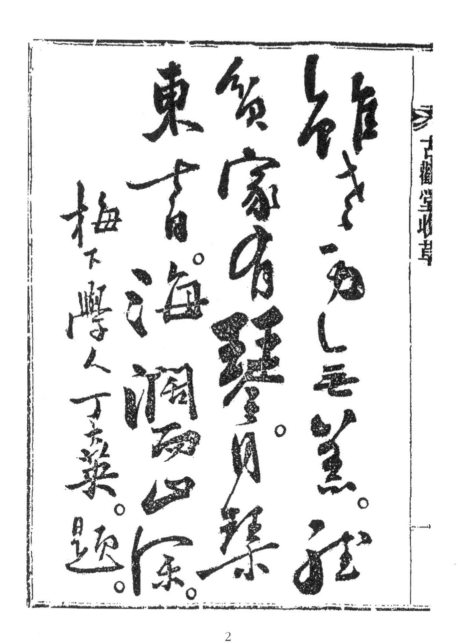

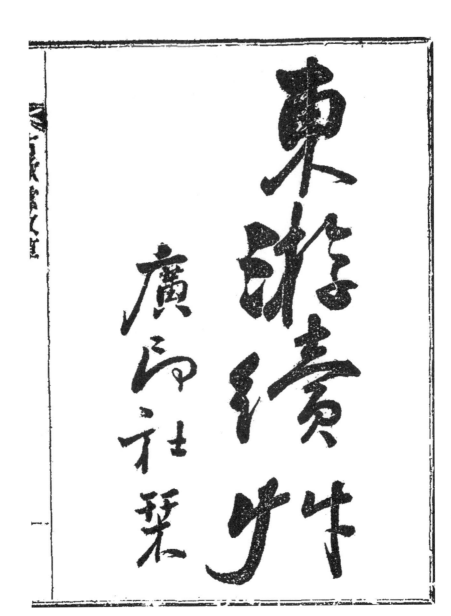

更輸籌策淨邊埃兒童歡喜迎旌節故舊殷勤接酒杯。

縱筆論交非曩日弓衣佳句盡情裁。

海上龍鐘老布衣曾叩槎尾縱觀歸但驚上智能開物

縱有奇談未解圍泥雪不堪尋舊跡桑榆容易掩餘暉

一緘紅豆煩相寄送到櫻花樹下屝。 結句懷民<br>華園主人

寥寥緘舌過殘春。

舟中漫成

文章軼世黃參贊。籌策匡時若大臣。

神戶贈別

一語曉人應若是皇華有體在諮詢。

畸人詭跡易然疑朝野功深世不知柔櫓一聲人萬里。

渾如湖上別鷗夷。

別語蒼茫意可悲袖中一紙見鬚眉不湏想到凄涼事。

我以黃金鑄子期。

漫成

恬波萬里鏡光開珍重仙楂往復來已有文章驚絶域。

九

東輊艸書卷之一　四

難識天機日日新。磊落英豪同所見。尊常恐懼亦相親。

當時代箦關東事。六國安危不在秦。

臨行思與諸公別。後會無期懷緒惘惘寄呈鴨北
大丞。

路入搏桑事事新。車嘶舟嘯到橫濱。干戈韓鮮同洲險。

玉帛論交四海親。末憐殊邦求博士。還尊古道伴行人。

騰騰一世浮由願。孤負當年呂洞賓。
宮本書記書呈老博士欲記諸事先生大國示書何德爲

立車示慧淳師

禪樓淹日研生塵。不作新詩不接人。杜字空懷一腔血。

爲學校師況云且待登士千年後風氣盤鬱然後圖而之。
許之學理苦云且待登士千年後風氣盤鬱然後圖而之。
未知慈忘貴本情否。是不然此做邦雖性命諸有講而不。

三一

8

早歲才名四海聞邵年艷福更超羣梁鴻對案談家務
蘇轍聯床著古文聞法人登歡喜地養和家現吉祥雲
斑衣又世青箱業滿袖携歸㶚座薰

次韻和龜谷省軒

軒帝垂衣裳共始制五兵秦皇鑄金人其終燔五經此
事端倪誰能測誠看今日環大瀛佢願彼我共太平勿
論誰絀而誰嬴戰欸如今兩議行我又不願居其名童
習白紛竟如許誰其信者二書生學酒勸君君莫辭修
文振武屬群英

與亞會上屬題

鯨海鴻泥跡易陳臨歸一語見情眞易持時論人人別

高陽居士（耕）與其室玉舟女史初見各寫梧槧為

壽倉卒口號酬謝。

百尺高梧覆綠天枝間雙鳥意相憐人間最有同棲樂。

恨我差他四十年。

燁管軒中玩物華亭亭一樹老煙霞殷勤期望還慚愧。

著否清寒歲暮花。

桂閣索書自作詩楹聯一對倉卒書應足成一律。

長橋幾曲抱城迴水木清華絕點埃細閱圓書清閟閣。

橫吹簫笛妙高臺功名易了前身事志氣難消一代才。

遠客應添他夜夢天風環佩集蓬萊。

鳴鶴集後萃題

和池松郁 錫永

域外繼成汗漫游天風萬里嘯長舟天應有准函犖象。

海自無涯受衆流烟水茫茫迷故國。光陰滾滾換新秋。

書生一世無今日只恨蹉跎在白頭。

步至東照宮園憑高望遠卒成二絕驫然有乘桴

遐舉之想不覺汪然下涕臨風一慟從者愕然

止之。

東臨碥石觀滄海橫槊高歌幸至哉萬里搏桑來放眼。

書生此意亦堪哀。

丸毬小地幾人裁杠却英豪一代才。回首辰韓如點墨。

不堪重上望鄉臺。

5

古體詩此章卷之十四　一一

薄見蒼涼日上初古址如今悲舜水荒祠何處葆秦徐

明季朱舜水避居日本。敬授日本人。

晨窓尙憶童年事苦讀伊藤宇義書。

故尙有邃漢居詩。

老懷歷落感風雲萬里隨槎廣異聞秦世同憂寗食事。

韓人不讀蟹行文且滇密勿聯三國何至紛挐動二軍。

我有繞朝鞭幾尺臨歸珍重欲酬君。

赤馬關次韻和張甫。

萬里搏桑老問津浮生尙有喜懽因紅燈綠酒滄滇夕。

不負同爲一世人

欲涉滄溟未有津海川兜率滄前因如今纔躧金鼇頂。

天外佳音慰遠人。

古歡堂收艸卷之十四

天水　姜瑋　慈屺　著

完山　李建昌　寗齋　校

蓬萊　鄭萬朝　懋亭　編

東游艸

澄澤別墅次韻奉和。

星楂萬里伴行旌。隣好維新海宇清。託命朋交天下小。留心國事一身輕。支離膚見多拘跡。齟齬毫談豈盡情。我欲從仙天外去長風一嘯下蓬瀛。

奉和大使次宮本大丞韻却寄。

原隰悠悠載後車。滄溟無際感拘虛。惝來晥曉天開後。

一

天風浩浩。雲濤汪汪。濯我素錦煥。
乎有章。乘桴非願。披髮非狂。東游
之作。使我淒傷。

　　　門人朴章煥拜讀。

讀書破萬卷。遠游窮萬里子載书
徃人知有古欲子。

　　　經齋俊學吳翰卮。

2

歡結千歲之好何等盛會何等佳事讀至諸公唱和之什□
自生香不覺手舞足蹈也僕固陋劣雖不足齒錄辱賜價重之
罷弱懷知己之感遠思長想不敢自擬別箪野調一首徼兽株
贈馬伏望官暇一閲痛為駁正勿掩口胡蘆幸甚時下白露為
霜錦護自爱是祈〻茲指数字併頌日祉草〻不戩

改兵制棄刀槍擊劍之術用銃礮步趨之法以對峙萬國而不

辱其武也僕以商賈之身海外之人不應已之饑寒而憂人之

家國誰不嘲狂愚然閣下奉使日本不揩通好納欵而觀國察

政者使人之法從古為然我日本十數年來救前四者亦有所

小試閣下往来之際身目之所睹致意收此則於僕言思過半

矣冒瀆等嚴恐懼無已

　　修信使閣下

　　　　　　　　　　　領事官近藤真鋤

釜山一別天涯縹渺清風之晨明月之夕為得不心飛塊徙乎

伏惟台俟動履清嘉湖枳何已暴者閣下修信觀光功勞誠多

上慰天心下副人望瞻仰贊賀之極僕不知其所喻也頃得官

本鴨此書因審閣下魯枉駕于長華飛鳥之園文冡主國之秀

歎其智巧智巧之日進崇其閭澗其戶引顧氣而進止開戶

以衛我生者莫不不備何嘗其初之可驚而數乎貴國蒙屋楓

循古制居民之家漱隆甲隧動釀疾病官生民之生莫甚於是

焉僕顧貴國攺家屋之制高裝狀澗以絶釀病之原也貴國三

面環海英佛墨為隣船舶之利昨供漁釣者今則萬里飛行修

隣交通互市况沿海禦海之備亦不可緩乎僕顧貴國修船舶

蒸氣風帆講航海之術使以進而可飛行退而可禦侮也國家

之事莫急於兵備方今泰西大技大進兵制一變銃砲機巧之

美步趨分合之妙莫不備悉徵之古今計其長短獨於兵制則

斷不得不取法於泰西且宇內之邦方爭强逐利小不滿其意

決之於戎焉故以今之勢而冀其無菨不可得也僕顧貴國連

20

不富強乎頃者闔下奉使日本貴國命僕九百資用使悉辨之

僕何幸得此春頭峴信憑當盡力昕及以謀覩效矣顧四年之

勞不偶然而百歲之計有望扵貴國今也迎闔下扵赤滿関仰

羊羔之始將有昕讀吾願終言之闔下幸裁擇焉僕之昕欲言

者四開道路高家屋修船舶改兵制是而已夫道路國之脉理

也輸貨扬通住來有無交易東西此隣作冨國之源者道路為

本猶肢軆関節脉理聯絡以導引氣血使人身活動若滯而不

通塞而不達則形軀周羡為廢人矣貴國鑄山煮海以昕謂天

府之國而獨道路險惡車馬躓便國産之不殖是之由僕顧貴

國開通道路如健脉理而導氣血也人之養生家屋為急今者

去穴居野處幾千年其初為之宮室天下之人盖未嘗不驕而

19

幸蒙不拒當卜何地何日拜討擬候切整患顧匡其不逞則幸

甚並請節署諸賢僚處代為展知盡簪賁臨是析秋書猶鱻而

道珍重不宣

下

大朝鮮國修信使通政大夫前任承政院同副承旨金公閣

協同商會長高須謙三

往歲我日本與貴國尋舊盟而締新交也貴國首開釜山之港

擴貿易之事我商貿後而開肆者若干人僕實在其中焉既又

隨花房公使杭仁川八京城往來周旋者四年于茲竊念桁貴

國已政事風俗有窺一斑矣貴國之民厚孝悌出于天性尊老

敬長有古之遺風而至余穀穀栗馬牛鶏豚之富瀕海鱗甲之

美町謂沃土千里天府之國也僕常謂是盡謀富強也其何憂

急相救有無相濟其形勢事情互相洞曉相維制以成唇齒也
勢此所以後飴日致強盛雄視宇内也亜細亜洲之不振豈不
由反斯道乎吾儕有感于此因創立興亜會與四方有志已士
共相講習以龍興所定亜細亜諸國之情勢興語言文章之學
以教授生徒今清國人八會者三有數名其駐京何公使于我
亦在會中惟至貴國人士未由剖達此志殊為歉乙今幸遇星
節駐此乃敢以此瀆告前自兩國尋盟訂立條規以來講信修
睦日加親審情意周洽大倍昔日苟為臣子者豈可以不體導
而擴充之以面報劾于武閣下忠誠為國明鑒焙理諒必不以
斯舉為非宗城謬為會貟而推叩執牛耳爰與同人相商先呈
興亜會規暨報告書数部以供乙夜並擬邀諸大駕面聆誨言

17

金大人閣下

興亞會□長伊達宗城

金大人閣下玆者旌節束來使星廻曜凤仰丰儀望接聲欬知

公事方殷未敢唐突趨謁無任瞻企頃者獎邦同志相謀創立

一杜名曰興亞會天環瀛之國碁布星羅地至廣也人至衆也

大別之為五洲五洲之內踳稱富強者以歐羅巴之英法德俄

諸國亞美利加之聯邦為最盛亞細亞洲在歐美兩洲之間洲

內諸國形勢連絡政俗不甚相遠而如貴國與我國及清國自

昔相通其餘若南暹羅緬甸諸國則與我等聲氣偶絶即我三

國雖曰相交亦便幣徃末止循故實文字雖同語言不通象香

雖設付之度外故人忽而不治以致全洲形勢事情莫于龐知

若夫戞巴各國則不然在上則會盟聘享在下則通商互市綫

16

朝鮮國修信使金　貴下　　　　外務卿井上馨

逕啓者此次得貴使來京日即溫雅談及目今海外諸洲形勢

刻難陳旳況中俄之相軋有如燃眉斯夏且在洞燭之中其關

貴國安危緊急若此所我邦之所不免也至如花旗英法諸國

要二種狀交通於貴國其意非由營彼貿遷之利其爲要旹乃

在扼俄遠圖之鋒故貴國亦莫若容其所求藉爲自衛之策是

我邦衷滿擬以忠告於貴政府也適近星曤乃獲不顧忌諱吐

露肝膽欲素何似此情旁結一函即煩輶軺便帶回面呈尹判書

前始鑒但筆楮未能罄仰冀台旌此歸詳達日來旳與晤談情

節無所遺漏俾得揮豁另此所陳微悃爲嚠秋炎海凉切惟珎

重敬具

15

史之列其意誠可感已隣好之擊自當伊然吾筆可不以及文

勉乎哉

題宮島誠一郎 號栗香 詩集

余得暗栗香先生數次襟度淵雅英華襲人今讀其養浩堂集

可謂詩如其人不覺心折臨行書此以志景仰何時一傳酒重

與細論文為君一誦黯然而已

14

書花房義質所藏權菊軒筆談卷後

右朝鮮權菊軒學士柱與日本石丈山談筆一卷花房公使向

松席上出示為問菊軒年代官階其勤考是歲丙子即我仁

祖十四年當大明崇禎問距今為二百四十五年通信三使任

統金世濂黃㦿宸黌會關白家光以和事成扵其祖請使臣㒲

日光山焚香此其時也舊例日光山致祭另差文臣一人為製

述官行大枧事日本人飄呼為學士菊軒之稱學士或以是㪍

項又見源桂閣所藏與此卷無異或其時飜㝷一通以廣其傳

㪍豊城鼦劍尤可寶也菊軒卒官郡守源氏本顯後作詩學教

授盖當時文人云旅館儷裝無他書可證姑書此廳之日本人

愛護我人筆墨如此使数百年後奉使者復覩古人手迹扵圖

聖樓穿去海東雲自遺斯遊廣眼開茶食飲來歡笑足

走亦吾文萬邦只合依公法更手誰能如獻軍天下欲已藏

事知機今日少如君

和近藤

紛々世事似浮雲一見邦能勝百開大\元皆具真性極天應

不墜斯文愧無使節堪華國喜接詞鋒足掃軍果否兆泥函谷

閒奇謀也復屬蘇君

對聯

同洲信睦聯三國近世英豪第一人　書贈三條實美官太政大

真緣已採三山樂別意將回八月樓　書贈宮本誠一即号栗香

大手柳韓唐王佩古家王謝曾衣冠　大守納土家食文酒自娛
書贈源桂閣煇贄前三間

12

唇齒隣交尋舊盟星楼千里破滄溟衣冠不改周封舊文物猶
存鮫典型朝雨有痕微洗暑庭花勸醉欲傳鶯自今詩酒相微
逐雙眼長魚山色青

　　呈韓朝修信使諸彦博粲　　阪谷素 号朗廬字約

郊上先驅雨旟空天開佳景待嘉賓賞心情閣殊邦感筆底花
無秋信新

役妹者于駐千旃繫馬劃林笑語清四海兄兄湏自近千秋唇
齒堂為軽識韓前日下風想御李此辰陪宴情歡熙骨樣無芥
滯烟雲泉石顧論評

　用宮本鴨北韻謹奉贈金道園先生閣下
　　　　近藤真鋤 号訥軒 領事官

11

某公金母好相依秋熟蟠桃帶兩肥鳴鶴子和振玉家寸而枝

号斗南方
在顯官　遍拭挺星輝

贈花房義質辦理公使

情在善隣

我到東都有主人一回相見一回親殷勤縞紵聯僑札知是交

飛鳥山莊宴集席上賦呈大朝鮮修信使諸公

三島毅

遠来蓬島達文旗何幸邂逅接羊姿尊俎雞城足佳景園林経

兩送京灘齊泰阪慶非今日韓魏連和方此時紛紜近歲鬧牆

事付輿唫延酒一巵

席上酒間率賦呈道園金君請哭此

南摩綱紀

10

我願隣交其堅如金便予交騁新金同心翩乙公子各符吾姓

永以爲好邦家之慶
　正
横濱送別朝鮮修信使及其僚醫諸氏歸國次前韻乞教
　　宮本小一

一路滊船代漁事潮聲柳影滿秋墟三旬京館應酬後千里家

山歸去初偏喜諸公無病故且新運日得風徐征旗先至東業

府爲報平安數字書

静舍蠻樓悲慕雲別愁好和笛聲聞兩摧旱魃拖涼潤天送客

星移炳文歸國有詩迎鳳陳滯京無管苦蛟軍仲秋漸近當何

處芧睪盤前獨憶君

題鶴鳴老人詩後

9

一路仙源迴雲漁郎回棹世相聞箕封八道衣冠國北戍

年檀樂文莫避書姓齋霸會休嘆胡馬趙王軍閱墻釁俱同程

務任重東來星使君

　　和宮本

贄子新盟訂笠束秋風句引過郊墟長肇園裏論心後飛鳥莊

前把臂初仙侶同舟邀李郭地靈下榻見陳徐此行堪喜多聞

暇且向娘環訪逸書

海日瞳口射海雲我來此地博新聞休言千古改絃轍幸賴三

邦同軌文吳札昔曾觀魯樂齊連誰可却秦軍善隣知有良籌

在臨別殷勤屬贄君

　宮本公子全作乞書寫此應之

8

酬花蹊

多謝天孫織我裳鸞漂鳳泊爛成章歸佳休問支機石仙分終

湏勝博望

浪峯文史乞詩走筆應之

好將脂粉寫雲烟淡抹濃粧懇自然紫府若編彤管史畫家首

答浪峯仙

喜修信使金道園先生枉駕呈聞其促歸槎言及之

　　　　宮本小一号鴨北

復辱隣邦信使車新秋延到北邨壚未邀月桂廣寒節先向風

梧涼雨初久駐屐逢龐更好難留將去且湏徐壁問講認蒼山

字延感前遊搗此書

〇　政

遠駕雲濤萬里船皇華焰耀海東天鳳齡方奉玉璽使　同松又

推廓廟賢酒氣英　浮碧盞筆花豔　滿紅箋斷將爽邁藏後

貢漫近瓊延玉樹前

暖依村莊席上賦呈金使君村莊三面富士筑波日光　渡邊洪基

轉句及此

村莊雅會二邦賓筆語口談情見真恰是三山雨晴後清風拂

盡滿眸塵

初謁朝鮮國正使金先生賦呈　跡見氏瀧花漢女史

爾乙三稜五葉蔘調和元氣效尤深豈惟靈草生靈地英傑有

人其姓金

6

慚余白髮生鳴呼天下非復無驥日修文振武豈俊英

和龜谷

儒者治文如治兵奇正不出壇一呼萬夫應雄視大

略橫東瀛坐令異類堅降幢背與一杯較輸贏我未尺合壁上

覿馳逐風雲辨形名感君志氣相勞苦莫嗟白紛老書生邸清

氣褪知有日斯世終須待俊英

朝鮮金先生大人正

佐二木支陰

乘槎千里是游兮利筮鮮紛随遇宜榮辱敢論時發警行藏尺

任國安危相如兌璧義當見毛遂捧盤英可延贊畫協和功偉

笑聲名竟合萬年垂

席上賦呈朝鮮國修信大使道園金禮曹兼講在坐韓君

寄和川田

〇三國各流共一罎首來訂契溪奇緣古來此聲問

將儕事術

鄰邦玉帛溯千年屋盍交情合自然咸子詩中傳更處道且華

有筆如椽

泛舟歸棧八月天囙頭蓬島渺雲烟神仙少別猶多帳落月相

思夢暗辟

奉贈道園金先生大人請正

龜谷行書首新

久矣天日槍刀劍傳利兵阿直岐通大道王仁齋聖程玄菴從

未稱多士後見皇華到蓬瀛今日琴尊共歡娛當年鶊鰈交媾

蠃傾盖怱下陳蓬楊列領々欽幸札谷黑頭為公歓君賢友明

4

来逢興鏡已有靈犀應燭異恨無神劍可

地莫把琴絃嘆不調

　　奉贈信陵道圜金公請正

天風吹節旌星槎八海維纜狀桑樹賜禮靮玄繰其人溫如

　　　　　　　　川田剛甫　宮史館編修

玉古額地長神專對富才學筆舌吐奇芬憶昔開闢日有神曰一

檀君箕聖承餘業設教撫斯民八條存古道泰火亦不燄中原

遭喪亂流徙人成羣我始修盟好三國鼎足分翊公為大輔王

仁傳典墳用才無內外有似一家親如何後嗣者鬩視動三軍

穆陵真英主釋怨通慇懃尓未數百歲違言絕紛紜遂矢歡與

米萬里未結隣談話由重譯情意異同文請君依

来往頻釜浦一衣帶鷄犬聲相聞

3

和淺田

絲宵旅節接清秋汗漫真成半月留靈境曹聞多体各秋用

見好居接胸中湖海幽襟豁筆下雲烟秘笈收休訝明宮歸否

促詰朝羣玉訂奇遊

暖依山房會清國朝鮮三國名士賦此奉呈信使金公文

　壇

　　　　　　　　　　　　　　　　　　石幡貞号東岳

壞遷世故似風飄不若對之杯酒澆奇崛雖無三角鎮沃壤足

見近畿饒同文歡樂瀛洲選異族呌覽天地妖知否甘醆全鼎

味三邦一意在和調

　和石幡

賦就凌雲氣欲飄滿腔硯磊斗醪澆風塵老去奇籌展海岳

七月六日早泊橫濱口号

層漠視若淺江津駢節扶桑霽色新憑伏　　王靈天賜福一行

酌酒賀生辰

後樂園口占　園在硯共島西大明遺老朱舜水所闢池塘木宛有江南出色不覺黯然興感也

籐綠荷香展西圖此身恍若到西湖蘂華同是千秋感好對韓

人說姓朱

宗氏頗席上恭呈朝鮮星使金君　淺田惟常号栗園

尊就鑪聯正報秋進東星見此港留如今泊下陳蕃榻到庚勝

登庚亮楼船去鷄林鴉影暗夢遠蓬島鯨波收壯觀應鼓駭人

思鮫王珊瑚耀遠遊

1

# 朝鮮國修信使金道園關係集
## 조선국수신사김도원관계집

# 東游艸 / 東游續艸
## 동유초 / 동유속초

# 朝鮮應接紀事
## 조선응접기사

여기서부터 영인본을 인쇄한 부분입니다. 이 부분부터 보시기 바랍니다.

## 최이호(崔二浩)

1978년 전남 완도 출생.

조선대학교 국어국문학부를 졸업하고, 고려대학교 번역협동과정 박사를 수료했다. 광주 백천서당, 한국고전번역원 부설 번역교육원에서 연수부와 전문과정 Ⅰ·Ⅱ를 졸업하고 현재 『일성록(日省錄)』을 번역하며 한문을 공부하고 있다.

역서로는 『장문무진문사(長門戊辰問槎)·한객대화증답(韓客對話贈答)』(보고사, 2014)과 『기사풍문(奇事風聞)·동도필담(東渡筆談)·남궁선생강여독람(南宮先生講餘獨覽)』(보고사, 2016)이 있다.


## 조영심(曺永心)

1988년 서울 출생.

고등학교 때 일본어를 전공했고, 연세대학교 국어국문학과에서 문학석사를 받았으며 박사를 수료했다. 한국고전번역원 부설 번역교육원 연수부에서 한문을 공부했고, 현재 연세대 한문 강사로 있다.

「필담창화집 『홍려필담(鴻臚筆談)』에 대하여」(2016), 「『사유구록(使琉球錄)』의 조선 간행과 16세기 조선의 관심」(2016) 등의 논문이 있고, 역서로는 『동아시아 문예공화국(東アジアの文藝共和國)』(다카하시 히로미 저, 보고사, 2018)이 있다.

수신사기록번역총서 5

# 조선국수신사김도원관계집·
# 동유초·동유속초·조선응접기사

2018년 7월 20일 초판 1쇄 펴냄

**지은이** 김홍집·강위·소가 소하치로
**옮긴이** 최이호·조영심
**펴낸이** 김홍국
**펴낸곳** 보고사

**책임편집** 황효은
**표지디자인** 손정자

**등록** 1990년 12월 13일 제6-0429호
**주소** 경기도 파주시 회동길 337-15 보고사 2층
**전화** 031-955-9797(대표), 02-922-5120~1(편집), 02-922-2246(영업)
**팩스** 02-922-6990
**메일** kanapub3@naver.com / bogosabooks@naver.com
http://www.bogosabooks.co.kr

ISBN 979-11-5516-797-7  94910
　　　 979-11-5516-760-1  세트
ⓒ 최이호·조영심, 2018

정가 22,000원